国家高技术研究发展计划（863计划）重大项目（2008AA04A107）
国家自然科学基金重大国际合作项目（管理科学部：71020107027）
国家自然科学基金面上项目（工程与材料科学部：50579101）
国家自然科学基金面上项目（管理科学部：79770054）
国家社会科学基金面上项目（97BJ023）
四川大学"985"工程项目

▼

组织以
管理负熵为食

——管理熵学原理研究及应用

任佩瑜　范厚华　任竞斐　卢　璗　王　俊　廖治学　著

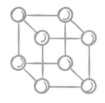

西南财经大学出版社

中国·成都

图书在版编目(CIP)数据

组织以管理负熵为食:管理熵学原理研究及应用/
任佩瑜等著.--成都:西南财经大学出版社,2024.9.
ISBN 978-7-5504-6407-0

Ⅰ.F279.23

中国国家版本馆 CIP 数据核字第 2024BN3327 号

组织以管理负熵为食——管理熵学原理研究及应用

ZUZHI YI GUANLI FUSHANG WEISHI——GUANLI SHANGXUE YUANLI YANJIU JI YINGYONG

任佩瑜　范厚华　任竞斐　卢　鋈　王　俊　廖治学　著

策划编辑:金欣蕾
责任编辑:金欣蕾
责任校对:冯　雪
封面设计:墨创文化
责任印制:朱曼丽

出版发行	西南财经大学出版社(四川省成都市光华村街55号)
网　　址	http://cbs.swufe.edu.cn
电子邮件	bookcj@swufe.edu.cn
邮政编码	610074
电　　话	028-87353785
照　　排	四川胜翔数码印务设计有限公司
印　　刷	成都市火炬印务有限公司
成品尺寸	185 mm×260 mm
印　　张	13
字　　数	293 千字
版　　次	2024 年 9 月第 1 版
印　　次	2024 年 9 月第 1 次印刷
书　　号	ISBN 978-7-5504-6407-0
定　　价	88.00 元

前　言

　　管理是生产力的必要组成部分。没有有效的管理，生产要素不可能有效地组织起来，因此也就不可能有效地进行社会化大生产，技术创新也不可能发挥作用。为什么呢？因为人类的生产方式，从来都是在分工条件下的社会生产（原始社会也如此。只是不同的社会发展阶段，生产工具和劳动对象的发展，使分工生产具有不同的性质、深度和广度），分工必须组织起来完成协同，才能实现完整的生产。分工越精细，协同就越精密。要将分工和协同有效结合起来，完成全部的生产过程，必须要有严密的组织和管理，也就是在一个强有力的计划、组织、指挥、协调和控制的作用下，才能将分工的劳动凝聚成统一的劳动，才能实现社会化的生产。因此，管理是生产力的重要组成要素，并对其他生产要素的作用起到放大或减小的作用，所以管理在生产中，在社会组织中具有不可忽视的重要作用。然而，管理工作是抽象的、非线性的，它的作用并不直观。管理要素在生产经营过程中，将价值全部转移到其他物态或非物态生产要素之中。管理系统是作用于生产过程以及其他生产要素之上的一种非线性的，涉及人而具有很强的复杂性和不确定性的系统，是一种难以观察、难以具象化的劳动系统；同时，管理系统又是科学性、技术性、艺术性、思想性和经验性的多要素结合，它的劳动成果全部融入其他劳动生产之中，参与其他劳动的组织创造。人们难以直接观察到管理具体的价值创造，只能通过比较而感受。就像控制论中的黑箱一样，由于不能直接观察，就通过观察黑箱外部"输入""输出"的变量的变化，得出关于黑箱内部输入转化情况和转化效率的推断。

　　由于管理在组织协同和监督控制全过程劳动中，将自己的劳动和价值全部转移到其他劳动之中，因此管理在生产过程中消耗的劳动和创造的价值不能准确量化表达出来，使管理在集成劳动和价值创造过程中处于一种模糊的和不可认知的状态，这也是管理学不被一些人承认为科学的主要原因。甚至连管理学界都认为，管理在价值创造过程中不能被准确测量，所以，美国著名管理学家德鲁克将自己的管理学派称为经验学派，也只好说"管理是不精确的科学"。同样，著名管理学家哈罗德·孔茨也说："指导管理的科学理论相当粗糙，不够精确。"在计算生产经营和管理

1

的劳动成果和价值创造时，怎样才能将管理从其他生产要素中剥离出来，直接精确地量化其做功的效率和创造的价值呢？管理科学是一门由多学科相互交叉、相互融合的复杂性科学，它要解决的问题是人类社会生产经营和管理的复杂系统性问题，因而沿用过去传统的经验方法、现象描述性的方法和还原论的研究方法，这些方法都不能科学地解释管理的现象和问题，只有运用复杂性科学，在非平衡、非线性和不确定性理论的基础上，在时空条件下去研究管理，才能使管理的现象和问题得到科学的观察和解释。正所谓"工欲善其事，必先利其器"，只有使用新兴的复杂性科学等理论与方法，创新研究管理才能揭示管理科学内在的规律和运动机理。

本书是在《从自然系统到管理系统——管理系统的熵、耗散结构、信息与复杂性》（任佩瑜著）、《基于管理熵理论的水电流域开发战略和工程及信息管理》（任佩瑜、王苗、任竞斐、戈鹏著）等书的理论和应用研究的基础上，进一步思考、归纳总结和诠释社会和企业竞争演进、应用和实证的研究成果，并在此基础上提出了管理熵学的学科体系，用以分析和解释社会组织以及企业组织发展的矛盾、冲突和发展演化规律。

管理熵学在研究过程中总结出了一些管理学的定律和运动机理。所谓定律是指为实践事实所证明，反映事物在一定条件下发展变化的客观规律的论断。定律的特点是可证明的，而且已经被不断证明。定律可用以描述特定情况、特定尺度下的现实世界，在其他尺度下可能会失效或者不准确。管理科学在很大程度上是一种唯象理论[①]，是根据大量的实践和事实证明归纳和提炼出的理论，例如：为了研究生产和管理中的效率，亚当·斯密在实验中总结出劳动分工理论；弗雷德里克·泰勒在铲铁实验中得出标准化理论；乔治·梅奥在霍桑实验中归纳出正式组织与非正式组织和社会人理论；威廉·大内通过对日本、美国两国的一些典型企业进行比较研究，提出了著名的 Z 理论；丰田企业在大量的生产经营和管理实践中，创造了准时生产（JIT）的生产经营和管理的系统理论与技术，并在后来的研究中将其进一步发展成物资需求计划（MRP）/企业资源计划（ERP）生产经营管理系统；迈克·哈默在大量观察和实验的基础上提出了企业流程再造理论；等等。以上这些生产经营管理理论，都是从大量观察和实践中总结出的行之有效的理论和方法，为人类生产力的发展做出了巨大贡献。

---

① 唯象理论是指物理学中解释物理现象时，不用其内在原因，而是用概括实验事实而得到物理规律。唯象理论是对实验现象的概括和提炼，没有深入解释的作用。最典型的例子如开普勒三定律，就是对观测到的行星运动现象的总结。杨振宁把物理学分为实验、唯象理论和理论架构三个路径，唯象理论是对实验现象更概括的总结和提炼，但是无法用已有的科学理论体系做出解释，所以钱学森说唯象理论就是知其然不知其所以然。唯象理论是前期的理论，它能够被后来的其他理论证明。

在管理熵学的范畴中，管理呈现出一些规律性，如：管理系统具有一定的能量，推动主体和客体相互运动，并表现出一定的能量做功的规律性；管理运动过程中，管理的能量效率也带有普遍的规律性；管理中能量的运动方向、效率和系统混乱程度表现出同热力学第二定律相同的普遍规律性和自己特殊的规律性；管理系统的管理熵结构和管理耗散结构的规律，以及平衡与非平衡、确定性与不确定性、线性与非线性、复杂性与非复杂性等之间的相互转化规律；复杂管理系统演化、振荡，以及自组织与他组织之间的纠缠规律；企业或管理系统的类似于生命系统的运动过程也具有发展演化规律；管理体制与管理过程中的生产力与生产关系的矛盾规律、上层建筑和经济基础的矛盾规律；等等。这些规律在本书上篇归纳总结成一些管理熵学的定律。

牛顿说："将简单的事考虑复杂，可以发现新的领域；把复杂的现象看得简单，可以发现新的规律。"本书正是把简单的企业和管理的能量与效率问题考虑复杂，深入并拓展研究，并应用和融合热力学熵定律、系统科学和复杂性科学等，把管理学引入基础科学研究，探索管理学的规律和机理，形成管理学研究的新基础领域，即管理熵学；把复杂的企业和管理系统抽象成能量和效率系统，发现了管理能量定律、管理效率增减定律、管理熵结构定律、管理耗散结构定律、企业复杂性和管理信息定律，以及企业生命演化的规律和企业系统秩序定律等；再用这些定律、规律去诠释社会系统和企业系统的运动机理与轨迹，去分析和把握发展。

管理熵和管理耗散结构理论研究受到了国家自然科学基金和其他国家重大项目的支持。国家自然科学基金面上项目"管理效率的熵函数及其在决策中的应用研究"（批准文号：79770054）首先支持了该理论研究；随后又在面上项目"中国企业综合评价理论、方法与应用"（批准文号：70171020）和应急项目"企业管理绩效综合集成评价系统研究——进入 WTO 后中国企业核心竞争能力分析"（批准文号：70141034）的支持下，笔者继续深入进行理论研究和应用研究；有关研究成果又在国家高技术研究发展计划（863 计划）重大项目"基于时空分流导航管理模式的 RFID 技术在自然生态保护区和地震遗址的应用"（批准文号：2008AA04A107）与国家自然科学基金重大国际合作项目"面向西部旅游经济与生态环境可持续发展的低碳景区集成管理模式研究"（批准文号：71020107027）和国家自然科学基金面上项目"水电企业流域化、集团化战略管理及上网价格机制与模型研究"（批准文号：50579101）以及国家社会科学基金面上项目"中国大型工业企业战略再造问题研究"（批准号：97BJ023）等项目研究中得到应用、验证和完善，随后又在多家大型企业事业等单位的管理实践中得到了验证。有关研究成果在国家自然科学基金委召开的第二届国际信息与管理科学大会和其他国际学术会议上进行了报告。正是在这些研究的基础上，笔者经过总结形成了管理熵学理论基础和理论体系，并将相关研究成果在管理实践中进行应用，显著地提高了企业的效率和绩效[①]。

本书是管理学的基础应用科学研究成果。本书在热力学、系统科学、复杂性科学、信息科学、管理学等多学科交叉研究的基础上，提出了管理熵学基本理论，系统地阐述了管理系统能量、管理效率、管理熵、管理耗散、管理熵结构和管理耗散结构的矛盾运动、组织生命系统演化等基本规律和机理，建立了管理熵学新理论和新方法体系，使管理工作和产生的效益可以量化分析。本书所提出的理论与方法可用于分析宏观社会系统和微观企业系统，为预测与决策科学提供依据。本书的显著的特点：一是学科交叉，在多学科融合研究的基础上构建了管理熵学的理论体系，并提出了应用方法；二是理论与实践相结合，在管理学理论的指导下，对企业管理和变革以及发展具有现实的指导意义，并验证和总结了应用案例。

本书分上下两篇撰写。上篇研究和阐述了管理熵学的定义、一些定律和运动机制与机理，主要探索了管理学的基础科学理论，为社会宏观管理和企业微观管理提供基础理论和基础分析方法。下篇研究和阐述了基于管理熵学理论的企业管理、企业诊断、评价与变革，主要通过华为、九寨沟管理局、成都中科大旗软件股份有限公司、深圳传世智慧科技有限责任公司等企业应用管理熵学原理进行改革的故事进行阐述，并介绍了一些大型企业应用管理熵理论进行企业诊断和变革的案例。

本书探索了同自然科学交叉的、多学科集成的、定性与定量相结合的交叉学科新领域，为社会和企业管理系统提供了基于复杂性科学综合集成分析的评价诊断与变革的理论，也阐释了简单实用的建模技术与方法。

在本书的撰写工作中，四川大学任佩瑜教授负责设计组织全书的理论研究框架，并撰写了第一章到第十章；成都信息工程大学任竞斐博士、四川师范大学王俊教授和西南财经大学廖治学教授共同参与调研，总结案例，并撰写了第十一章。深圳传世智慧科技有限责任公司创始人、总裁、高级工程师范厚华先生和数据智能部副总经理、资深顾问卢澄先生组织公司人员学习、研究、讨论和应用，将管理熵学理论软件化、仿真化和工程化，并开发出"企探"企业经营管理应用分析诊断系统。该系统应用于对大型企业开展分析诊断和变革服务，取得了显著成效，验证了理论的真实性。同时，他们也参与了全书的组织、讨论和实践应用工作，直接参与了案例的验证和修改。

笔者在此感谢所有关心和支持本书研究和撰写的相关人员，同时感谢出版社有

[①] 深圳传世智慧科技有限责任公司在此基础上开发出企业诊断、评价系统软件和仿真系统，并申请了国家专利，应用管理熵理论和系统技术为若干个国内领军性的大型企业开展企业诊断、企业变革和创新管理体系的企业服务工作，为这些企业提高经营和管理效率做出了显著的贡献。

关人员的支持和编辑辛勤的付出。

本书的研究和撰写完成的时候正是 2023 年的春天，其时的蓉城，春光明媚，阳光和煦，春柳依依，锦水东流。窗外的梧桐，已发新芽并随着微风轻轻地摆动，一阵阵花香飘来，令人陶醉。在春风的熏陶下，我不禁随笔写下一首《春天的约会》。

春风与花儿约会，
花儿在春风中翩翩。
春水与垂柳约会，
垂柳在春水上缠绵。
我们也在约会，
在那明媚的春光里，
在那萌动的生命里。
春天将会过去，
但明年还会再来。
百花也会凋零，
明年还会再开。
时光荏苒，
生命循环。
只要心儿向往着春天，
春天的约会就会依然。

任佩瑜

于四川大学信息及企业管理研究所

2023 年 4 月 1 日

目　录

上篇　基于交叉学科的管理熵学理论体系的构建

下篇 基于管理熵学的 企业系统诊断、变革的理论、方法与案例

上篇
基于交叉学科的管理熵学
理论体系的构建

管理熵学是管理学的一个基础科学研究的分支，其研究的主要内容是管理的能量、效率和秩序，管理运动的规律，管理系统运动的机制、机理，信息管理科学与管理复杂性科学，企业及其管理系统生命演化发展的规律和机制等。

只要是热力学系统，就必然存在着熵运动，系统运动遵循熵定律。由于社会系统运动的本源仍是能量，因此社会系统的运动和演化，在最基础的系统层面仍然遵循熵规律。然而，社会系统的能量与自然系统的能量既有联系又有区别，因此，只要是社会系统，就必然存在着区别于热力学熵的管理熵运动，社会系统运动遵循管理熵定律。任何由能量推动，表现为效率和秩序的社会、经济、军事和企业等组织，其演化发展均以管理负熵为食，遵循管理熵定律。

第一章 系统生命之源：负熵

　　社会系统与自然系统之间是辩证统一的关系：一方面，它们各具特点，各具运动规律和运动机理，是不一样的系统；另一方面，它们是统一的，都是系统，都具有系统的基本特征，并且都统一在一个时空之中，甚至社会系统本身也在自然系统之中，也就是说，社会系统本身就是地球系统甚至宇宙系统中的一个组成部分。人类既是自然系统的产物，也是社会动物①，而且生存在自然环境之中。人类的社会组织不能脱离自然环境而独立存在。在传统科学研究中，由于研究的对象不同、思维方式不同、研究方法不同，因此关于自然和社会两大系统的研究相互孤立。现代的系统科学，特别是复杂性科学，将两大系统统一起来，使自然科学成为社会科学研究的方法和工具；而社会科学也成为自然科学研究中的指导思想。

　　系统是从低级向高级发展的。高级系统既具有低级系统的基本特征和规律，又具有低级系统所不具有的高级特征和规律。例如，人类社会既具有大自然中群居动物的基本属性，同时又具有群居动物不具有的人类社会的各种属性。

　　我们可以看到，越是基础的科学结论或定律，越是能够涵盖自然和社会两大系统。例如系统的开放性、系统的层次性、系统的相关性等，又如效率规律，再如熵定律等。熵是对自然系统能量和混乱程度的度量，管理熵是熵定律在社会系统研究中的延伸，是对社会系统能量和系统混乱程度、无序程度的度量。

　　热力学熵反映的是自然系统运动的规律，反映了任何系统自然发展过程的不可逆规律。管理熵是比热力学熵更高级的社会系统的运动定律，反映的是社会系统的能量的做功状态和系统序度。不能用热力学熵衡量社会系统的混乱程度或有序程度，而必须用管理熵来衡量。

　　企业是社会的细胞，是社会生产力的直接组织者，是科技创新的直接承担者。企业的技术革命会发展成工业革命，进而推动社会变革。社会的组织方式和治理结构都必须适应工业组织方式的发展，这是工业社会发展的规律。管理熵可以深刻地解释自然过程中的工业革命和社会发展的不可逆规律。

---

　　① 马克思说："人是最名副其实的社会动物，不仅是一种合群的动物，而且是只有在社会中才能独立的动物。孤立的一个人在社会之外进行生产——这是罕见的事，偶然落到荒野中的已经内在地具有社会力量的文明人或许能做到——就像许多个人不在一起生活和彼此交谈而竟有语言发展一样，是不可思议的。"（中共中央马克思恩格斯列宁斯大林著作编译局. 马克思恩格斯选集：第 12 卷 [M]. 北京：人民出版社，1998：334.）。

第一节　熵：宇宙第一定律

一、能量与熵定律

能量是物质在时空中运动和转化的形态。无论是自然系统还是社会系统，都是由能量推动而运动和发展的。没有能量，一切系统都是死寂态。在封闭系统内部，能量运动是有方向的，而且这个方向是唯一的、不可逆转的，这就是向着热平衡发展。也就是说，在封闭的系统中，能量不可逆地由能做功向着不能做功发展，即由有能量向着没有能量发展；系统也就由不平衡向着平衡发展、由有序状态向着无序状态发展。这是一种不可逆的自然规律，这种自然规律在热力学中被总结为熵定律。

爱因斯坦曾说熵定律是宇宙第一定律。那么，熵是什么呢？熵增原理又是什么呢？

简单地讲，熵是衡量系统内部能量或者系统混乱程度的度量指标（参量）。在一个系统中，如果熵值大，说明系统内部能做功的能量就小，同时系统内部的有序度就低，混乱程度就高。

熵是热力学第二定律的表述，是关于能量转化方向的定律和不可逆定律。熵定律指出：一切热力学系统都存在着熵，熵是对系统能量和混乱度的度量。在孤立系统中，熵自发地不可逆地增大，直到所有能量消失、系统完全平衡。

熵增原理揭示了孤立系统不可逆的发展规律，这就是不可逆热力学过程中熵的微增量恒大于零。在一切自然过程中，一个孤立系统的总混乱度，即熵，不会减小。一切孤立系统内产生的熵恒大于零，一切自发过程产生的熵恒大于零。随着系统熵增加，系统可用的能量越来越少，系统混乱程度必然不断上升，直到最大熵值，即热平衡（在系统内部，任何一个地方测到的热值或温度都是一样的，这样的平衡态就没有做功的能量）。这就是不可逆定律，也就是熵增定律。

我们知道，热力学第一定律揭示了能量守恒规律，而热力学第二定律揭示了能量转化过程具有条件和不可逆方向的规律。第二定律是一个基本的自然规律，这个规律不是从任何一个定律中推导出来的，是被大量事实证明了的自然过程中的熵增不可逆发展自然规律。

同自然系统一样，社会系统也有这样的不可逆发展规律。例如，一方面，在开放条件下的自然过程中，社会系统的先进技术或理论都是由低级向高级发展。经济学家将其总结成技术经济的梯度转移理论。又如，人类社会由原始采伐和渔猎社会向农耕社会发展，再由农耕社会向工业社会发展，这是不可逆的社会发展规律。另一方面，在封闭条件下的自然过程中，社会系统没有能量补充，熵增不断，最终将不可逆地走向灭亡。为什么任何系统在自然过程中，都会有这种不可逆的发展现象呢？这正是熵增定律在开放和封闭两种系统运动中的必然作用所带来的两种结果。

熵增定律是克劳修斯提出的热力学定律，他引入熵的概念来描述不可逆过程，即热量从高温物体向低温物体传递是不可逆的。1865 年，克劳修斯发表了一篇关于热力学的论文，提出了熵的概念，第一次明确了热力学第二定律的基本概念。他证明了在任何孤立系统中，系统的熵永远不会减少，或者说自然的自发过程是朝着熵增加的方向进行，这就是熵增原理。

为了能够方便地计算熵值并且衡量系统的混乱程度，玻尔兹曼[①]给出了著名的统计力学的熵公式，这就是熵 S 与无序度 Ω 之间的关系：

$$S = k\ln\Omega$$

式中，S 是系统的熵值，表示系统的混乱程度；k 是玻尔兹曼常数，是关于温度及能量的物理常数；Ω 是某一个客观状态所对应的微观态数目。

熵定律指出，任何一个孤立系统，其内部能量总是从能做功发展到不能做功，系统内部从不平衡态发展到平衡态，系统也从有序向无序发展。或者说，任何一个自然过程，都必然是从有序向无序发展、从不平衡向平衡发展、从有能量向无能量发展，也就是向衰亡的终极热平衡态发展。

例如，一个房间，只要不打扫，没有其他干预，那么自然地，这个房间就会越来越脏、越来越混乱。系统从有序自发地向无序发展，能量从能做功向不能做功发展，这就是系统的熵增。又如，一杯热水放在自然环境中，自然地会变凉，也就是自然地向空间耗散了热量，这也是熵增。

熵定律对我们的启示是，如果你什么都不做，明天不会变得更好，只会变得越来越差。企业组织也好，人生也好，都是在与熵增抗争中存在的。如果我们想要激活自己的潜能，使自己得到有效发展，就必须懂得熵增定律对我们的持续消耗，就必须懂得我们的能量在自然过程中不断地耗散掉。只有在发展中持续学习、输入强大的新动力，才能抵抗自然的熵增定律。

二、宇宙死亡是不可逆的吗？

宇宙浩瀚无垠，宇宙中仍有许多谜团，人类对宇宙的探索也从未停止过，许多科学家在宇宙中有了新的发现，有的令人欣喜，有的令人沮丧，这就是熵增定律。

迄今为止，所有关于宇宙学的理论，在讨论宇宙的发生和发展时，都把宇宙当作孤立系统来看待。宇宙如果是一个孤立系统，而孤立系统总是倾向于熵增，并最终达到熵的最大值，即系统处于最混乱和无序的终极平衡状态，那么系统最终失去能量而死亡。熵增将使宇宙由有序变为无序，并最终毁灭。

熵增会导致系统走向灭亡，也就是说因为熵增，宇宙中的系统都走向消亡。当

---

①　路德维希·玻尔兹曼是世界著名物理学家，生于维也纳，卒于意大利的杜伊诺，于 1866 年获维也纳大学博士学位，历任格拉茨大学、维也纳大学、慕尼黑大学和莱比锡大学教授。他发展了麦克斯韦的分子运动类学说，把物理体系的熵和概率联系起来，阐明了热力学第二定律的统计性质，并引出能量均分理论（麦克斯韦-玻尔兹曼定律）。他指出，一切自发过程，总是从概率小的状态向概率大的状态变化，从有序向无序变化。1877 年，玻尔兹曼又提出，用"熵"来度量一个系统中分子的无序程度，并指出熵 S 与无序度 Ω 之间的关系为 $S=k\log\Omega$。这就是著名的玻尔兹曼公式。

然，宇宙太大，熵增的速度远不及宇宙膨胀速度，也就是宇宙膨胀的能量远大于熵增耗散的能量，因此宇宙消亡的过程十分漫长。

熵增法则之所以令人绝望，是因为它揭示了宇宙演化的本质。宇宙中的一切事物会随着时间的推移而衰变，即使是太阳，也会在未来的日子里耗尽所有能量。正是因为太阳给地球提供了巨大的能量，地球上的生物才能存在，一旦太阳失去能量，这充满生机的地球就会变成一个没有任何生物的死寂星球。

三、热力学、系统与管理

管理学与熵和系统学有什么关系呢？管理系统是一个复杂的社会组织控制系统，一方面受社会规律制约，另一方面由能量推动做功作用于对象，其在本质上也是一个热力学系统，因此热力学和系统学的基本规律必然作用于管理学。管理学是社会科学和自然科学交叉的复杂性科学的学科。

熵定律既是热力学的重要定律，也是一切与热运动相关的系统必须遵循的自然规律。热力学是从宏观角度研究物质的热运动性质及其规律的学科，属于物理学的分支，它与统计物理学分别构成了热学理论的宏观和微观两个方面。热力学主要是从能量转化的角度来研究物质的热性质和对物质的作用，它揭示了能量从一种形式转换为另一种形式时所遵循的宏观规律。热力学并不追究由大量微观粒子组成的物质的微观结构，只关心系统在整体上表现出来的热现象及其变化发展所必须遵循的基本规律。它满足于用少数几个能直接感受和可观测的宏观状态量，如温度、压强、体积、浓度等描述和确定系统所处的状态。有关学者通过对实践中大量热现象的观测和实验发现，宏观状态量之间是有联系的，它们的变化是相互制约的。制约关系除与物质的性质有关外，还必须遵循一些对任何物质都适用的基本的热学规律，如热力学第零定律、热力学第一定律、热力学第二定律和热力学第三定律等。由于热力学以实验观测到的基本定律为基础和出发点，应用数学方法，通过逻辑演绎，得出有关物质各种宏观性质之间的关系，和宏观物理过程的方向与限度，因此它属于唯象理论，由它引出的结论具有高度的可靠性和普遍性，它的定律在很多学科领域都具有基础性的意义。社会系统，特别是企业系统，除了其本身具有社会性质、遵循社会规律之外，其本质是一种物质转换的系统，存在着能量运动。热力学的基本原理也是社会系统中必然遵循的规律，社会系统运动不可能置身于自然规律之外。

系统学是提炼系统论、信息论、控制论的共同基础理论而形成的一门学科。系统科学的功能是提供把握复杂性的方法论。系统学以系统论为基础，但并不同于系统论。与系统论相比较，系统学的内容，一方面表现为它是更高层次上的理论科学，因此它是对运筹学、信息论、控制论等技术科学的提炼；另一方面表现为它的综合性，它不仅建立在贝塔朗菲的一般系统论的基础之上，而且也广泛吸收了如耗散结构理论、协同学、突变论、超循环理论等新兴系统理论的基本思想。因而，系统学思想在自然科学和社会科学领域均得到广泛应用，并成为科学体系中极为重要的学科。但作为一门完整的学科，系统学正处在形成和更加系统化的过程之中。

在系统学的形成过程中，为了寻找研究复杂巨系统的有效方法，钱学森根据国内外有关复杂巨系统的工作经验，提出了从定性到定量的综合集成研讨厅研究方法。这个研究方法是在以下三种复杂巨系统的丰富实践基础上，提炼、概括而抽象出来的。这就是：①在社会系统中，由几百个或几千个变量描述的定性和定量相结合的系统工程技术，对社会经济问题的研究和应用；②在人体系统中，中西医相结合的临床方法的大量研究和应用；③在生态环境系统中，地理区域规划方法的研究和应用。该研究方法具有以下特点：①把定量研究和定性研究有机结合起来；②把宏观研究和微观研究结合起来；③把多种学科结合起来进行交叉研究；④把科学技术方法和经验知识结合起来。经验知识虽不属于科学技术范畴，但对认识、研究复杂巨系统仍有着重要作用。以上这些特点表明，这个方法不仅对解决复杂巨系统问题具有重要的现实意义，而且对发展系统学的理论具有深远的科学意义。

管理是一个十分复杂的系统结构和系统工程，因此其本质就是一种复杂系统学。钱学森所创建的从定性到定量的综合集成研讨厅研究方法十分适合管理学，是管理学科学研究和应用的基础。

系统是在能量做功的基础上运动和演化发展的，因此，热力学的基本定律也是系统学所遵循的基本定律。管理系统的运动是在一定的特殊能量的基础上运动的，是对社会组织的管理，因此管理学是对社会组织进行管理和提高社会组织运动效率的学科，是一种社会科学；但同时，它包括系统能量运动，是建立在系统学基础之上的，是一种复杂系统学，它的科学研究和实践应用必然同系统学相关联，是一门典型的交叉的复杂性科学①。所以，管理学的科学研究和实践应用，除了必须遵循社会科学的规律外，还必须遵循热力学和系统学及其他自然科学的规律。由此可见，管理学是社会科学和自然科学相结合的多学科交叉的学科，其研究和实践应用必然涉及多学科领域。由于管理系统必须符合能量运动和系统运动的规律，因此，管理系统也存在着熵运动，而管理系统的熵运动也最终决定管理系统的归属。

---

①　复杂性科学研究的是复杂系统和复杂现象的规律和作用机制，以及复杂系统中各组成部分之间相互作用所凸显出的特性和作用机理。复杂性科学主要包括一般系统论、控制论、人工智能、耗散结构理论、协同学、超循环理论、突变论、混沌理论、分形理论和元胞自动机理论。复杂性科学研究具有四个特点。①非线性。"非线性"与"线性"是一对数学概念，用于区分数学中不同变量之间两种性质不同的关系。②不确定性。不确定性是针对确定性而言的，是对传统的确定性研究思想和方法的否定。③自组织性。组织是指系统内的有序结构或这种有序结构的形成过程。德国理论物理学家哈肯依据组织的进化形式把组织分为他组织和自组织两类。自组织是指系统在无外界作用的条件下自发的组织现象，他组织是指系统在外界干预下产生的组织现象。④涌现性。复杂性科学把系统整体具有而部分所不具有的属性、特征、行为、功能等称为涌现性。也就是说，当我们把整体还原为各个部分时，整体所具有的这些属性、特征、行为、功能等便不可能体现在单个的部分上，也就是部分上不可能出现。我国古代思想家老子的"有生于无"的论断，便是对涌现性古老而又深刻的理解和表达。

第二节 管理系统的能量

一、管理能量与管理熵学第一定律

企业及其管理系统遵循一定的规则、秩序和方法运行。这些规则、秩序和方法依靠什么维持和作用于管理的对象？显然，企业及其管理系统的运行和作用也是靠能量推动。那么，什么是企业及管理能量？

任何运动、演化和发展的系统都存在着能量，没有能量，系统就失去动力，就不能运动。组织系统存在着能量吗？这种能量是什么？以什么方式存在？以什么方式发挥作用？组织能量可以量化吗？怎样高效率地利用组织能量？这些问题是管理学的基础科学问题。解决这些问题，将使管理学向量化的、更微观更深刻更基础的理论和应用方向发展。

在物理学的定义中，能量是物质在空间分布和转换的度量。爱因斯坦的能量公式给出了能量、质量和运动的关系。根据这个关系式，我们可以精确地测量能量。这个公式就是

$$E = MC^2$$

式中，E 是能量，M 是质量，C 是光速。

企业是一个社会系统，而社会系统是由人组织起来的。更有效地组织生产和协同劳动需要相应的管理系统，所以研究企业或是社会系统的做功的能量和效率问题，实质上也就是研究和应用管理系统。社会系统是有能量的。就是因为能量，才能推动社会的发展。社会能量是什么呢？其实就是人。爱因斯坦证明，在自然界，能量和物质是相互转换的，二者存在着本质的联系。最基本的粒子可转换成最基本的能量。爱因斯坦也证明了物质就是能量，能量就是物质，静态的物质就是静态的能量（物质乘上速度，静态能量就成为动量）。社会系统也有基本"粒子"，也可以转换成基本能量。这个基本的"粒子"就是人，人具有基本能量，也可以转换成基本能量。然而，个人在社会中是很分散的，个人的能量是很小很小的，就像一个粒子一样，只有组织起来，才能实现聚变和裂变，释放巨大的能量。在没有组织的条件下，多个人呈现出离散的混乱状态，就像热力学平衡态一样，是混乱的，不具有做功的能量。也就是说，无组织或混乱组织状态下，多个人的能量相互抵消而形成平衡态，而平衡就失去做功的势能，也就不能凝聚成完成组织任务的能量。

管理的能量实际上就是管理组织的能量。管理组织的能量从哪里来？来源于三个方面：首先，人的需要产生动能。人因需要产生欲望，欲望产生原动力，原动力产生动能，动能推动行为，行为作用于对象就是做功，最终通过做功成果满足人的需要。这样完成一个循环。由于需要不断产生，因而能量也就不断产生，循环不断地进行下去，人的社会组织也就不断地持续发展。只有组织起来的人的能量才能聚集和协同，并产生远远大于个人的能量。具体地讲，人只有组织起来才有更大的能

力获得更多的食物和满足更多、更高的需求，所以人类需要组织，并产生和获得组织能量。这是管理组织的基础的内生能量。其次，组织的运行和维持需要一定的物质资料。随着商品交换的发展，物质资料可转换为资金，也就是说在现代社会，维持组织需要一定的资金，资金换来生产生活资料（能量），从而才有条件推动组织运转并发挥组织能量。资金产生的能量能够在再生产过程中不断循环产生，不仅能够补偿消耗的劳动能量，还能再生产出扩大的劳动能量。这是管理组织的外引和再生能量。最后，多人组织在一起，必然产生协同的需要，而组织系统的自然过程充满非合作的混乱，因而就需要组织凝聚力的干预。当然，在错误的管理政策或制度规范以及非良性组织文化的干扰下，组织就会出现无序和混乱，就会消耗和缩小组织能量。这是管理组织的凝聚、协同和巨涨落（放大或缩小）能量。

　　以上就构成了社会组织及其管理系统的三大基础能量，即源能量、增值能量和凝聚放大能量。

　　将源能量、增值能量和凝聚放大能量有机地结合起来就产生了组织能量。产生组织能量的这三要素是相互作用的，在不同的条件下作用不同，也产生不同的影响的能量。以信仰能量为例，20 世纪 60 年代建设大庆油田，当时我国资金短缺、装备物资短缺，大庆油田的建设者凭借为国分忧的意志和艰苦奋斗的干劲，人拉肩扛，将一台台 60 余吨重的钻井设备运到工地，组装、生产，建成了世界级的大油田，摆脱了中华人民共和国成立以来缺油的困境。大庆油田的发现和开发，证实了陆相地层能够生油并能形成大油田，从而丰富和发展了石油地质学理论，改变了中国石油工业落后的面貌，对中国工业发展产生了极大的影响。当然，不可否认，资金的能量也是巨大的，如一些现代大型企业集团拥有雄厚的资本优势，推动着国民经济的发展。然而，无论是信仰还是资金，归根到底都是通过人的组织产生能量和发挥作用，有人的组织才能产生能量源，因此，人是组织能量的根本，当三者有机结合，将产生最大的组织能量和组织效应。

　　根据系统动力学的原理，我们可以看到组织能量运动的轨迹，这就是系统的组织需要和历史经验产生结构以及结构的相互关系、结构产生功能以及功能之间的相互关系。由此可以归纳出管理熵学第一定律，即管理能量定律。管理能量定律表述为：①一切人类组织，如军队、企业、社会组织等的管理系统都具有能量，这种能量是一种组织能量，存在于有效的人的集体组织之中，由组织规模和结构决定，并且通过有效的组织秩序、组织文化的非线性放大、组织协同的凝聚，产生大于组织单元简单相加的能量。②组织能量来源于人的需要、信仰和资金，其中人的需要产生基本能量源，信仰和资金是再生和支持能量。③没有管理能量，则任何人类的组织都不能运行而崩塌。

　　若社会没有组织起来，也就是个人的离散能量不能集中起来，就不能形成推动社会进步的巨大能量。一个国家或社会没有组织能量，就会被有组织能量的另一个国家或社会侵略、欺辱。孙中山曾经痛心疾首地讲："用世界上各民族的人数比较起来，我们人数最多，民族最大，文明教化有四千多年，也应该和欧美各国并驾齐驱。但是中国的人只有家族和宗教的团体，没有民族的精神，所以虽有四万万人结合成一个中国，实在是一片散沙，弄到今日，是世界上最贫弱的国家，在国际中最低下的地位。人为刀俎，我为鱼肉，我们的地位在此时最为危险。如果再不留心提倡民族主义，结合四万万人成一个坚固的民族，中国便有亡国灭种之忧。我们要挽救这种危亡，便要提倡民族主义，用民族精神来救国。"①孙中山先生的理想，由中国共产党人完成了，中国共产党人通过艰苦奋斗不屈不挠地把这片"散沙"组织起来了，凝聚起来了，形成了坚不可摧的力量，推翻了帝国主义、封建主义和资本主义三座大山，建立了新中国。

毛泽东在《论持久战》中说："战争的伟力之最深厚的根源，存在于民众之中。日本敢于欺负我们，主要的原因在于中国民众的无组织状态。克服了这一缺点，就把日本侵略者置于我们数万万站起来了的人民之前，使它像一匹野牛冲入火阵，我们一声唤也要把它吓一大跳，这匹野牛就非烧死不可。"② 毛泽东洞察和认识到社会组织能量的规律，并在其一生的革命活动中坚持运用此规律，带领中国共产党人发动群众、组织群众，从无到有，以弱胜强，取得了革命战争的胜利。

可见，组织起来的人是具有强大的能量的。可以说，大到一个国家一个社会组织，小到一个企业组织，甚至小到企业的班组、农村的村组等，都具有组织能量。但是，组织是有程度的，这个程度决定于组织的严密性（结构逻辑性）程度、规范性（高度纪律性）程度和有序性（分工协同科学性）程度。组织程度的高低决定了组织能量的大小。在高度组织起来的人的基础上，社会或者管理能量才能形成令人生畏的力量。同时，我们知道，在不同的精神作用下，人的能量发挥的程度是不一样的。而组织是人的集合，在不同的组织文化和精神的作用下，组织能量的发挥程度是不同的。组织的能量，还同该组织所应用的工具有关，即应用的工具的科技水平越高，则组织迸发出的能量就越大。特别地，组织能量还与信息有关，因为，组织掌握的信息量越大，则组织的不确定性就越小，其有序度和协同度就越高，在一定的时空中所发挥的能量就越大。

集体的组织能量可以分解为可量化的五个方面：①组织的规模，这是能量的基础。②组织的装备（科学技术）水平，这是人类能量的物理性扩展和放大的条件。③组织信仰、文化和精神，这是人类能量精神性非线性扩展和放大的激励机制与催化机制。④组织程度和组织序度，由组织的制度、秩序、纪律，分工的科学性，协同程度有机结合形成，这是组织的势能和协同能量的转化载体与基本条件。⑤组织信息的获得和利用程度，这是组织的预测、决策和控制所具有的能量的程度。

企业组织的能量同物理学的能量一样，是一种非常抽象的概念，看不见也摸不着，但是必然存在。为了计算和反映能量，我们必须找到一个直接相关的东西来反映，就像用水银温度计来测量温度一样。我们知道，企业里一切能做功（作用于生产经营和管理）的东西都可以以能量消耗的形态表现出来。由于企业的一切能量消耗都可以转换成价值消耗，而消耗的能量或价值形态都可以转换成企业成本，因此，企业的能量运动可用成本运动的规模和速度表示。

那么，企业的成本是什么？根据上述分析，我们可以用管理熵学原理对企业的

① 孙中山. 孙中山选集［M］. 北京：人民出版社，1981：621.
② 毛泽东. 毛泽东选集：第 2 卷［M］. 北京：人民出版社，2007：511-512.

成本下定义：成本就是在一定时空内，企业生产和经营活动中消耗或转换的企业能量（资源）。由此可知，成本是企业全部能量中已经被消耗或者已经被转化为生产经营成果的那一部分。

根据企业成本和其在生产经营管理中做功的特点，我们可以归纳出管理能量的定义。管理能量，是指管理的有效信息、装备科技、人力资源、组织状态、信仰文化等成本要素，在组织的集成下所形成的、在某时空条件下作用和转化的成本的度量。

如果我们用定量的方式来描述管理学第一定律，那么，在一定的时空中，就可以用下面的公式来定义管理能量：

$$ME = i^n \cdot k^n \cdot P_s^{\ b} \cdot MO$$

式中，ME 是一定时空中管理组织系统的能量；i 是信息能量，以企业信息成本计量；k 是技术能量，以企业的装备技术成本计量；P_s 是人数规模能量，这是系统的基本能量，以人力资源成本计量；b 是人数规模能量的指数，由企业文化、信仰能量等构成，以企业文化宣传和组织的文化活动成本与同期利润增加值的比例计量（其他组织则用文化宣传消耗与成果增加值的比例计算）；MO 是组织制度、秩序、协同能量，以企业管理成本计量并受组织效率制约，$MO = MC \cdot M\eta$（式中，MC 是管理成本，$M\eta$ 是管理效率）；指数 n 是放大或缩小的变量。

以上公式就是管理熵学第一定律，可表述为：人通过有效组织和协同，并在良性文化和激励放大，以及资金、科技和信息的加持条件下，具有强大的能量，这个能量就是管理组织能量。管理组织能量的大小决定了企业及其管理系统生命力的强弱。

我们定义：管理能量是组织系统生命力在时空中分布和做功转化的度量，是推动组织资源在相互作用中转化，实现预期目标而表现出来的人力、物质、信息、组织与精神作用力量的有机集成和总和。

二、管理能量在社会系统中做功的方向性

由于社会能量的基础是人的组合，因此社会能量在转换过程中会出现两种：一是社会系统发展的能量，二是社会系统振荡和破坏的能量。发展的能量是促进社会进步的生产的能量。在社会组织有序的条件下，生产的能量作用于社会生产力，生产出满足人们需要的有形和无形的产品，推动物质和社会发展，也推动人类本身的繁衍和发展。振荡和破坏的能量是在社会系统无序和混乱的条件下，作用于生产关系的矛盾，引起破坏、推翻和重组一个社会的经济基础和上层建筑的力量。社会能量就是在发展力和振荡力两种状态中转换的。

三、企业对管理能量的表述

与自然系统不同，人类的组织系统是由多种力量作用的系统，那么，这些力量是什么呢，有什么结构呢？

管理能量由五部分可以量化的要素构成，这五个部分都可以采用物质消耗转化为能量的方式计算，即可用消耗的成本进行替换计算。

（1）物质能量，又称生产质能，是指由资金、技术、土地和人力资本等相互作用而产生的组织能量。组织是为人类的生产、流通、交换和消费全过程服务的，是为了提高全过程效率、维护运行的秩序而产生的，物质能量作用于这个过程。没有物质能量，这个过程就会停止。因此，物质能量是生产、流通和消费全过程中的最基本的动能。

（2）组织能量，由组织势能和组织协同能构成，是指由层级部门阶差产生的管理权的势能。我们只有通过组织势能，才能把分散的组织成分有机集成起来，形成严密的具有强大功能的协同的组织结构。

①组织势能。它在现实中表现为各级组织和各单元的权力。表面上看，组织的权力，特别是企业组织的权力是由资本赋予的，实质上组织的权力是由组织内在秩序规律、运动规律和效率规律的内在需要而产生而分配的（因此才可能实现两权分离）。组织势能主要表现为对内做功。

②组织协同能。它是由组织势能控制和整合组织内各单元而释放和发挥出来的能量，也称为系统能量。当组织科学而严密时，其协同能量起到 1+1>2 的作用；当组织松散时，其协同能量将起到 1+1<2 的作用。组织协同能量主要表现为对外做功，例如一个组织同另一个组织的竞争，这就需要组织内部各个单元通过势能管理来协同，共同对外展开竞争。组织协同计算方法主要是对矢量和进行计算①。

人类组织的势能和自然系统的势能相比较，既有不相同的方面，也有相同的方面：自然系统的内部分布越非平衡态，就越能产生势能，就使系统结构越有序、能量做工的效率就越大；人类组织系统内部各单元的能力结构分布越平衡，可使资源整合优化和协同最大化，因而发挥的能量就越大。因为组织能量决定于整合优化和协同最大化的程度，决定于该结构的短板（平衡态瓶颈）：短板越少、能力结构越平衡、组织越严密、结构越有序，那么组织势能的协同力量就越大，发挥的作用也就越大。

（3）精神能量，又称文化场能，由组织信仰、价值观、伦理道德等文化内核产生，由组织过程中人的对内的引力、凝聚力、积极性和迸发力，以及对外的核心抗拒力、竞争力构成。精神能量不仅具有爆发力，而且具有放大组织能量的能力。例如：亚马孙热带雨林中的蝴蝶扇动翅膀，产生的微量空气扰动，通过传递、放大和叠加，到芝加哥就变成了飓风。精神能量具有这种传递、放大和叠加的功能，它能使组织能量得到最大释放，并在释放过程中产生传递、放大和叠加效应，促使组织获得更大的竞争能量。

（4）科技与创新能量，是指企业生产经营的技术水平所产生的能量，包括信息利用的技术水平所产生的能量，以及企业在技术创新和管理创新中获得的能量。

---

① 参见任佩瑜所著的《从自然系统到管理系统——管理系统的熵、耗散结构、信息与复杂性》。

（5）信息能量①。1961 年，罗夫·兰道尔在《IBM 研究通讯》上发表了一篇著名的论文《不可逆性与计算过程中的热量产生问题》。在这篇论文中，兰道尔指出了一件以前从来没人发现的事情：经典计算机要擦除一个经典比特的信息，其所消耗的最小能量是 $kT\ln2$（k 是玻尔兹曼常数，T 是经典计算机所处的外界物理环境的温度）。通过兰道尔的研究和其他物理学家的探索，我们可以看到信息与能量之间存在联系。例如，信息熵与热力学熵之间存在等价关系，这意味着在某些物理过程中，信息的获取或处理可能会导致能量的变化。

我们知道，在系统中，信息量越大，则系统混乱程度就越低，系统熵就越低，因此系统的能量就越大。以上说明在系统中信息是一种能量。在企业中，信息也是一种能量，因为信息能为企业带来价值，而价值可转化为能量；信息可消除企业系统的不确定性，能够消除企业系统的混乱使企业有序，这也可增加企业的能量；信息可推动企业的发展，推动企业发展必然是一种能量；只有通过信息能量才能将分散的个体组织、控制和管理起来，形成企业系统能够工作和创造价值的整体。所以，信息是企业不可或缺的重要的能量。

以上五种能量相互依存、相互作用，共同构成复杂的企业及其管理系统的能量结构，这个能量结构又共同作用于企业及其管理系统，推动企业竞争和发展。同时，企业能量理论告诉我们，企业及其管理系统要获得生存和发展，就必须获得管理能量。

第三节　管理系统的效率、速率与速效率

一、管理效率与管理熵学第二定律

什么是效率（efficiency）？物理学定义是指有用功率与驱动功率的比值。效率也分为很多种，比如机械效率（mechanical efficiency）、热效率（thermal efficiency）等。效率的高低与做功的快慢没有直接关系。

热效率的计算公式是

$$\eta_s = \frac{A}{Q} = 1 - \frac{T_2}{T_1} = 1 - S\frac{T_2}{Q_1}$$

式中，η_s 是热效率，A 是有效利用的能量，Q 是消耗的总能量，（T_2/T_1）为热的末态与初态之比。从热机系统效率与熵的关系来看，当热机内的微观粒子的运动有序，并向宏观有序发展（做功）时，则系统的熵 $S \to 0$，此时 （T_2/Q_1）$S \to 0$，$\eta_s \to 1$。

在经济学和管理学中，效率是指产出与投入的比值，即效率=产出/投入。

在管理熵学的研究中，由于效率同生产经营管理占用的要素相关，而要素包括

---

①　爱因斯坦说能量就是质量，这在质能转换公式中得到了证明。信息是能量的一种表现形式，有能量就一定有质量，关于信息质量的论证，请读者参阅本书第三章。

时间和空间，因此，管理系统是在时空、资源相互作用的动态之中作用于对象的。由此，我们定义，管理效率是指管理资源（能量）在一定的时空中利用的程度和速度。简单地讲，管理效率就是管理资源在一定的时空中投入和产生效果比值的度量。由于管理的成果必然要转移到生产经营中，因此，衡量管理效率不仅需要对其本身效率做度量，还必须对其做功对象的效率做度量。涉及的联合计算公式为

$$\begin{cases} \eta_m = \left(\dfrac{I}{C}\right)^k \\[2mm] \text{企业投入产出效率} = \dfrac{\text{生产经营成果}}{\text{生产经营成本} + tm^2} \\[2mm] \text{管理资源利用率} = \dfrac{\text{规定时空内管理任务完成量}}{\text{一定时空内全部管理资源投入量}} \\[2mm] \text{管理任务完成率} = \dfrac{\text{规定时空内管理任务完成量}}{\text{一定时空内全部任务量（计划内和计划外）}} \end{cases}$$

式中，η_m 是指管理效率；$\dfrac{I}{C}$ 是指一定的生产经营周期的全部销售收入与全部成本之比；k 是指全部资本的周转速度[①]；tm^2 是指时间和空间（如土地面积）的投入（成本）。

组织所利用的资源（能量）都可以转换成成本来进行计算。资源转化是在一定的时空中进行的。在转换的效率中，资源（能量）转化的程度和规模决定了其利用效率，而转换的速度又决定了其转换中时空利用的效率。例如，资金周转速度（时间耗费）决定了资金的利用效率，如果资金周转快（时间耗费少），那么资金成本就少，利润就会增加，资金效率就高。在生产中也是这样，如同样的生产，在保证质量的条件下，单位时间里产量越大，生产速度越快，空间占用越少，则生产规模效应就越突出，生产效率就越高。又如，电商为什么发展这样迅速，竞争力为什么这样强？因为电商利用网络技术和信息技术，在商品交易中极大地缩短了时间（加快了商品和资金的流转速度），并极大地扩大了商品流转的空间（用极少的空间占用经营流转规模巨大的商品和资金）。也就是说，电商通过使用网络和信息技术及大数据技术，拓展了企业对时空的利用而产生了极高的效率。由此可见，管理熵学的效率定义同经济学和管理学以及物理学对效率的定义既有相同之处，也有不同之处。不同的地方主要表现为：前者的效率定义是包含了时空和速度的，而后者是不包含的。

管理熵学将自己的理论建立在能量、效率和时空运动之上。因为，管理学特别是企业管理学本身就与管理的主客双方以及相关方的相互运动有关。管理学的研究建立在能量做功的时空控制参数的基础上，如果没有考虑管理能量做功的时空因素，管理学研究将是平面的、静态的、简单的、片面的。

---

① 关于动态的管理效率公式 $\eta_m = \left(\dfrac{I}{C}\right)^k$ 的推理和企业验证过程，可参见任佩瑜所著的《从自然系统到管理系统——管理系统的熵、耗散结构、信息与复杂性》。

经过大量的观察和实践，人们发现任何组织，无论是生物组织还是人类社会组织，都在追求效率，高效率必然淘汰低效率，这是效率规律。进一步可以说是"生命追求效率"。

为什么生命追求效率呢？因为效率是抵抗熵增的，任何效率都是以能量为基础的，是对能量利用状态的度量。高效意味着能耗减少，意味着熵减，或者就意味着熵增减缓。我们现在提倡低碳社会，本质上就是要提高效率、减少能耗，特别是化石能源的消耗，以此抵抗熵增，实现人类的可持续发展。

管理为什么要追求效率？追溯到原始社会，可以发现，管理行为、管理思维本身就是为效率而产生的，因为原始人通过组织协同起来，可抵御野兽与外族入侵，可获得更高的渔猎效率，从而以更少的时间获得更大的空间和更多的食物。现代管理的高效就意味着低耗，就意味着低成本、高速度，就意味着企业能够为市场提供更好的服务，就意味着竞争优势，也就意味着企业系统的熵减，企业生命之源得到加强。追求利润是资本的原始冲动。本质上企业的利润是由企业的投入产出、市场交换和时空效率产生的，因此，追求效率是企业内在的必然。

有一个现象引起了我们的注意，即最先进的技术并不一定带来效率最大化。这是因为管理具有自然和社会两种属性，也就是说管理具有二重性[①]。

先进技术只能在最佳工艺组织和最佳劳动组织的结合中才能产生最佳效益。工艺组织属于生产的自然属性，生产必然需要管理和控制组织工艺流程才能生产；劳动组织则属于生产的社会属性，分工的劳动必然需要组织协作，这就需要指挥和监督、控制与协调。这就是生产的二重性。显然，如果劳动组织不和工艺组织有机结合，就无法构成完整的生产组织，生产无法进行，更不用说生产效率了。在生产二重性的作用下，生产和管理的效率最终来自三个方面：一是生产技术创新与进步，二是生产过程中生产力与生产关系矛盾的平衡，三是管理组织和管理过程中的上层建筑和经济基础矛盾的协调。

管理本身就是因人类追求效率而产生，因此追求效率是管理的初心，是管理永恒不变的规律。资本或企业只有通过管理效率才能实现初心，因此，追求管理效率，是任何一个企业或组织永恒不变的主题。简单地说，低效的企业必然在竞争中被淘汰。

由此，我们可以归纳出管理熵学第二定律，即管理效率定律。我们将管理效率定律表述为：①任何社会组织，在任何时候都必然追求管理效率；②管理效率是由管理系统的技术装备、管理主客体、权力结构和管理组织结构的科学性、协同性和积极性共同决定的；③管理效率决定组织的生死存亡和发展趋势。

---

① 管理的二重性是指对生产过程进行的管理存在着两重性质，一种是与生产力、社会化大生产相联系的管理自然属性，一种是与生产关系、社会制度相联系的管理社会属性。它是马克思关于管理问题的基本观点，反映出管理的必要性和目的性。

二、效率、工业革命与管理

管理学的研究以及企业系统运行的核心，就是如何提高企业的效率，争取竞争优势。这从人类技术发展、企业生产经营管理的发展历史可以得到证明。

第一次工业革命时期，为了适应蒸汽化和机械化生产，提高劳动效率，亚当·斯密（Adam Smith）经过对工厂的考察和实验得出了科学结论，在《国富论》一书中提出了劳动分工理论，第一次从理论上证明了生产效率与分工协作的关系，奠定了科学管理的理论基础。马克思也在《资本论》第一卷第十一章中论述了协作产生新的生产力的理论。

第二次工业革命是以提高生产效率为目的，以电气化和机械化以及流水生产线组织为基础的技术革命。在技术发展的条件下，泰勒（Taylor）把生产效率作为其科学管理理论追求的基本原则和目标，在进行了著名的搬运生铁实验、铁锹实验，以及金属切削实验的基础上，提出了专业化分工理论、标准化理论和科学管理理论。哈林顿·埃默森（Harrington Emerson）进一步明确提出管理效率是科学管理的核心，并对管理效率进行了深入研究，提出了 12 项效率原则。

法约尔（Fayol）在对管理过程进行研究后，认为成功的管理人员如想保持较高的管理效率，必须在工作中遵循经过验证行之有效的管理原则。他列出了实行分工和专业化、给管理人员权力等 14 项管理原则。

霍桑实验是 1924 年美国国家科学院的全国科学委员会在西方电气公司所属的霍桑工厂进行的一项实验，目的是弄清照明（生产环境）的质量对生产效率的影响，但未取得实质性进展。1927 年，心理学教授梅奥（Mayo）和哈佛大学的同事应邀参加霍桑实验和研究。这一系列实验，在梅奥的主持下，取得了成功。其结论是：生产效率同职工心理、组织状态有关，职工是影响效率的直接因素。由此提出了职工是社会人，企业中存在着非正式组织，以及有效管理者的管理学理论。

第三次工业革命是以生产效率为目的，以大规模集成电路、自动化控制和信息化为技术核心的技术革命。在企业生产经营管理中，为了提高效率，在 20 世纪 70 年代到 90 年代，国际上出现了许多管理新思想和新技术以及新的组织方式，如全面质量管理（TQM）、准时生产（JIT）、公司资源计划（ERP）、计算机集成制造系统（CIMS）、柔性制造系统（LP）、项目管理（PM）、系统动力学（SO）、作业成本分析法（ABC）、业务流程重组（BPR）、工作流程（work flow）、团队管理（work team）、核心竞争力以及标杆管理、企业文化、战略管理、核心能力管理等一系列新的管理理论与实践。这些新的管理理论与实践在欧美企业中全面应用并取得一定的成功。在企业组织理论创新方面，20 世纪 70 年代到 90 年代，欧美企业界、学术界对扁平化的组织机构创新，以及流程化的组织机构的研究取得了很大的进步，对企业内部的专业分工细化、组织多级分层制进行了变革。

第四次工业革命是以数据化、信息化、网络化和人工智能化以及量子通信等为核心的技术革命。在技术革命的推动下，为了提高效率，企业大量采用大数据技术、现代信息技术、物联网技术、移动网络技术、信息物理系统（CPS）智能制造技术、智能物流技术、智能仓储技术和智能销售技术。

三、管理速效率

管理速效率是指测量组织管理在时空做功过程中，消耗的成本、时间和获得的成果的比值。管理速效率用来测量企业或组织在物资、人力、时间、空间消耗条件下获得的利益收入状态，从而了解企业或组织的时空运动效率状态。

在物理学或工程学中，效率是指有用功率对总驱动功率的比值，或者是全部能量与有用做功的比值；在经济学和管理学中，效率是指生产过程中投入和产出的比值。

速率在物理学中是指物体运动的快慢或是运动速度的大小，引入管理系统中，则是指在一定的空间中，管理做功作用的成果与花费的时间之比。

前面我们已经确定了企业的效率是由成本和收益两大变量构成的，即

$$M\eta = \frac{I}{C}$$

现在，我们再设定管理的速率公式如下：

$$Mv = \frac{I}{T}$$

上面两个公式中，$M\eta$ 是指管理系统效率，I 是指生产经营收入，C 是指成本消耗；Mv 是指管理系统的速率，T 是指管理系统做功获得成果所消耗的时间。

综合上面两个公式，我们可得到

$$M\eta v = \frac{I}{C} \cdot \frac{I}{T} = \frac{I^2}{CT}$$

式中，$M\eta v$ 是指管理速效率。$M\eta v$ 同 $M\eta$ 和 Mv 的性质不一样：是非线性的，而 $M\eta$ 和 Mv 是线性的。$M\eta v$ 实质上也就是在平均单位时间和成本消耗的情况下获得的成果的比值。

管理速效率指标衡量的是管理的效率和速率在一定时间和空间的相对运动态势，它可以用于比较不同的组织结构和行为在一定时空中的优劣状态。其计算例子如下：

【例1-1】某企业生产经营一小时，消耗成本 100 元，产生收入 150 元，求该企业在一小时内平均每分钟的管理速效率。

解：$M\eta v = \frac{I^2}{CT} = \frac{150^2}{100 \times 60} = 3.75$（元/分钟）

答：该企业在一小时内平均每分钟产生的管理速效率为 3.75 元。

【例1-2】某企业生产经营一年，消耗成本 1 000 万元，获得收入 1 500 万元，求该企业平均每天的管理速效率。

解：$M\eta v = \frac{I^2}{CT} = \frac{1\,500^2}{1\,000 \times 365} \approx 6.16$（万元/天）

答：该企业在生产经营一年中，平均每天的管理速效率约为 6.16 万元。

效率同速效率相比较，一方面，它们在本质上具有一致的地方，即都是对管理系统或企业系统运动的功效的测量。另一方面，它们各具特点，即测量的思想、方法和范围具有明显的区别：效率是用静态的线性的方法对企业的效率进行测量，而速效率则引入了时空、动态和非线性的思想和方法。显然，效率的公式更简单，而速效率的公式更符合企业的实际状态。

四、管理效率和速效率的意义与作用

管理速效率对组织在竞争中的演化和发展具有重要影响，对国家发展也具有重大影响。1896 年，美国工业产值超过英国，但是，就综合国力而言，英国仍然是第一位。1914 年，美国国内生产总值（GDP）超越英国，成为世界第一经济大国，其间，美国的生产效率革命（也是管理革命）在国家经济发展中起到了十分显著的作用。20 世纪初，为了提高企业生产效率，美国工程师泰勒经过多次实验，提出科学管理方法与理论体系。为了推广该科学体系，美国国会设置了科学管理法特别委员会，并于 1912 年 1 月 25 日举行听证会，由泰勒发表演说，说明科学管理的意义、作用、内容和效果，并回答议员们的质疑。在国家大力推动下，科学管理在美国得到了普遍推广，满足了第二次工业革命对管理和生产组织的需求，极大地促进了美国生产效率的提升。

中国共产党人为了加快国家建设，改变国家百年来积贫积弱的状况，领导全国人民进行了艰苦的大规模的建设。1958 年 5 月，在北京召开的党的八大二次会议，通过了"鼓足干劲、力争上游、多快好省地建设社会主义"的总路线。该路线是中国共产党经过艰苦的探索，并根据国际国内形势，提出的快速发展国民经济、快速发展工业的总路线。"多快好省"就是提高效率。"总路线"充满了辩证思想，因为"多"和"快"针对的是发展速度、发展规模，只讲速度和规模容易粗制滥造，而"好"与"省"则是讲质量、讲节约，这是相互制约又共同发展的辩证逻辑。其实现在我们提倡低碳经济，本质上就是"多快好省"的经济发展方式。"总路线"由于内容言简意赅，通俗易懂，很长时间内成为动员人民从事社会主义建设的行动口号。

列宁在《伟大的创举》一文中指出："劳动生产率，归根到底是使新社会制度取得胜利的最重要最主要的东西。资本主义创造了在农奴制度下所没有过的劳动生产率。资本主义可以被最终战胜，而且一定会被最终战胜，因为社会主义能创造新的高得多的劳动生产率。"[①]

管理速效率将管理的效率、速率和时空统一起来，在一定的时空中全面衡量了组织管理的能量、资源与利用和产生效果的状态，也全面衡量了组织运动的状态，

---

① 中共中央马克思恩格斯列宁斯大林著作编译局. 列宁选集：第 4 卷［M］. 北京：人民出版社，1972：16.

这为我们在一定的时空条件下，观察分析组织和管理的结构和功能状态，提供了可量化的、可比较的、科学而客观的大数据支持。

五、效率的量化指标与实现路径

当前以信息化、数字化、网络化技术，量子计算技术、量子通信技术，智能技术、智能制造，新能源、新材料等为代表的第四次工业革命正在迅速发展，我国企业若不能迅速适应新工业革命的发展，利用新兴的工业技术大力提高竞争效率与竞争速度，就一定会落后。

管理效率的量化指标，也就是数学表达公式，如下：

$$管理效率 = \frac{管理成果}{管理消耗（成本）}$$

$$生产效率 = \frac{生产成果}{生产投入（成本）}$$

$$经营效率 = \frac{企业利润}{企业全部成本}$$

效率不仅是指消耗的资源与成果之比，也是指单位时间里实际完成的成果量。生产与成本本身就具有时空概念，如资金占用和生产空间占用等。因此，所谓效率高，就是指在单位时间和空间里实际取得的成果多。

效率定律本质上是一个宇宙的客观规律，一切有热能做功的地方都遵循效率定律。事实上，任何效率定律都出自热力学效率定律。热效率的含义是：对于特定热能转换装置，其有效输出的能量与输入的能量之比，即

$$热效率 = \frac{输出能量}{输入能量}$$

$$热效率 = \frac{有效利用的能量}{消耗的总能量}$$

为什么效率就是生命呢？因为生命也是一个热力学系统，同时效率代表了资源利用的速度和程度以及同环境的关系，代表了生命或者类生命体的企业，在一定的时间空间里，对资源利用的能力和利用的程度，代表了生命的竞争力。

一般系统，特别是孤立系统，其效率同环境没有直接关系。但是，生命系统，或者类生命系统，如企业系统、社会组织系统，其运动效率同环境相关，因此，我们可以写成如下函数关系来表达具有生命特征、和环境直接相关的系统的效率关系：

$$\eta_o = \left(\frac{F}{\text{CR}}\right)^{\frac{\text{tcr}}{\text{ecr}}}$$

式中，η_o 代表生命或组织效率；F 代表资源利用的成果；CR 代表消耗的资源；tcr 代表组织变化的速度；ecr 代表环境变化速度；$\frac{\text{tcr}}{\text{ecr}}$ 是组织演化速率，其实也是竞争速率。从该式可知，效率是一个同消耗、成果和环境相关的动态的函数，并且在衡

量效率时，$0 < \eta_0 < n$。

那么，怎样才能提高组织的效率呢？从企业来讲，按价值工程的理论和方法，也就是根据效率、消耗与成果的函数关系，企业改变效率的方法和路径如下：

因为 $\eta_0 = \left(\dfrac{F}{CR}\right)^{\frac{tcr}{ecr}}$，所以在当 $\dfrac{tcr}{ecr}$ 一定时，企业效率产生的管理和技术路径有以下6种：

①$F > CR$，$\eta_0 > 1$；

②$F < CR$，$\eta_0 < 1$；

③$F = CR$，$\eta_0 = 1$；

④$\Delta F > \Delta CR$，$\eta_0 > 1$；

⑤$\Delta F < \Delta CR$，$\eta_0 < 1$；

⑥$\dfrac{\Delta F}{-\Delta CR}$，$\eta_0 >> 1$。

效率和熵之间有密切的关系。熵增的本质是系统能量平衡导致混乱无序，能量从能做功发展到不能做功，最后效率不断降低走向死亡的热寂状态。因此，任何企业系统要存活，要演化发展，都必须提高效率抵抗熵增。而抵抗熵增一方面要从企业系统外，即从环境中不断引入新的能量，也就是引入负熵，如利润、新技术、新工艺、新管理等；另一方面在内部必须提高效率，就是用更少的物质能量消耗获得更多的生产经营成果，从而延缓熵增。

第四节　开放性系统与耗散结构

开放性系统，是指与环境存在着不间断的连续的物质、能量和信息的交换，并在交换中得到演化和发展的系统。

一、组织系统发展的内在矛盾斗争

什么是矛盾呢？矛盾是指事物间的相互排斥相互联系、相互作用相互影响的对立统一关系。系统内在矛盾是指系统内部的相互联系的、既相互斗争又相互依存的对立统一关系。系统内在矛盾运动是系统演化发展的普遍规律，任何系统都必然遵循这个规律而运动。系统内部最基本的矛盾是什么呢？是发展和后退的矛盾，是有序和无序的矛盾，其实就是熵和负熵的相互依赖相互斗争的关系，这也就是系统内部能量演化发展方向的斗争，系统就是由这个斗争推动，向不同的方向演化发展。

前面我们讲过，由熵增定律决定，系统在自然过程中必然产生熵增，最终走向死亡。然而，如果系统演化过程中，有人为干预起作用，那么，系统还遵循熵增定律吗？如果有其他条件起作用，使得系统能从外部引入新的能量，即引入负熵，系统还是不可逆地熵增而走向死亡吗？显然不是的，因为引入的负熵如果抵消或大于系统熵增，那么系统就会有新的能量，达到新的有序状态。当然，这种能够引入新能量形成新的有序结构的前提是系统是开放的，是同环境保持联系和进行交换的。例如企业系统，企业系统是人干预的系统，是为人类转化和提供物质的系统，如果企业能够从外部不断引入新的资金、新技术、新工艺、新管理方法，也就是引入新能量获得负熵，并且不断提高能量做功效率，就能够不断获得竞争优势。在这种情况下，企业还会"衰亡"吗？企业如果只是消耗资源和能量，也就是不断熵增而得不到新能量（负熵）的补充，那么必定会衰亡。企业内部的熵增和负熵增两种状态的斗争就是企业系统内部最基本的、决定企业发展方向和生死存亡的矛盾斗争。

企业系统不断获得新能量实现负熵增，通过负熵增和提高能量做功效率，抵抗熵增，或延缓熵增，使自己的生命延长。这就是企业系统内部熵与负熵的矛盾斗争。

二、生命、负熵与薛定谔理论

量子科学奠基人之一、诺贝尔物理学奖得主薛定谔说：人活着就是在对抗熵增定律。他在《生命是什么》一书中提出了一个惊人的观点：生物体以负熵为食。他认为：新陈代谢的本质是，生物体成功地使自己摆脱在其存活期内所必然产生的所有熵。薛定谔说："自然万物都趋向从有序到无序，即熵值增加。而生命需要通过不断抵消其生活中产生的正熵，使自己维持在一个稳定而低的熵水平上。生命以负熵为生。"

薛定谔根据玻尔兹曼熵公式提出一个逆公式。他认为，既然熵是系统无序度的量度，那么，熵的倒数，即负熵就应该是系统有序度的量度，因此负熵增可以抵消正熵增，并给出了负熵增的公式：

$$-S = k\log\frac{1}{\Omega}$$

在此基础上，他又提出了系统开放并同环境交换，从而引入负熵的熵流公式。在熵流公式中，系统总熵增就等于系统内部产生的、恒大于零的正熵增加上从外部引入的负熵增之和。如果系统总熵为负，那么系统就会得到新的能量，就会出现逆转，就会延缓系统的衰亡速度。熵流公式如下：

$$dS = d_iS + d_eS$$

式中，dS 是系统总熵的微增量；d_iS 是系统内部产生的恒大于零的熵的微增量；d_eS 是系统从外部引入的熵的微增量，其值可能为负，也可能为正。

前面我们阐述了熵增原理，知道了孤立系统演化发展的不可逆趋势。但是，在开放的条件下，由于可能引入外部的负熵，有些系统的熵增十分缓慢，甚至出现负熵增来抵抗熵增，因而其在某种条件下延缓熵增，从而延缓了衰亡速度，这就是熵流原理。

薛定谔理论就是：生命以负熵为食。薛定谔熵流公式告诉我们，任何系统，只要能够从环境中获得足够的能量，也就是足够的负熵，那么它就可以抵抗内部产生的熵增。生命系统也一样，只要能够从环境中获得足够的能量、足够的负熵，就可以抵抗身体内部产生的熵增，就可以延缓生命的衰亡。因此"生命以负熵为食"是一个真理。显然企业也是这样，如果企业能够得到从环境中补充的足够的负熵（利润），当然也就可以抵消内部产生的熵增（成本消耗），从而使生命得到延缓。那么，企业怎样才能得到从环境中产生的负熵呢？

三、普利高津与耗散结构定律

1977 年，诺贝尔化学奖得主、比利时皇家科学院院士、美国科学院院士普利高津（Prigogine），在研究非平衡态的不可逆过程热力学时，发现一个规律并提出了耗散结构理论。

所谓耗散结构是指远离平衡态的开放系统，通过不断地与外界交换物质和能量，在外界条件变化达到一定阈值时（也就是达到足够的负熵流临界点时），通过内部的非线性作用产生自组织现象，使系统从原来的无序状态自发地转变为时空上和功能上的宏观有序状态，从而形成新的、稳定的低熵有序结构。社会组织也存在着这种规律，例如现代企业组织，其最基本的过程就是投入—产出：一方面是机器设备、原材料、能源和人力资源的购进和投入生产，另一方面是不断地生产产品，并将产品投放到市场上销售，进而回笼资金，购买生产资料投入再生产或扩大再生产。无论是输入或输出，一旦停下来，企业内部所有的秩序和结构都会瓦解。企业的一切都依赖于这个稳定的开放的输入输出过程。

耗散结构定律可概括为：一个远离平衡态的非线性的开放系统通过不断地与外界交换物质和能量，不断地引入负熵，抵消熵增；在系统外部条件和内部某个参量的变化达到一定的阈值时，通过涨落，混乱的系统可能发生突变即非平衡相变，产生自组织现象，由原来的混沌无序状态转变为一种在时间上、空间上或功能上的有序状态。

在远离平衡的非线性区形成的新的稳定的宏观有序结构，由于在耗散过程中，需要不断与外界交换物质或能量才能补充耗散掉的物质或能量，才能维持系统，因此将这种系统称为"耗散结构"（dissipative structure）。

孤立的系统绝不能成为耗散结构，也不可能出现熵减少的现象。因为孤立的系统不能同环境进行交换，不能引入新能量对耗散的能量进行补偿。我们研究耗散结构，就是为了掌握耗散结构的规律，为社会系统或企业系统创造条件，促进其开放，使之在系统开放的同时，不断地同环境交换，引入负熵流，补充耗散，实现发展。

耗散结构理论认为，"开放"是所有系统有序发展的必要条件。一个国家、一个企业只有开放才能获得发展。企业只有不断引进人才和技术，不断更新设备，不断更新生产经营管理理念，才能充满生机和活力。

第二章　管理熵结构与管理耗散结构

第一节　管理熵结构与管理熵学第三定律

一、什么是管理熵？

我们把熵定律从自然系统推演到社会系统，并加入社会系统运动元素和参数，就得到了一个同自然系统中产生的热力学熵不同的新的社会系统的熵概念。由于任何社会系统都是管理系统，而组织效率由管理产生，同时，新的动态效率理论和熵理论是从企业管理中研究推演而形成的，因此，我们把这个新的熵定义为管理熵。管理熵是管理科学基础理论的重要概念之一。管理熵概念很抽象，它具体是什么呢？

管理熵是对企业及其管理系统的能量、效率和混乱程度的度量。它是表示管理系统效率和有序状态的综合集成的能效比值对数的态函数。管理熵既反映了管理系统的有序程度和能量做功的状态，也反映了管理系统的发展状态和发展水平。人类社会是一个管理系统，当然，一切人类的组织都是一个管理系统，包括企业、学校、军队、医院等，这些组织系统都必然存在着管理，都必然遵循管理熵规律。管理熵规律运动的结果决定组织系统发展的方向、速度和水平。

熵是热力学的概念，熵值是对系统能量和系统序度测量的指标。克劳修斯用熵来表示任何一种能量在空间中分布的均匀程度。能量分布得越平衡、越均匀，势能就越小，熵就越大，而熵越大则系统的无序度和混乱程度就越高，系统可以做功的能量就越少。当熵达到极大值时，系统就演化成终极平衡态，就没有势能了，系统就衰亡。对于热力学所研究的孤立系统来说，如果系统能量完全均匀地分布，那么，这个系统的熵就达到最大值。

任何一个系统的自然过程，能量总是自发地趋于均等，也就是能量差总是倾向于消除，能量从能做功自发地变成不能做功，系统趋于平衡态。例如，让一个热物体同一个冷物体相接触，热就会以传递的方式流动，在分子相互碰撞形成的能量交换过程中，热物体将冷却，冷物体将变热，直到两个物体达到温度平衡，热交换就停止。如果用水库把上游的河流截断，使水库的水平面高于下游河流的水平面，那么就会产生水位差而形成势能。如果消除水库对上游河水的拦截，使上下游连接，那么，在连接中就会产生势能交换，水位差就会消失，就会使水库的水面降低，而使下游水面升高，直到上下游水面平衡，而水库势能也就消除了，水库就没有能量发电了。

自然界中的一个普遍规律是：能量密度的差异倾向于变成均等。换句话说，"熵将随着时间的推移而增大"。在任何孤立系统中，这种发展趋势是不可逆且必然的，因此也称为不可逆过程或不可逆规律。这就是熵增规律。管理系统也遵循这个规律吗？一方面，管理系统也是系统，必然遵循一切自然过程都是熵增的过程规律；另一方面，管理系统是人工系统，受人的干预，因此，其发展过程不完全是自然过程，并不完全遵循熵增定律。

如果我们将自然系统延伸到社会系统，添加了人和组织管理元素以及参变量，例如，生产成本就是生产所消耗的能量，生产过程就是能量做功或转换的过程，生产经营成果就是能量做功转换的结果，生产经营成果与生产成本之比就是生产能量做功或转换的效率，生产组织既是自组织又是他组织、既是自然系统又是社会系统、既遵循自然规律又遵循社会规律，等等，那么熵的概念就从自然系统经过要素、参量与结构有机集成和演化拓展到了社会系统。进而我们会发现社会系统必然由能量运动推动发展，发展过程中也存在着效率和无序度量，存在着高效与低效、有序和无序，因此，也可以用一种特殊的、既能遵循热力学熵定律，又可反映社会系统运动规律的"熵"来度量和表达。于是，经过变量的重新定义和数学推演，我们得到了一个既不违反热力学第二定律，又能够反映社会系统运动规律的熵函数。由于任何社会系统本质上都是一个管理系统，因此我们定义这个态函数为管理熵。

由于管理熵是管理系统的能效比值对数的态函数，因此管理熵的公式[①]可以写成

$$MS = - k\log \frac{I}{C}$$

式中，MS 是管理熵；k 是发展系数（对于宏观社会系统，k 是观察期平均增长速度；对于微观企业系统，k 是观察期企业资金周转率）；C 是企业或社会总成本；I 是企业或社会总收入。这个公式的本质就是用微观变量统计的比值来反映社会系统的有序程度或无序程度，也反映社会系统能量应用状态和系统运行的效率状态。

我们通过对企业的大量观察和实验发现，一个企业在一个时期内的销售收入一般不会大于总成本的 10 倍。也就是说，正常条件下，企业管理熵的值一般不可能大于 1，因此，我们把管理熵值的取值范围定为 $-1 \leqslant MS \leqslant 1$，计算结果可能出现三种状态：①如果 $MS = 0$，就说明这个组织的系统状态是管理熵平衡，也就是系统的序度和能量状态没有变化，处于一种不发展也不后退的状态。②当 $MS > 0$ 时，说明这个组织的系统状态处于管理熵增态，系统处于能量耗散而混乱无序增加的状态。③当 $MS < 0$ 时，则说明组织处于管理熵减或负熵增态，或者处于低熵状态，组织能

---

① 管理熵公式的数学推导过程，参见任佩瑜所著的《从自然系统到管理系统——管理系统的熵、耗散结构、信息与复杂性》。

量得到补充，组织能得到有效发展。

由于任何一个社会系统都存在着管理熵，所以应用这个公式，就可以测量社会组织或企业的管理熵值，从而分析比较社会组织或企业的能量做功（动态效率）的状态和有序度或者混乱程度。我们将状态值连点，用趋势外推方法计算，即可观察和预测社会组织或企业发展或变迁的轨迹和趋势。

测量自然系统的能量和混乱程度的指标是热力学熵，测量社会或企业系统的能量和混乱程度的指标是管理熵，这两者之间有着基本联系，即都同系统能量相关而遵循熵规律；但也存在着不同的特点，即一个是自然系统的热力学熵，完全遵循熵规律，另一个是社会系统的管理熵，不仅要遵循熵规律，还要遵循社会规律。

二、管理熵结构

管理熵结构是指，相对封闭和孤立的管理系统各要素在相对运动中，运行效率低下，不能与环境实现有效交换，进而不能引入新的资源补充生产经营耗散了的物质能量和信息等资源，使系统整体呈现出管理熵增的孤立的混乱的组织。

管理熵是管理系统的宏观状态的度量值；而管理熵结构是以持续管理熵增，或持续高熵状态为主要特征的管理系统。

显然，管理熵结构是企业的劣质组织结构。企业一旦形成这种结构并继续发展，运行效率就会逐渐降低，管理熵就会不断增长，发展就会停滞，企业会倒退直至衰亡。管理熵结构的数学表达式如下：

$$\begin{cases} MS = -k\ln \dfrac{I}{C} > 0 \\ dMS = d_iS + d_{im}S + d_eS > 0 \end{cases}$$

式中，dMS 表示管理熵增；d_iS 代表企业及其管理系统内部自然过程产生的管理熵增值；$d_{im}S$ 表示企业及其管理系统内部非自然过程（管理干预，如成本、效率增大或减少等）产生或抵消的管理熵增值；d_eS 表示从外部环境流入的管理熵值。

我们定义了管理熵结构，也知道了这种结构对企业的危害，怎样避免管理熵结构陷阱呢？只有消除生成管理熵结构的条件，才能避免落入陷阱。那么形成管理熵结构的条件是什么呢？管理熵结构形成的条件主要有以下五个：

（1）企业及其管理系统具有相对封闭性。企业及其管理系统是相对孤立和封闭的，较少与环境进行有效的物质能量信息的交换，也就是说，企业难以将自己生产的产品和服务通过市场交换而实现价值和增值，以致难以获得利润来补充消耗和扩大再生产，难以维持企业生存和发展。

（2）企业及其管理系统内部的组织结构，和由此而形成的权力结构、利益结构、人际关系、生产经营及产品结构，都呈现出十分稳定的不变的平衡态。这种平衡态使企业没有动力去调整和改进组织结构、人力资源结构、生产经营结构和市场结构，使企业所需的新鲜血液得不到补充，因而没有前进的势能和动力。

（3）企业缺乏创新势能。企业及其管理系统不能有效地与环境进行交换，不能获得物质能量信息的补充；同时，由于系统结构的平衡态，系统不会出现大的涨落，因此企业缺乏创新所必需的文化氛围，创新所需要的物质资源、资金资源、信息资源和人才资源，以及创新精神、创新能力和动力。

（4）管理组织结构中生产力同生产关系不平衡（表现为生产工艺和技术组织同劳动组织不匹配、劳动过程利益得不到相应体现）、上层建筑与经济基础不平衡（表现为管理体制不合理、权力结构和利益结构不合理、管理系统混乱无序），这两大不平衡必然造成管理组织系统的混乱、对抗，使管理效率得不到提升，企业不断振荡，企业能量不断耗散得不到补充而崩塌。

（5）企业的管理熵值增加。管理熵值增长的直接诱因是企业的 $I < C$，即销售收入小于成本，也就是亏损。由于企业在超稳平衡态的结构影响下不能创新，不能有效地与环境（市场等）进行交换，企业发展所需的物质能量信息无法从外部流入，因此企业缺少结构调整和创新的动力和能力，企业的生产经营效率十分低下，企业及其管理系统十分混乱无序，其管理熵值不断增加，效率不断降低，呈现出管理熵结构状态。

三、管理熵学第三定律：管理熵效率递减定律

管理熵学第三定律就是管理效率递减定律。管理效率递减定律是指任何组织系统，一旦形成管理熵结构，必然出现相对孤立和封闭的状态，同时系统的管理熵增加、能量降低，混乱程度提升，效率不断降低。

从对管理熵和管理熵结构的研究可以得出结论：在相对孤立和封闭的企业及其管理系统中，管理熵值不可避免地趋于最大化，因而系统也不可逆地走向终极平衡态和最大无序态，企业及其管理系统将衰退、破产而消亡。

具体地讲，是任何一种管理系统在相对封闭和孤立的组织系统运动过程中，总呈现出有效能量逐渐减少，而无效能量不断增加，系统秩序不断混乱而走向死亡的一个不可逆的过程。这个过程存在于任何孤立和封闭的社会组织中。这就是企业及其管理系统在管理熵结构条件下发展的规律。由于这个规律同管理系统的效率直接相关，也就是管理熵增表征着管理效率不断下降，最后导致企业的破产，因此，我们将这种发展规律称为"管理效率递减定律"。

企业系统衰亡的原因有很多，根本原因是管理熵增导致管理效率不断下降，企业能够做功的能量越来越少，企业与环境不能正常进行产品与价值的交换，企业系统的资源、能量耗散得不到补偿而衰亡。马克思在《资本论》中说："从商品到货币是一次惊险的跳跃。如果掉下去，那么摔碎的不仅是商品，而是商品的所有者。"这就是说商品市场交换不成功，商品生产者，即企业就只有死亡。

管理效率同管理熵互为反比函数，即管理熵值越大，管理系统越混乱，管理效率越低。在管理熵结构条件下，管理效率递减定律可用下面的公式表示：

$$M\eta = 1 - \sqrt[2]{MS} = 1 - MS^{\frac{1}{2}}$$

$$\text{s.t.} \begin{cases} 0 \leq MS \leq 1 \\ 0 \leq M\eta \leq 1 \end{cases}$$

$$M\eta = \lim_{MS \to 1}\left(1 - \sqrt[2]{MS}\right) = 0$$

$$M\eta = 1 - \sqrt{-k\sum_{i=1}^{n}\log\frac{I_i}{C_i}}$$

式中，$M\eta$ 表示管理熵增结构下的管理效率，MS 表示管理熵值。在管理熵条件下，社会组织、企业等，其能量做功的效率恒小于 1。也就是做工过程中的损耗，使做功效率不可能达到 100%，因此，$0 \leqslant M\eta \leqslant 1$。这也符合基本的自然规律，即能量不可能全部转换为功。

管理效率递减定律的几何表示如图 2-1 所示。

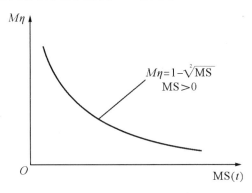

图 2-1 管理熵与管理效率的关系

四、管理效率递减定律算例

管理熵增结构下的效率公式为 $M\eta = 1 - \sqrt[2]{MS}$ 。

算例：假设某企业 2015—2024 年的管理熵值与管理效率值如表 2-1 所示。

表 2-1 某企业 2015—2024 年的管理熵值与管理效率值

年份	2015	2016	2017	2018	2019	2020	2021	2022	2023	2024
MS	0.001	0.008	0.02	0.04	0.3	0.6	0.7	0.8	0.9	0.99
$M\eta$	0.97	0.91	0.86	0.8	0.45	0.23	0.16	0.11	0.05	0.005

基于管理熵结构的管理熵值与管理效率间的关系如图 2-2 所示。

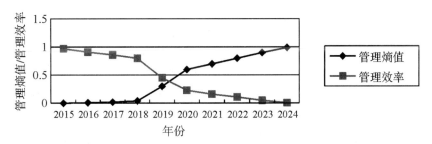

图 2-2 基于管理熵结构的管理熵值与管理效率间的关系

从图 2-2 中可以看出，管理熵值越低，企业就越有序，则企业效率就越高。随着管理熵增加，企业的混乱更严重，企业的效率就会下降。

在企业及其管理系统中，一切同组织运行效率相联系的生产经营管理要素，在管理熵结构条件下都呈现出效率递减的趋势：一方面，生产技术经过自然磨损和精神磨损①后会自动贬值，生产效用不断下降；另一方面，推动企业组织运行的任何规章、制度、机制、管理方法和企业文化等，都一定会在相对孤立的系统状态下，不断地消耗能量，作用力不断下降而使管理效率不断下降。同时，在孤立封闭的条件下，系统得不到必要的补充和改进，企业技术构成和组织构成的混乱程度不断提高，直到再也不能发挥生产经营管理的效用，企业最终不可逆地走向死亡。

当然，我们描述的现象是一种绝对的现象，理论上讲，企业不可能完全孤立封闭，如果是这种状态，那么企业一天都不能存活。事实上，有很多企业一开始总是同环境有若干交换。但是，有的企业在发展过程中，逐渐演化成相对孤立的系统，渐渐地不能适应环境的发展，与环境的能量交换日益枯竭，企业能量（成本）损耗大于其价值创造和收入，导致企业及其管理系统的混乱程度不断提升，企业及其管理系统就变成了管理熵结构。此时，如果不采取措施，企业就会向着管理熵极大值的方向发展，就会衰亡、破产。

宏观社会系统的发展演进也符合这个规律。如中国古代历史的演变，就是在王朝更迭中进行的。每一个新王朝的前期社会系统充满了生产和发展的能量，但是到了王朝的后期，王朝内部政治腐败、贪污盛行，社会系统管理熵不断增加，系统混乱度也不断增加，人民苦不堪言，这个王朝不能适应环境的发展的要求，这个社会形成了管理熵结构。社会系统在内外部能量作用下开始大规模地剧烈地振荡，原有的社会秩序产生崩塌，于是，新的王朝又将经过激烈的战争去迭代旧王朝，原有的秩序又得到恢复。

第二节　管理耗散结构与管理熵学第四定律

一、管理耗散

与一般系统的能量做功不同，企业及其管理系统做功（生产经营管理）的过程，是将其物质能量以及人的劳动消耗转换成另一种物质（产品），从而实现价值创造和增值的过程。或者说是企业为获得某种所需物质（产品）而消耗转换物质能量和劳动的过程。

因此，我们定义，企业及其管理系统的物质能量耗散是指，企业在生产经营中将物质能量转化成产品实现价值增值而不能再次使用的过程。由定义可知，企业及

---

①　技术的精神磨损是指，科技进步使效率更高的新技术或替代技术的出现，不可避免地使原有技术价值相对贬值或淘汰。

其管理系统的物质能量的耗散过程其实也是价值转换和增值的过程。在这一过程中还有一个关键因素，即劳动消耗。物质能量和劳动（也是一种能量）消耗形成了价值转移，物质能量和劳动超量消耗转移形成价值增值①。其实，企业消耗的物质能量也可以用价值量来抽象地表达。同时，企业及其管理系统的管理耗散是做功和无功消耗的总和。做功是为了获得价值的转化和增值；无功是指转化过程中出现无效的生产和管理而产生的浪费，例如生产工艺组织不合理、工序间不协同、生产计划不科学而造成的生产过程中的停工待料，工序能力不匹配造成的生产瓶颈，计划不周而造成的生产经营秩序混乱，等等。因此，企业及其管理系统的物质能量耗散对于系统而言是必不可少的自然生产过程，是企业发展壮大的过程，这是不以人的意志为转移的，但必须控制和减少无功耗散以提高生产与管理的效率。没有企业及其管理系统物质能量的耗散转换，就不会有企业及其管理系统的新生和发展。

企业及其管理系统的耗散是一种可以从环境（市场）交换中得到扩大的物质能量补偿的耗散，是一种人为控制并在自然规律作用下的耗散，并非单纯的自然系统的自然过程的能量耗散。因此，和自然系统不同，由于人的劳动的参与，企业及其管理系统在物质能量耗散和价值转移，以及新价值创造的过程中遵循不守恒规律，即耗散的物质能量（或价值）不等于转移或补偿的物质能量（或价值）。

由上述分析可定义：价值转移的不守恒定律是指，在企业价值转移和新创造过程中，转移的价值不等于获得的或新创造的价值，即 $V_转 \neq V_新$，$V_新 = V_转 \pm \Delta V$。式中，$V_转$ 指转移价值；$V_新$ 指新创造的价值；$\pm \Delta V$ 指价值的增量，正值表示利润，负值表示亏损。马克思在《资本论》第二卷第一章中阐述了价值、转移价值与剩余价值的关系，他将转移价值和新创造价值的关系式写成 $G - W - G'$，$G' = G + m$。式中，G 指货币，W 指运用货币购买生产资料进行生产后的产品，G' 指产品在市场上卖出后换回的增值的货币，m 指剩余价值（利润）。也就是说，由于新创造的价值是转移价值和剩余价值之和，所以 $G' > G$。

二、管理耗散结构

矛盾是成对的，矛盾双方相互联系又相互排斥，这就是说，矛盾双方虽然相互依存，但发展方向是相反的。企业的矛盾也是成对的：企业必然存在着管理熵，表征着系统向混乱无序发展，那么就一定有相反的管理负熵的存在，使企业向着自组织和有序发展。管理熵同管理负熵的矛盾斗争决定着企业的发展方向。管理熵是企业的管理熵增结构的特性，决定着企业衰亡的方向；管理负熵是企业管理耗散结构的特性，决定着企业发展壮大的方向。

我们定义：管理耗散结构是指，开放的企业及其管理系统通过物质、能量和劳

① 劳动决定价值这一思想最初由英国经济学家配第提出。亚当·斯密和大卫·李嘉图也对劳动价值论做出了巨大贡献。马克思在此基础上进一步得出了剩余价值理论，即劳动时间超过一定时间后产生的价值就是剩余价值，也是资本剥削的价值。前期产生的价值是物化劳动和活劳动（物料、设备和劳动）消耗的补偿价值。

动消耗转移过程生产产品，并将产品同市场（环境）进行交换，获得增值的价值，通过补充耗散和追加扩大再生产的物质能量，系统管理负熵增加，抵消管理熵增，并在远离平衡态和非线性以及涨落（创新或变革）放大的作用下，克服混乱，发展成新的、稳定的、有序的、具有发展能量的管理系统结构。简单地说，管理耗散结构就是在消耗转移物质能量和劳动的过程中，从环境中得到大于消耗的补偿，形成新的低熵或负熵，并促进发展的稳定的企业系统结构形成。

普利高津的耗散结构理论证明，耗散结构是在远离平衡区的、非线性的开放系统中产生的一种稳定的自组织结构。由于它存在巨涨落和非线性的正反馈相互作用，因此系统的各要素之间产生协调动作，从无序状态变为新的有序状态。

管理耗散结构就是一个远离开放区平衡态的复杂管理巨系统[①]。企业只有在非平衡的市场环境中才能创造利润，同时企业内部非平衡才能产生管理的势能。企业在自身消耗物质、能量和信息的同时，又不断地创造并与外部环境进行产品、物质、能量和信息的交换，得到耗散能量和价值转移的补偿和增值。在企业及其管理系统内部各单元之间的非平衡的巨涨落和非线性相互作用下，系统通过熵流使负熵的增值大于正熵的增值、组织有序度的增加大于自身无序度的增加，形成效能转换的有序结构，进而产生新的、拥有更大的能量和价值的系统结构。管理耗散结构的管理熵增的数学公式可写为

$$\begin{cases} \mathrm{MS} = -k\ln\dfrac{I}{C} < 0 \\ \mathrm{dMS} = \mathrm{d}_i S + \mathrm{d}_{im} S + \mathrm{d}_e S < 0 \end{cases}$$

式中，dMS 表示管理熵增；$\mathrm{d}_i S$ 代表企业及其管理系统内部自然过程产生的管理熵增值；$\mathrm{d}_{im} S$ 表示系统内部非自然过程（管理干预，如成本、效率增大或减少等）产生或抵消的管理熵增值；$\mathrm{d}_e S$ 表示企业外部环境流入的管理熵值。

如果将管理熵的增减看作企业系统消耗和补充的能量（消耗或补充的资源）的状态，则管理熵的增减就可用成本和收入的增减量来替代，那么，$\mathrm{d}_i S$ 和 $\mathrm{d}_e S$ 的计算公式就可写成

$$\mathrm{d}_i S = \mathrm{d}_i C = C_{i2} - C_{i1}$$
$$\mathrm{d}_e S = \mathrm{d}_e I = I_{e2} - I_{e1}$$

式中，C_{i2} 代表期末成本，C_{i1} 代表期初成本；I_{e2} 代表期末收入，I_{e1} 代表期初收入。在这里要特别说明，由于 $\mathrm{d}_i S > 0$，因此 $C_{i2} - C_{i1} > 0$，除非企业及其管理系统出现较大的结构性改变，如新技术、新材料、新工艺和新组织的采用，否则随着生产的发展，企业成本总是增加的。

怎样计算 $\mathrm{d}_{im} S$？如果将 $\mathrm{d}_{im} S$ 看作管理干预产生的效益（利润），并可抵消 $\mathrm{d}_i S$，那么计算公式为

$$\mathrm{d}_{im} S = -k\ln\left(\dfrac{\mathrm{d}p_m}{\mathrm{d}C_m}\right)$$

$$\mathrm{d}C_m > 0, \quad \mathrm{d}p_m > 0$$

---

① 参见任佩瑜所著的《从自然系统到管理系统——管理系统的熵、耗散结构、信息与复杂性》。

式中，dp_m 表示由管理创造的利润的增量，$dp_m = p_{m2} - p_{m1}$；dC_m 表示管理在收益创造中消耗的管理成本的增量，$dC_m = C_{m2} - C_{m1}$；p_m 是经营期管理产生的利润，其计算方法可参考本书第七章；C_m 是管理消耗的成本，数值可从企业财务中获取。

由管理熵增公式可知，管理系统内部自然过程产生的熵值不可能为负值，即 $d_iS > 0$。在开放系统条件下，系统外部流入的熵值 d_eS 既可能为负，也可能为正。当外部流入的熵值为负，且绝对值大于内部产生的正熵的绝对值时，即 $d_eS < 0$，且 $|d_eS| > |d_iS|$，同时 $d_{im}S = 0$，便使得 $dMS = d_iS + d_{im}S + d_eS < 0$；另一种情况，若 $d_{im}S < 0$，且 $|d_{im}S| > |d_iS|$，同时 $d_eS \leqslant 0$，便使得 $dMS = d_iS + d_{im}S + d_eS < 0$，那么企业系统在管理的作用下演化为有序的管理耗散结构系统。显然，管理熵流交互影响的状况将决定企业系统的管理耗散结构状态。

三、管理耗散结构形成的条件

如前所述，普利高津的耗散结构理论的最本质特征是，系统通过交换从环境中获得的负熵抵消系统内部产生的熵增，从而获得新的能量，使系统在非平衡、非线性影响以及在涨落的条件下，成为新的有序的稳态结构。因此，普利高津得出"非平衡是有序之源"的结论。可以认为，系统成为耗散结构的最根本条件是在非平衡状态下（系统内部非平衡与外部非平衡），通过与环境的交换获得新能量，并且能量的流入大于能量的耗散。因此，普利高津说：耗散结构只有通过与外界交换能量（在某些情况也交换物质）才能维持。

管理耗散结构也遵循这个规律，即企业的收入大于支出。由于管理耗散结构是自组织与他组织相结合的结构，因此，它既具有耗散结构的一般特征，又具有一般耗散结构所不具有的特征。企业及其管理系统耗散结构形成的条件如下：

（1）系统必须是开放的，并与环境保持连续的、活跃的物质能量与信息的交换，也就是生产资料与产品的交换，并在交换中实现价值的增值，实现系统的管理负熵增。

（2）系统必须保持在开放性非平衡区，即保持 $I > C$，并且在经营动能（或利益冲动）的驱动下远离没有管理势能的状态，以及企业收支的平衡态，以保证有足够的能量扩大再生产。

（3）系统是非线性的。非线性是指企业及其管理系统在发展演化过程中，出现不规则运动的转化和跃变（也就是创新的方法和非常规的发展轨迹），同时，系统中参数的微小变动可以引起企业及其管理系统运动形式出现巨大的涨落而使系统性质发生巨大的改变。

（4）系统必须保持强大的创新能力，也就是有抵抗管理熵增的创造能力。企业的创新将对企业及其管理系统和生产经营过程产生强大的非线性交互影响。在创新的条件下，当内外部系统条件的变化达到一定的阈值时，就能引起内部各子系统的非线性相对运动和协同，从而保证系统有涨落放大的能量，同时形成新的稳定的组织结构。其实，自然系统中开放的复杂巨系统为了保持与环境的平衡，将不得不有目的地随环境而改变和创新自身的结构与功能，如基因的改变促进生物的进化等，这也是一种创新。

（5）系统必须保持信息流的通畅和信息的正确性。一方面，信息流入促使熵减少[1]；另一方面，信息沟通可使企业各系统、各层级产生非线性影响，促使企业系统整体跃升为新的有序结构，以保证系统运行的有效性。

（6）在涨落条件下，自组织和他组织相结合，进而高度协同，有利于保持企业的和谐统一和高效率，为企业及其管理系统提供强大的负熵增机制，为管理耗散结构的形成和维持提供系统和组织的能量。

（7）管理组织结构中，生产力同生产关系相平衡（表现为生产工艺和技术组织同劳动组织高度匹配，劳动者利益得到充分体现），使生产效率得到有效发挥；上层建筑与经济基础相平衡（表现为管理体制合理，权力结构、利益结构合理，管理系统和管理流程有序），使管理效率得到最大发挥，从而促进企业不断发展、壮大和进步。

四、管理熵学第四定律：管理效率增长定律

管理熵学第四定律也就是管理效率增长定律。其表述为：任何管理系统在形成管理耗散结构的过程中，管理负熵增必然大于管理熵增，系统将克服混乱重新有序而稳定，由此必然带来管理效率不断增长。

管理耗散结构就是管理耗散过程中，通过同环境的交换和补偿而实现管理负熵增，克服自身混乱而形成的自组织和自适应的有序而稳定的管理系统。管理耗散结构形成的过程必然是管理系统克服混乱、重新有序的过程。在组织有序的作用下，系统功能结构和能量结构均得到有效协同，进而促进了管理能量做功的效率不断增长。这就是管理耗散结构揭示的管理效率递增定律[2]。

管理耗散结构的形成必然经历一个通过与环境交换，在非线性，以及在创新、变革引起的巨涨落的条件下，企业及其管理系统自组织和他组织共同作用的过程，因此，管理耗散结构在演化中必然存在着不同程度的秩序，我们将这种秩序程度称为管理耗散结构的"序度"，并以此来度量管理系统的有序程度，显然这与管理熵结构的度量是相反的，管理熵结构度量的是管理系统的无序程度。既然管理熵是管理系统无序度的度量，那么，管理负熵就是管理系统有序度的度量。这样，我们就对企业和管理系统运动的不同方向的度量有了准确的描述。

从前面的论述可知，管理熵结构和管理耗散结构反映了企业及其管理系统演化发展的相反方向和状态，也就是说，一定有一个函数状态将两个方向联系起来，这就是系统的管理熵。管理正熵增推动着企业及其管理系统向着管理熵结构发展；而管理负熵增推动着企业及其管理系统向着管理耗散结构发展。进一步分析可知，管理正熵增决定了企业及其管理系统的效率，揭示了管理效率递减规律；而管理负熵

---

① 西拉德提出系统熵减少的原因就是获得信息而使系统负熵增加。

② 任佩瑜，张莉，宋勇. 基于复杂性科学的管理熵、管理耗散结构理论及其在企业组织与决策中的作用 [J]. 管理世界，2001（6）：142-147.

增决定了管理系统效率的增加，从而揭示了管理效率递增规律。由于管理熵同管理效率直接相关，当 MS 为负值时，管理效率和管理熵的函数关系就成为

$$M\eta_d = -\,MS^2$$

式中，$M\eta_d$ 是管理耗散结构条件下的管理效率。管理熵与效率是反比函数，但是，管理负熵与效率是正比函数，也就是管理负熵值越大，则管理效率值就越大。

算例：假设某企业 2015—2024 年的管理熵值和管理效率的计算如表 2-2 所示。

表 2-2　某企业 2015—2024 年的管理熵值和管理效率

年份	2015	2016	2017	2018	2019	2020	2021	2022	2023
MS	-0.1	-0.2	-0.3	-0.4	-0.5	-0.6	-0.7	-0.8	-0.9
$M\eta$	0.01	0.04	0.09	0.16	0.25	0.36	0.49	0.64	0.81

该企业基于管理耗散结构的管理熵值与管理效率间的关系如图 2-3 所示。

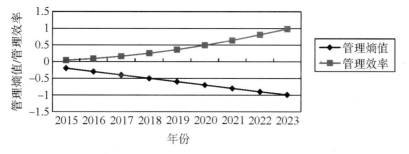

图 2-3　基于管理耗散结构的管理熵值与管理效率间的关系

从图 2-3 可以看出，在管理耗散结构的作用下，随着管理负熵的增加，管理的效率也在增长，而且增长速度较快。

第三章　管理系统的信息科学原理

为什么需要研究信息质量？因为对于管理系统而言，一方面，获得高质量信息就能有效降低系统的管理熵值；另一方面，管理系统需要提高信息处理效率，使管理系统低熵、有序和高效。因此不仅要研究信息质量，还要研究在此基础上怎样高效处理信息，快速形成预测、决策和执行能力。

我们都知道，管理预测、决策的基础是信息，组织协同和控制的基础也是信息。研究信息的核心是研究其质量水平。只有形成管理耗散结构的管理系统才能从外界引入资源和管理负熵，才能根据外部和内部压力的信息刺激，在非线性的作用下促使系统各个单元再组织和协同，并和环境保持一致。而在管理熵结构下，由于系统较少与环境交换物质能量和信息，不能感受到环境的压力，同时系统内部也无非平衡动力和强大的非线性相互作用，因而不能形成组织协同，最后只能趋于混乱与无序。

信息与复杂性的关系是什么？管理系统越复杂，则信息源和信息渠道就越复杂，因此，信息的不确定性就越大，信息熵就越大，进而管理系统的管理熵就越大。为了改变系统信息的不确定性，就只有先对复杂度降维，使信息熵减少，进而系统管理熵跟着减少；再提高信息技术，减少信息冗余，快速挖掘和把握信息质量。

第一节　信息与管理系统的关系

一、信息是什么？

信息是什么？不同学者对信息给出了不同的定义。1928年，哈特莱（Hartley）在《贝尔系统电话》杂志上发表一篇论文《信息传输》（"Transmission of Infomation"）。在文中，他认为"信息是指有新内容、新知识的消息"。1948年和1949年，香农（C. E Shannon）连续发表两篇论文，即《通信的数学理论》（"Mathematical Theory of Communication"）和《噪声下的通信》（"Communication in the Presence of Noise"），提出了信息量的概念和信息熵的概念及它们的计算方法，为信息论和数字通信奠定了基础，并因此被公认为信息论的创始人。香农认为"信息是用以消除随机不确定性的东西"。1948年，控制论的创始人维纳（Wiener）教授出版了专著《控制论——动物和机器中的通信与控制问题》，创立了控制论。维纳认为，"信息是人们在适应外部世界、控制外部世界的过程中同外部世界交换内容的名称"。1960 年，美国著名管理学家西蒙（H. A. Simon）在他的著作《管理决策新科学》中指出，信息是影响人改变对决策方案的期待或评价的外部刺激。1975 年，朗高（G. Longo）在其出版的专著《信息论：新的趋势与未决问题》中指出，"信息是反映事物的形成、关系和差别的东西，它包含在事物的差异之中，而不是在事物本身"。

不同字典对信息（information）做出了解释。《韦伯斯特字典》将信息解释为：信息是用来通讯的事实，在观察中得到的数据、新闻和知识。《牛津字典》将信息解释为：信息是谈论的事情、新闻和知识。而《现代汉语词典》（第 7 版）将信息解释为：①音信、消息；②信息论中指用符号传送的报道，报道的内容是接收符号者预先不知道的。《国家经济信息系统设计与应用标准化规范》对信息的定义是：构成一定含义的一组数据就称为信息。

对于人类来讲，信息是人与人之间、人与社会之间的联系，具有社会性。信息是人对一个物体或事物的价值（可用性）判断。

根据以上的定义和解释，综合起来，我们将信息定义为：信息是指原始的或加工以后的，由信号传递的对人们活动产生影响的反映物质和意识的消息与数据。

二、信息、物质、能量、时空的转换

信息与能量是可以相互转换的，我们可以试想一下，对于人类来说，信息本质上是人类主观反映客观、认识客观的一种方式。物质是运动的，物质运动又存在能量运动，而这些运动又变成人类识别、利用的信号、消息和数据。这些信号、消息和数据是通过人类的体力和脑力劳动转换成的，这些劳动必然消耗着物质和能量。也就是说，信息的产生、演化和利用都必须是在物质和能量转换过程中实现的。

既然物质和能量在运动中转换成信息，那么信息是否可以转换成物质和能量呢？信息也可以转换成某种物质或能量，这需要从自然空间和非自然空间两个方面来分析。

在自然空间中，信息反映了物质能量的存在和运动形态，同时信息通过对物质能量的反映也获得能量，如信息量的规模和运动的速度等。信息通过时空和位差也能转换成一定的能量，同一类信息在不同的时间和空间以及不同的位置将具有不同的能量和作用力。

在非自然空间（有人干预的空间），信息转换成物质和能量就更常见。例如，在人类的生产与管理空间，某个有价值的信息，在特定的时间中，将更好地促成物质和能量的生产经营转换，从而获得更好的物质或能量形式。

日本中央大学理工学部的鸟谷部祥一和东京大学的佐野雅树领导的团队在实验室让一个直径为 287 纳米的聚苯乙烯小球沿电场制造的微小旋转阶梯向上爬动，并对小球拍照。小球可以随机朝任何方向运动，由于向上爬会增加势能，因此其往下一层的概率更大，如果不人为干扰，小球最终会掉至最底层。在实验中，当小球沿阶梯向上爬一层后，研究人员就使用电场在小球爬上的那层阶梯加一面"墙"，让小球无法回到低的那一层，这样小球就能一直向上爬。该小球能爬阶梯完全由"自己的位置"这一信息决定，研究人员无须施加任何外力（比如注入新能量等），仅需一个感应系统（比如摄像机）。另外，他们也能精确地测量出有多少能量由信息转化而来。这是"麦克斯韦妖"第一次在实验中实现。1871 年，英国物理学家麦克斯韦提出了"麦克斯韦妖"设想：一个绝热容器被分成相等的两格，中间是由一种机制控制的一扇活板门，容器中的空气分子做无规则热运动时会撞击门，门则可以选择性地将速度较快的分子（温度较高）放入其中一格，将速度较慢的分子（温度较低）放入另一格，这样，两格的温度就会一高一低。麦克斯韦认为，整个过程中仅使用了"分子是热的还是冷的"这一信息。"麦克斯韦妖"似乎违背了热力学第二定律，因为它没有消耗能量而只是利用了信息。然而，这一过程不能毫无能量损耗地分离热分子和冷分子。匈牙利物理学家冯·劳厄指出，该过程没有违背物理学法则，因为"麦克斯韦妖"实际上必须消耗能量来确定哪个分子是热的、哪个分子是冷的。

而在鸟谷部祥一等人的实验中，损耗的能量是摄像机的能量通过信息这一媒介转换而来的。他们认为这完全是一种新机制，并称之为"信息—热机制"，这意味着，即使不直接同纳米机器接触，也能够使用信息作为媒介来转化能量。也就是说，信息是可以转换成能量的。

没有参与该研究的比利时哈塞尔特大学的克里斯蒂安·凡登布鲁克指出，新实验直接证明了信息可以转化为能量。尽管如此，新技术仍无法解决人类目前面临的能源危机。他表示："在将信息转化为能量时，真正的能源成本掩藏于外部（包括实验的操作者），因此，该实验就如同人们试图使用原子核聚变来产生能量，其实核反应本身耗费的能源可能更多。"

能量是运动的存在形式。热力学第一定律，即能量守恒定律告诉我们，能量可以相互转换，并且在转换前后总量保持不变。1905 年，阿尔伯特·爱因斯坦（Albert Einstein）提出质能关系式，认为质量和能量可以互相转化。质量守恒定律和能量守恒定律可以合到一起，称为质量能量守恒定律。

前面两个转换过程和理论告诉我们，信息可以转换成能量，而能量可以转换成质量，因此信息也可以转换成质量。宇宙由物质、信息和能量三大要素组成。物质是具有能量和信息的客观存在。信息是物质内部因素之间、物质与外部物质之间、物质与宇宙统一体之间的能量转化关系。能量是宇宙最基本的组成要素，是物质和信息形成的本源。这三者不可分离，共同构成了宇宙的基本结构。也可以认为，信息、能量、质量在一定的时空中是统一的，在一定条件下可以相互转化。

信息是联系的存在。物质的变化是联系的变化，质量能量的变化也是联系的变化，质量守恒定律和能量守恒定律的统一就源于信息统一律。其实，现代科学的最根本的基础就是所谓的"必然联结"。在一定的条件下，信息、能量、质量和时间能够在一定的空间有必然联结。

三、管理信息、管理熵和管理序度

1929 年，西拉德提出熵减一定以系统的某种物理量作为补偿，这一物理量的补偿实际上就是增加信息，由此提出了负熵的概念。熵概念得到了广义的拓展，从此和信息科学联系起来。

香农认为，熵是系统混乱程度，是不确定性的度量，而信息则是消除不确定性的东西。获得信息就意味着系统的负熵增，因此信息和熵具有密切的关系。由于熵与信息密切相关，事实上熵可以被认为是无知的度量[①]。

20 世纪 50 年代，布里渊等人提出了负熵原理，认为信息是负熵，信息数据越集中的地方熵值越小，信息数据越分散的地方熵值越大。对于一个系统而言，信息量越大，不确定性就越小，熵就越小，因此获取信息就意味着负熵流入系统而使系统熵减。在某一时刻，系统存在的状态越不确定，所包含的信息量就越小；系统所包含的信息量越大，状态就越确定。所以，信息代表系统特征的确定性。与熵相联系，可以导出信息与系统的熵和有序度之间的变量关系。系统信息量与系统的有序度成正比：信息量越大，不确定性就越小，则系统越有序。系统的有序度与熵成反比：系统熵越大，则信息量就越小。根据效率函数公式，我们可以得到关于系统信息、系统序度和系统熵的函数表达式：

$$I = \left| \frac{O}{S} \right| \tag{3-1}$$

式中，I 代表信息（information），O 代表有序度（order），S 代表熵（entropy）。该公式不仅表示熵和信息的关系，也可以用于对系统有序度的测量。首先，O 为正时，代表系统有序；O 为负时，代表系统无序。其次，由于熵 S 的符号可能为负，在 S 为负时系统一定是有序的，而信息 I 具有非负属性。在式（3-1）中，当 S 为负熵时，如果 S 增大，则 $|S|$ 减小，信息 I 增加；相反，S 为正熵时，如果 S 增大，则 $|S|$ 增大，信息 I 也增加。因此，系统有序度的计算就可以写成

$$- O = S \cdot I$$

式中，当熵为负时，$O > 0$，说明系统有序；当熵为正时，$O < 0$，说明系统无序。

同时，为了使系统减少熵和增加有序度，就必须增大信息的获取。

从这里的分析可以得到一个结论，即信息的获得抵消熵增，可降低系统无序度，因此系统的有序度的度量并不只是由熵决定，而是由熵和信息共同决定。

同理，在一个管理系统中，信息的获得就减少或消除了预测和决策的不确定性，获得的信息量的大小就决定了确定性的大小，也就是系统中管理熵的大小，以及管理系统的有序度的大小。由此我们也可以写出管理信息同管理熵和管理序度的关系式：

$$MI = \left| \frac{MO}{MS} \right| \tag{3-2}$$

[①]　GELL-MANN M. The quark and the jaguar［M］. London：Little Brown，1994：218-220.

式中，MI 代表管理信息（management information），MO 代表管理系统的序度（orderly management），MS 代表管理熵（management entropy）。

与式（3-2）同理，管理系统的有序度的计算公式为

$$-MO = MS \cdot MI$$

由于 MS 的值可能有正、负和零三种状态，故 MO 也有三种状态：$MO \leq 0$，说明管理系统处于无序状态；$MO > 0$，说明管理系统处于有序状态。

由此可以看出，研究管理信息对管理系统运行、演化和发展的重要意义，这就是增加信息量和有利于信息共享，进而可促进管理系统结构有序和运行有序。

第二节　信息质量及量度的讨论

一、问题的提出

任何物质甚至是事物都是质和量的统一。怎样才能将信息的质和量统一起来呢？国家、军队或企业的预测、决策、执行、管理、控制和竞争是以信息为基础和前提条件的，但并不是以信息数量的获得为前提条件，而是以信息质量的获得为前提条件。信息质量决定了预测、决策、执行、管理、控制和竞争的质量与效率，这是任何组织在竞争中生存和发展的前提条件。

从第二章可知，科学家们对信息数量及其不确定性的度量研究，已取得了十分显著的成就，并为信息科学和技术的拓展及应用奠定了坚实的基础。然而，前人并未意识到信息是一种在宇宙中存在的特殊的物质和能量（暗物质、暗能量）[1]。例如，通信的过程其实也是能量传递的过程（如果没有势差，通信是不可能实现的）；信息如果不是物质（暗物质），就不可能通过能量做功而产生位移（传递）。已有研究在研究信息的不确定性时，未能从信息的意识（价值）属性上进行综合集成的研究，只消除了信息量的不确定性，但并未消除信息意识（价值）的冗余和不确定性。由于已有的研究未能意识到信息的物理特性和意识（价值）特性，因此也就未能以信息的物理特性和意识（价值）特性的有机结合为基础，对信息质量进行研究。这在当前还是信息科学研究中的一个空白。信息科学研究了信息的数量和不确定性程度，提出了信息熵和度量单位，极大地促进了信息技术的发展，但这并不全面，不能全面地揭示信息的全部特征，不能解释信息质量所涉及的物理特性、意识（价值）特性和信息量之间的关系。这个方面的研究难度是很大的，因为，一方面，由于信息质量的研究既涉及信息的物理特性和物理测量，又涉及社会特性以及意识形态的价值测量，难度较大；另一方面，人们对信息的物质特性和

---

[1] 物质能量信息是宇宙大爆炸时的产物，三者有密切的关系。如物质是能量的表现形式，能量是一种看不见的物质，但可以通过物质运动表现；信息也是一种看不见的物质，它通过物质和能量的运动表现出来。

能量性质未做深入的研究①，对信息的质量认识还不深入，尚未认识到信息这一事物具有的质、能、量和时空社会的关系，未认识到信息可能具有非普通物质结晶性②，因此还没有深入地研究和解释信息的质量以及它和数量的关系。

信息的质量决定了信息利用的科学性、准确性和效率。例如，减灾防灾、地质勘探、企业及社会管理、国家竞争、军事竞争等方面的预测、决策和控制等，都需要高质量的信息。信息存在着数量与质量的冗余和不确定性，因此，仅考虑消除信息量的不确定性是不够的，还必须考虑消除信息质量的冗余和不确定性。

其实，大数据与信息质量之间也具有密切的关系。如果能够消除信息冗余，通过小数据（小样本）而准确把握信息质量，揭示其能量、质量和价值之间的关系，就可以大大地减少大数据处理工作，极大地节约时间和资源。由此可知，在信息科学的发展中，仅研究信息的数量的量度是不够的，还需要进一步从物理性和社会性两方面综合集成地研究信息的质量的量度，使信息这一事物在质、能、量和价值在时空的应用上得到统一。四者在一定时空和应用上的统一才能形成信息科学完整的研究。

二、信息质量的概念

信息是什么？维纳在《控制论》中说，信息就是信息，既非物质也非能量。香农说，信息是用来减少随机不确定性的东西。

在现代科学进步和大量观察的基础上，我们认为：信息是一种从信息源发出，可以通过多种形式传递的、作用于接收源的、看不见摸不着但能被感知的特殊物质，具有能量（暗能量）、质量（暗物质）和数量的统一性，并且具有物质与意识的统一性，是一种能够使物理系统与社会系统联系起来的特殊物质现象。

其实，人类对信息的接收和处理以及应用的全过程，完全证明了信息具有物质性和意识性相统一的特点。人类观测或感觉事物，首先是通过物理形式来实现的，然后再通过意识判断和分析得出结论，并以此决定行为。人类对信息的认知、感知以及判断，首先是一个物理的过程，然后是意识的过程，这就是说，信息运动是物理和意识的有机结合，也是一种自然系统与社会系统的有机结合，这种结合是不可分离的。

因此，信息质量并不能以单纯的物理学的物体质量来定义。那么，信息质量是什么呢？根据上面的分析可认为，信息质量是指，以信息以及信息传递中包含的物质、能量、速度和意识等内容为基础的物理量与价值量及其关系的总和。

---

① 例如，维纳在控制论中认为，信息就是信息，信息既不是物质也不是能量。

② 2017年2月9日新浪综合网报道：美国加利福尼亚大学伯克利分校研究人员在《物理评论快报》上发表论文，描述了如何制造非物质晶体的"时间晶体"和测量其特性。研究者姚颖介绍，"时间晶体"是一种新的物质形态，属于非平衡态。常见的许多物质都是平衡态物质，在不受外界影响时，它们的结构等特征不会随时间而变化。姚颖说："过去半个世纪里，我们一直在研究平衡态物质，比如金属和绝缘体。现在我们刚开始探索非平衡态物质这一全新世界。"

信息是信号、消息和效用的统一体[1]。对于生物系统而言，信息是生命与环境的联系。环境发生改变并发出信息，生命根据环境改变的信息来调整自身的功能与结构，与环境保持一致，实现与环境的交换；对类生命的管理系统而言，信息是生命过程中的一种特殊的物理和社会联系现象，企业及其管理系统必须根据物质和社会环境的改变而改变自身，从而保持与环境的交换。

管理信息具有两重性质。一方面，它是一种特殊的物质，具有物理特性[2]，有质量和能量（虽然当前人类看不见，但可以通过其他相关性来感知、认知并加以利用。就像暗物质暗能量一样，我们虽然看不见，但客观存在。例如，我们通过相关观测和感知可发现信息源发出的信息对接收源的物理和意识作用）。同时，信息的载体信号和信号传输就是按其物理特性（电、光、声、波等传输）运动的。另一方面，它又是一种消息，是人类在生产生活中对相互关系的效用性和价值性的判断，是意识活动，具有社会属性。例如，信息质量是信息接收者和使用者对信息的效用和价值的判断。因此，信息是一种具有自然属性和社会属性的统一体，具体表现为物质与意识的统一体。

在量子力学中，意识是引发波函数塌缩的因果效力，并作为测量过程的初始条件由始至终影响着对物理对象的客观描述。

并且，量子重叠理论已经证明，物质和意识是不可分离的，是一个物体或事物的两个方面。量子在未被观察时，存在多种状态，在被观察时就会固定成一种状态。例如，就像薛定谔的猫一样，在封闭的盒子里，猫的状态可能有两种：活或死。当未被观察时，这两种状态都可能存在，一旦被观察，就只能存在一种状态。观察本质上就是物质和意识的统一过程。人与微观领域的物质和能量同处于一个测量过程，观察者的意识会对测量的结果产生直接的影响，使测量结果表现出一种主客体不可分割的特征。正如海森堡所说，"自然科学不是自然界本身，而是人和自然界关系的一部分，因而就依顺于人"。这就说明了自然科学不过是人类观测自然、形成意识的结果。

物质的波函数在意识介入（人类的观测）之前，处于不确定状态，只有被人类观测到才具有确定状态。在人类意识介入之前，世界的存在对人类来说是没有意义的。在人类意识介入之后，人开始观测一个东西的状态，它的波函数才会在观测的瞬间坍缩[3]。对我们来说，及时感知到它的状态，此时的它对我们人类才真正有意义。信息质量也是这样：信息源发出信息的质量状态是不确定的，既不知道它的物质的密度和速度，也不知它是否有用，以及其用处的大小。当人们接受并观察它时，它就固定为一种状态。其实，信息熵也是这样，信息发出时数量是无序的、不确定的。人们通过观测，就得到了确定的信息熵值，就可以度量不确定性的程度，

---

[1] 信号是消息的载体，信息（information）＝信号（signal）×消息（news），即 $I=SN$。

[2] 西拉德提出熵减一定以系统的某种物理量作为补偿，这一物理量的补偿实际上就是增加信息，由此提出了负熵的概念。可见，信息其实就是一种物理量。

[3] 波函数坍缩，是微观领域的现象。微观领域的物质具有波粒二象性，表现在空间分布和动量上都是以一定概率存在的，比如称"电子云"为波函数。

消除其不确定性。

我们从能量对物体的做功可推理、了解信息的物质性。众所周知，在经典物理学中，做功是能量由一种形式转化为另一种形式的过程。做功的两个必要因素：作用在物体上的力和物体在力的方向上通过的距离。因此，经典力学的定义是，当一个力作用在物体上，并使物体在力的方向上通过了一段距离，就认为这个力对物体做了功。

信息的传递过程其实也是能量对信息这个特殊物体做功的过程：①消耗了一定的能量，是能量转换的一种形式；②有作用于信息上的力，使信息在力的方向上通过了一定的距离。从能量对信息做功可知，信息通过力而被传递了一定的距离，故信息也是一种物质，能够受力的作用。因此，信息有质量也有能量。

不仅如此，信息还是人类主观对客观的反映，是人类对物体或事物价值判断的依据。人们根据价值判断而进行决策和采取行动。

那么信息质量是什么呢？信息质量就是信息的物理质量与价值质量的乘积：

$$IM = IPM \times IVM \tag{3-3}$$

式中，IM 代表信息质量，IPM 代表信息物理质量，IVM 代表信息价值质量。由于信息质量是承载于信号之上的消息的数量（物理密度）和效用性（价值密度）的乘积，因此，认识信息质量可以从其物理特性和社会特性两个方面来分析。

首先，信息是特殊的物质。从信息的物理特性来分析，它同任何物质一样，具有质量和能量，是质量、能量的统一体。从物质的角度，信息质量可分解出信息的物理质量。质量与能量相关，根据爱因斯坦质能守恒公式 $E = MC^2$ [①]可知，在速度一定的条件下，质量越大则能量就越大，反之就越小。质能公式变形，得到质量的量度公式：$M = \dfrac{E}{C^2}$。同理，如果说信息具有质量和能量，那么信息的质量与信息处理和传输的速度成反比，同信息在处理和传输过程中消耗的能量成正比。能量对信息做功的定义和爱因斯坦质能守恒公式可以给我们在研究信息质量上予以启示，信息是一种特殊的物质，并具有一定的质量、能量和速度。由此可得到信息的物理质量：

$$IPM = \dfrac{E}{C}$$

其次，信息质量是指接受者主观认可的程度，或接受者认为有效（价值）的程度。有效性（价值）越大，则信息质量越大（好），反之则越小（差）。因此从社会性来分析，信息质量又可分解出信息的价值质量。

信息价值质量的研究要考虑这个质量所有可能发生情况的平均不确定性。如果信息质量的状态为 V，V 的构成分量是一个平均值，则每一个单位的信息质量为 $\dfrac{1}{V}$。若信息质量状态有 n 种取值，即 $N_1 \cdots N_i \cdots N_n$，对应的概率为 $V_1 \cdots V_i \cdots V_n$，且

---

① E 代表物质的能量，M 代表物质的质量，C 代表光速的常量。

各种状态的出现彼此独立，这时，信息质量的平均不确定性应当为单个状态不确定性 $F(\mathrm{IM}) = \dfrac{1}{V} - \log V$，$-\log V_i$ 的统计平均值（IM）可称为信息质量。而信息价值质量的平均不确定性就表述为 $F(\mathrm{IVM}) = -\displaystyle\sum_{i=1}^{n} V_i \log V_i$

三、信息质量的数学模型与测量

（一）信息质量的数学公式

由于信息是一种特殊的物质，既具有特殊的质量、能量、速度，同时还具有接受者的价值性主观判断，因此，分析信息质量需要从信息源和接收源两个方面综合分析。一方面，从信息源产生和传递的信息质量来讲，信息是特殊的物质，它的物理特性（质量、能量和速度）是客观存在的，具有确定性。另一方面，对于接收者来讲，必须对信息做出有效性（价值）的主观观测和判断，是接受者根据特定的时空和环境以及其与其他参照系互动来判断的，具有不确定性。

由前所述，信息是一种特殊的物体，既具有物理性和价值性相统一的特性，又具有确定性和不确定性相统一的特性，因此，信息质量的度量必须是两种特性的统一。这就是说反映信息质量的数学模型必须包括三个自变量的关系：①信息质量须反映一条信息中所含能量的大小；②信息质量须反映处理速度①的快慢；③信息质量又必须反映其价值量的大小。由于我们定义了信息质量的内涵和函数关系，即 IM＝IPM×IVM，综合起来，信息质量的测度模型如下：

$$\mathrm{IM} = -\frac{E}{C} \sum_{i=1}^{n} V_i \log V_i \tag{3-4}$$

式中，IM 是指信息质量，$\dfrac{E}{C}$ 是指信息的能耗与速度的关系。E 是指信息产生、传递和使用的能耗，也是指信息设备在产生、传输和应用信息时的用电量。$E = WH$ 或者 $E = IVH$。在这里，E 是设备用电量（单位为千瓦·时，即 $\mathrm{kW \cdot h}$），W 是设备用电功率（单位为千瓦，即 kW），H 是设备通电运行时间（单位为小时，即 h）；I 是设备运行电流（单位为安培，即 A），V 是电源电压，C 是信息传输的速度。显然，信息处理消耗的能量 E 越大，则信息质量就越高，反之则越低；信息处理或传递速度 C 越大，则信息质量就越低，反之就越高。V_i 是指信息有效性（价值）的概率。当概率确定了，那么信息有效性（或价值）的不确定性就降低甚至消除了，其有效性（或价值）就确定了。

在式（3-4）中，如果以计算机处理信息为依据来定义信息质量系数，那么，将信息处理消耗的能量定义为 W，将处理速度定义为 MIPS，信息质量公式就可写成

① 由爱因斯坦质能转换公式可知，在一定的速度和相对运动中，质量可转换成能量和速度。

$$IM = -\frac{W}{MIPS} \sum_{i=1}^{n} V_i \log_2 V_i \tag{3-5}$$

式中，IM 是指信息质量。W 是指信息处理的能耗，也是指信息处理时的用电量。MIPS 是指信息处理的速率，单位是每秒处理百万条指令。$\frac{W}{CMIPS}$ 是指信息的能耗与处理速度的关系，是已知的常量，构成信息质量系数。V_i 是指信息有效性或价值性的概率，是未知的变量。当概率确定了，信息的有效性或价值的不确定性就降低甚至消除了，其有效性（或价值）就确定了。在式（3-5）中，只要确定了信息质量系数 $\frac{W}{CMIPS}$ 和价值 $\sum_{i=1}^{n} V_i \log_2 V_i$，信息的质量就确定了，信息的不确定性就消除了[①]。$\frac{W}{CMIPS}$ 称为信息的质量系数。

（二）信息质量的单位

所谓高质量的信息其实就是信息处理和传递中，能耗少、速度快、价值高、出现概率大的信息。我们定义信息质量的单位为"质值量"，即信息的物理质量与价值质量的积，记为 IMV。

（三）算例

从计算机的视角看，处理一段信息实际上是执行一段处理信息的程序。我们假设每个指令执行时的耗电量是相同的，把每个指令执行所需要的耗电量作为一个单元的话，计算出运行这段程序需要执行的所有指令数，就可以计算出处理一段信息的耗电量。

【例3-1】某处理器的运算速度是 177 730 MIPS at 3. 33 GHz，在正常情况下处理器不会满负荷工作，我们按照 5% 计算，运算速度约为 8 886 MIPS，总之这是一个可计算的理论值，会因电脑不同而不同。

我们要计算一段信息 I 的信息质量系数：

假设一台电脑的运行速度为 9 000 MIPS；其中，处理某段信息 I 的速度为 200 MIPS（根据该进程启动后处理器的占用率的改变而计算）。整台电脑处理信息 I 的过程中的耗电量 0. 3 kW。所以处理信息 I 耗电量为 $\frac{200}{9\,000} \times 0.3 = 0.006\,7$ kW；在这种情况下，$\frac{W}{MIPS} = \frac{0.006\,7}{200} = 3.35 \times 10^{-5}$。

根据以上计算，我们已经得到了信源 I 的信息质量系数，接下来，我们将度量某段信息 I 的有效性（价值性）的程度划分为三个层次：N_1(好)、N_2(中)、N_3(差)，它们出现的概率分别是 V_1、V_2、V_3，其中，$V_1 = 50\%$、$V_2 = 30\%$、$V_3 = 20\%$，此时

---

① 与未知数相乘的已知函数或常数称为系数。在物理学、信息技术及其他方面，也广泛使用系数这一名词。如一个量的部分值与总值之比，或一个量的变化与另一些量的变化之间关系式中的某些有关的数，都称系数。这时在系数之前常冠以有关现象或事物的专名，如"膨胀系数""石碳酸系数"等。

$$- \sum_{i=1}^{n} V_i \log_2 V_i = - \sum_{1}^{3} V_i \log_2 V_i = - (50\% \times \log_2 50\% + 30\% \times \log_2 30\% + 20\% \times \log_2 20\%) = 0.447$$

综上，我们对于某段信息 I 的信息质量 IMV 进行计算：

$$\text{IMV} = - \frac{W}{\text{MIPS}} \sum_{i=1}^{n} V_i \log_2 V_i = 1.497 \times 10^{-5}$$

（四）研究信息质量的意义

研究信息质量有如下重要意义：

第一，将信息这种特殊的物质的数量和质量统一起来，形成完整的物质的质和量统一体，这就实现了对信息这一事物的全面的、完整的描述和度量。

第二，揭示了信息的物质与意识的统一性，真实地反映了人类对客观事物认识的特点。

第三，能大幅度地提高决策、控制和管理的质量和效率。大数据的出现决定了信息存在大量的冗余。只有消除冗余，挖掘信息质量，才能将信息转换成价值，才能大幅度地缩短决策时间，提高决策和控制的质量和效率。信息质量的研究符合在大数据条件下对信息应用效率的要求。

第四，信息也具有从量变到质变、质变又促进量变的发展规律。信息量变具有连续性，而质变具有离散性或跳跃性。关于信息质量的研究能很好地解释信息在传递过程中或使用过程中所具有的加工性、增容性和延展性。

第五，将物质、能量、信息和意识在一定的时空和相对运动中统一起来，能有效揭示复杂性开放信息巨系统的要素结构和演化关系。

第三节　降低管理信息的不确定性

一、管理信息熵与管理熵学第六定律

所谓"信息熵"就是在信息源发出的各种信息中排除了冗余后的平均信息量。由此向管理学推演，我们可得到管理信息熵的概念。所谓管理信息熵是指在管理的各种信息中，排除冗余后的平均信息量。这个平均信息量可以排除管理系统信息的不确定性。

管理信息熵的数学公式为

$$M(U) = - \sum_{i=1}^{n} p_i \log p_i \tag{3-6}$$

式中，$M(U)$ 是管理信息熵，U 是管理信息事件变量，p 是 U 出现的概率。

由于管理是依赖管理信息而进行的，因此消除管理信息的不确定性，就意味着消除管理的不确定性，也意味着降低管理系统的复杂性。

由前面的研究我们知道，管理是依赖信息进行的，信息是有质量的，信息同管理熵和管理系统的序度也相关。总之，管理信息具有自己的规律，并决定着管理系统的有效运行。现在，我们可以总结出管理熵学第六定律，即管理信息定律。

管理信息定律表述为：管理通过信息起作用，任何管理都是在管理信息的流动和处理中完成的，掌握信息的程度和信息质量决定着管理效率。

管理信息定律说明：①管理依赖于信息，信息决定着管理；②管理信息具有质量、冗余和不确定性，有效管理要求挖掘信息和提高信息质量，消除或降低冗余和不确定性；③管理信息量与管理系统的管理信息熵和复杂性呈反相关，即管理信息量越大、管理信息熵越小，则管理系统复杂性越低，不确定性也越低，进而管理效率越高。

二、怎样降低管理信息中的不确定性？

管理熵学第六定律和管理信息熵告诉我们，任何企业在生产经营和市场竞争中都存在着信息冗余和不确定性，这种冗余和不确定性严重地干扰了企业的预测、决策、控制等管理过程。显然，要提高企业的效率和管理的科学性、精准性，就必须消除或降低管理信息的冗余和不确定性。

怎样才能消除或降低企业管理信息的冗余和不确定性呢？我们认为应该从以下三方面着手：

（1）应用信息质量结合管理信息熵对各类信息事件进行度量。

（2）积极应用现代信息技术系统。

为了消除或降低信息的冗余和不确定性，企业要积极地去采集、储存、挖掘、运算、使用这些信息。大数据、人工智能、机器学习、云计算等技术，已经可以帮助企业去全量存储、全量计算结构化和非结构化数据了。企业也可以通过万物互联，让物理和信息相结合，利用虚拟孪生等技术，去控制信息的产生、应用。另外，企业也可通过业务流程优化、规范化，技术和信息标准化，生产经营管理系统结构化、模块化，数据结构化处理等技术去降低企业运行过程中的信息的不确定性。

（3）建立科学的严格的信息管理体制。

要消除或降低企业管理中信息的冗余和不确定性，企业不仅要从技术方面进行处理，还需从信息管理制度上进行把关，也就是需要建立一系列信息管理制度，根据严格的科学的制度对信息工作进行管理。这些管理制度包括：①信息标准化管理制度；②信息质量管理制度；③信息网络和国际互联协议（IP）地址及密码管理制度；④信息产生管理制度；⑤信息应用管理制度；⑥信息储存管理制度。

第四章 企业及其管理系统的
复杂性和简约化

  复杂性科学兴起于20世纪80年代，是系统科学发展的新阶段，也是当代科学发展的前沿领域之一。复杂性科学的发展，不仅引发了自然科学界的变革，而且也日益渗透到哲学、人文社会科学领域。英国著名物理学家霍金称"21世纪将是复杂性科学的世纪"。复杂性科学为什么会赢得如此盛誉，并带给科学研究如此巨大的变革呢？主要是因为复杂性科学在研究方法论上的突破和创新。在某种意义上，甚至可以说复杂性科学带来的首先是一场方法论或者思维方式的变革。

  复杂性科学是指，以复杂性和复杂系统为研究对象，以超越还原论、非线性、不确定性为方法论特征，以揭示和解释复杂性、复杂系统运行规律为主要任务，以提高人们认识世界、探究世界和改造世界的能力为主要目的的一种"学科互涉"的新兴的前沿的科学研究形态，是系统科学发展的新阶段。复杂性科学远未成熟，是许多国家争先研究的科学高地。

  为国家做出杰出贡献的著名科学家钱学森先生提出了开放的复杂巨系统的理论。什么是"开放的复杂巨系统"？钱先生说："对开放的复杂巨系统，我们可以说：①系统本身与系统周围的环境有物质的交换、能量的交换和信息的交换。由于有这些交换，所以是'开放的'；②系统所包含的子系统很多，成千上万，甚至上亿万，所以是'巨系统'；③子系统的种类繁多，有几十、上百，甚至几百种，所以是'复杂的'。过去我们讲，开放的复杂巨系统有以上三个特征。现在我想，由这三条又引申出第四个特征：开放的复杂巨系统有许多层次。这里所谓的层次是指从我们已经认识得比较清楚的子系统到我们可以宏观观测的整个系统之间的系统结构的层次。"[①]

  企业及其管理是一个由系统结构关系和信息过程控制和串联起来的，进行复杂生产经营管理的开放性复杂巨系统，其运行过程充满了非平衡性、非线性、不确定性，也就是充满了复杂性。同时，企业及其管理的运动是由信息链接和控制的，复杂的管理过程本质上就是信息处理和应用的过程，管理是通过信息来运行的。

---

  ① 钱学森，于景元，戴汝为. 一个科学新领域：开放的复杂巨系统及其方法论 [J]. 自然杂志，1990（1）：3-10.

第一节　管理系统复杂性原理①

一、复杂性概念与特点

从系统科学的角度解释，复杂性是混沌性的局部与整体之间的非线性形式。由于局部与整体之间的这个非线性关系，因此我们不能通过局部来认识整体。我们认为，复杂性是指按一定规律构成的，表现为系统组成与层次多而杂乱而具有随机性的、不能通过局部来认识整体的、未被我们认知的事物或系统。复杂性虽然表现为杂乱无章，但是其构成和运动具有内在的联系和规律性。例如，一个企业系统，特别是大型企业系统，其组织、管理、生产、营销、人事、财务等，每一个子系统内部都有若干个子子系统，每一天都产生数据和信息，并交换和处理这些数据与信息。企业的业务和管理事务纷繁复杂。企业系统以及子系统、子子系统，包括企业的业务都是按一定规律和相互运动的机制和机理组成的，并按一定的规律运动。当然，企业系统，特别是大型企业系统中，还有很多未被人们认识和揭示的、深层次的规律和秘密，我们不能完全地认识它，因此对我们来讲，企业是一个复杂系统。

系统的复杂性一般具有以下十个特征：

（1）非线性。

非线性是指变量之间的数学关系不是直线而是曲线。非线性是自然界复杂性的典型特征之一。与线性相比，非线性更接近于客观事物性质本身，是量化研究认识复杂知识的重要方法之一。凡是能用非线性描述的关系，通称非线性关系。

非线性系统的显著动力学特征是，系统的输入输出之间不满足线性关系。反映在动力系统方程中，作用项中会出现如平方项等非线性函数项。真实的系统一般都是非线性系统，线性的描述只能说是在很多场合下的近似。

线性是指变量之间的数学关系，是直线的属性。从数学意义上来讲，是指方程的解满足线性叠加原理。即方程任意两个解的线性叠加，仍然是方程的一个解。

线性意味着系统的简单性，但自然现象就其本质来说，都是复杂的、非线性的。因此，复杂系统都具有非线性的特点。

（2）不确定性。

不确定性是指复杂系统受多种因素的影响，其行为难以把握和预测，或者是指系统不能用确定的量进行描述或呈现出有不确定性信息。不确定性是复杂系统运动的常态。系统内部具有强大的非线性作用下"涌现"的特殊性质，可能使系统在内部的混沌、涨落、自组织过程中，偏离既定形态和运动轨迹而发展出新的形态和运动轨迹。这就是复杂系统的不确定性。

不确定性不仅是自然科学的研究对象，也是社会科学的研究对象。例如，在军

---

① 参见任佩瑜所著的《从自然系统到管理系统——管理系统的熵、耗散结构、信息与复杂性》。

事中，由于敌情、我情、天时、地利各要素的变化对战争的影响极大①，因而"兵无常势，水无常形"。在企业经营管理中，企业也由于环境、竞争和自身的变化而具有不确定性。企业可利用不确定性，改变既有态势而获得新态势，改变竞争旧策略而采用新策略，争取战略目标的达成。

不确定性原理应用于经济，日本著名学者野中郁次郎（Ikujiro Nonaka）说："在当前的经济环境中，'不确定性'是唯一可确定的因素。"

根据不确定性的特点，不确定性可分为五类：客观不确定性、主观不确定性、过程不确定性、博弈不确定性和突变不确定性。组织可利用不确定性分类采取不同的管理策略。

（3）自组织性。

自组织是指混沌系统在随机识别时形成耗散结构的过程。其主要用于讨论复杂系统，因为一个系统的自组织性越强，其保持和产生新功能的能力也就越强。具体地讲，自组织性是指系统在一定的能量、压力、涨落和规则条件下，打破混乱态，自动地从无序走向有序，从简单走向复杂，从低级走向高级，更新结构和功能的性质，包括自我组织与生长、自我结构化与单元化、自我生长与复制、自我控制、自我反馈与通信、自我学习与进化、自我决策与实现等。

组织是系统内的有序结构，分为他组织与自组织两类。简单来说，不能够自主地从无序走向有序的组织称为他组织，他组织只能依靠外界的特定指令来推动组织向有序演化，从而被动地从无序走向有序。自组织是指无须外界特定指令就能自行生长、自行演化，自主地从无序走向有序，形成有结构的系统。无论是协同学、突变论还是耗散结构理论，都涉及系统的自组织性。

（4）涌现性。

涌现性是指多个要素组成系统后，出现了单个要素所不具有的性质。亚里士多德说"整体大于部分之和"，就很准确地说明了涌现性，而老子的"无中生有"（有从无中生）更是对涌现性的深刻理解和表达，闪烁着古老智慧的光芒。

（5）组分数目巨大和多层次性。

复杂系统拥有数目巨大的组分，同时系统具有若干层次。系统具有多组分数和多层次数，形成了系统的多结构和多功能。系统随组分和层次数目的增长而扩大规模，因规模扩大而增大复杂性。

（6）组分间和层次间存在着复杂的相互作用。

这种复杂性表现在，相互作用不一定只是物理上的相互作用，还是信息的交换和相互作用。相互作用必须达到一定规模和程度，才能体现出复杂性。宏观上相互作用是非线性的，但微观组分间的相互作用具有直接性和短程性。相互作用有反馈的环路。

---

① 刘伯承元帅常说："五行不定，输得干干净净。"何为"五行"？"五行"即任务、敌情、我情、地形、时间，掌握这五要素是战争取胜的基础和关键。所以，在每次重大战役前，刘伯承都要对这五方面的因素进行认真分析，从而以奇制胜。

（7）开放性。

复杂系统一定是一个开放系统，会与环境相互作用。交换物质、能量和信息在相互作用中得到发展和改变。

（8）远离平衡。

系统必须远离平衡，存在持续的能量势和能量流。平衡态是指系统处于静态状态，是线性的；而非平衡态则是指系统处于运动状态，是非线性的。从热力学系统的角度看，远离平衡态的动力学系统都是非线性的，即研究对象并非处在某种平衡态中。

（9）历史演化性。

复杂系统都是由简单系统发展而来的，因此具有历史演化性，它们不仅在时间中演化，也在空间中演化。同时，现在的行为依赖于过去的行为及其发展，具有过去行为的某些基本特征，也具有发展了的特征。

（10）信息不完全性。

任何组分个体都无法预知自己的行为会对整体产生怎样的影响，复杂性是组分个体间丰富的相互作用的结果，但这些组分个体只能对与自身有关的信息做出反应。

二、企业及其管理系统从简单到复杂的规律性

（一）简单和复杂的关系

简单和复杂是一对基本的矛盾，简单孕育着复杂、复杂包含着简单。简单和复杂的对立统一，构成了多样的世界。复杂虽然由简单构成，但绝不是简单的堆积，是众多简单的单元或子系统按照一定的规律和运动机制，在相互作用的条件下构成具有多个不同功能和多个层次的复杂系统。复杂系统不仅具有简单系统所具有的基本特性，还具有简单系统所不具有的涌现性。

简单具有深刻的内涵，具有无穷复杂演化的可能。老子就说："图难于其易，为大于其细。"[1] 韩非子解释说："有形之类，大必起于小；行久之物，族必起于少。"[2] 中国古人对事物的复杂与简单、宏观与微观的矛盾关系已有深刻的理解。

事物演化发展过程的规律是从简单发展成复杂。例如，复杂的生命现象，就是从简单开始的，是由最简单的要素通过有机组合和演化而形成复杂的个体。遗传学家认为决定遗传基因的分子有两种，即脱氧核糖核酸（DNA）和核糖核酸（RNA）。DNA的结构十分简单，是由两条很长的糖链结构构成骨架，通过碱基对结合在一起，像梯子一样。

企业及其管理系统也是从简单到复杂演化发展的。任何一家巨大的复杂的企业

---

[1]　出自《道德经·第六十三章》。
[2]　出自《韩非子·喻老》。

集团，都是从最初的简单的单体企业开始的，随着竞争演化并在超循环①过程中，发展成复杂的集团企业的。例如比尔·盖茨和艾伦在阿尔伯克基一家旅馆房间里创建了微软公司。随着时间和空间的推移，该公司发展成庞大的跨国集团。

又如华为公司，该公司创建于1987年。2009年，美国《商业周刊》把它列入全球最有影响力的10个企业，与苹果、谷歌等齐名。华为也从最初的只有6个人的小微企业发展到如今，成为拥有20余万员工（员工遍及170多个国家和地区）的大企业②；产品领域也从单一的交换机向其他数据通信产品机，以及移动通信产品扩张，为全球30多亿人口提供服务，是全球领先的信息与通信基础设施和智能终端提供商；企业组织也从单纯的直线管理模式发展到复杂的事业部制。

（二）企业及其管理系统复杂性演化的关键因素

我们知道从简单到复杂是一般生命体演化的必然结果，也就是说生命演化的过程是在遗传基因的作用下，从单细胞裂变成多细胞，从单一的组织演化成复杂的组织。企业及其管理系统也是这样：在企业生产、交易、竞争和扩大再生产基因的控制下（简单地讲，就是在资本追逐利润的基因作用和环境提供可能的前提下），由扩大再生产驱动，企业组织细胞开始分裂，促使其从单一组织向复杂的多组织结构发展，一直到企业及其管理系统能够产生效率的边界为止③。那么是什么原因或基因促使企业及其管理系统的扩张演化呢？毛泽东曾深刻地揭示："事物发展的根本原因，不是在事物的外部而是在事物的内部，在于事物内部的矛盾性。""唯物辩证法认为外因是变化的条件，内因是变化的根据，外因通过内因而起作用。鸡蛋因得适当的温度而变化为鸡子，但温度不能使石头变为鸡子，因为二者的根据是不同的。"④ 企业及其管理系统规模的扩张是由内在的动因、能力和外部条件决定的，其中内在扩张的渴望和动力，是复杂系统发展的内因，而企业的环境是复杂系统发展的外因。下面我们具体分析。

1. 内在资本扩张的原始冲动

资本扩张是指在现有的资本结构下，企业通过内部积累、追加投资、吸纳外部资源即兼并和收购等方式，实现资本规模的扩大。资本扩张的动因是资本对利润的追逐和自身在竞争中生存发展的需要。这是资本的本质属性。资本扩张的路径其实就是由简单再生产向扩大再生产发展。

马克思认为，社会再生产按其规模可分为两类，即简单再生产和扩大再生产。他说："如果这种收入只是充当资本家的消费资金，或者说，它周期地获得，也周期地消费掉，那么，在其他条件不变的情况下，这就是简单再生产。""把剩余价

---

① 超循环理论是关于非平衡态系统的自组织现象的理论，由德国科学家艾肯在20世纪70年代提出。超循环组织也是耗散结构的一种形式。超循环是较高等级的循环，指的是由循环组成的循环。组织在自我复制的循环和超循环过程中，从低级向高级、从简单向复杂演化发展。

② 华为官网。

③ 参见小艾尔雷德·钱德勒所著的《企业规模经济与范围经济》一书。钱德勒虽然没有明确提出企业边界的概念，但是他从大量实证材料的研究中发现最终决定企业规模的是效率。当企业规模边界的扩张不能产生效率时，企业应停止扩张活动。

④ 毛泽东. 毛泽东选集：第1卷［M］. 北京：人民出版社，1991：301.

值当作资本使用，或者说，把剩余价值转化为资本，这就是扩大再生产。"① 可见，简单再生产是扩大再生产的基础，扩大再生产是简单再生产发展的必然结果。为什么简单再生产必然发展为扩大再生产呢？其动因是资本扩大利润（剩余价值）的冲动和竞争的压力。因为生产规模的扩大，在技术经济条件和市场性质不变的情况下，企业可以获得更大的规模经济效应和竞争优势，进而可获得更多的利润。当然，扩大再生产必然使企业生产规模扩大和技术进步，促使企业及其管理系统不断地扩大和复杂化。这是资本扩张和竞争的自然要求和自然过程。

科斯、威廉姆森等经济学家认为企业组织的形成和扩张界限都是由交易成本决定的。科斯认为，企业规模的扩张由交易成本决定，随着管理技术革新、信息技术进步等变量发生变化，企业组织的交易成本小于市场交易成本时，企业规模会进一步扩大。因此，企业规模的扩大是为了降低交易成本。企业规模扩大的边界又是由什么决定的呢？科斯说，企业扩张到这样的规模，以至再多组织一项交易而引起的成本等于别的企业组织这项交易的成本，也等于市场机制组织此项交易的成本时，企业就不会再追求扩张，扩张就停止，就形成了企业的最佳规模。科斯还认为，市场交易的同时产生额外的管理费用。当管理费用的增加与市场交易费用节省的数量相当时，企业的边界趋于平衡（不再扩大）②。

从上面论述可知，在关于企业规模发展的动因研究方面，马克思同科斯在叙述上有很大不同。例如，马克思是从剩余价值角度进行分析的，而科斯是从交易成本角度进行分析的，但两者分析的本质是相同的，即企业生产的目的都是获得更大的利润。因为交易成本的节约和剩余价值的扩大，实质上就是获得最大利润，所以两种经济学学说得出的结论是一致的，即都认为企业规模是通过再投入而从小到大、从简单向复杂发展的。企业及其管理系统的规模、内部组织要素的数量以及它们之间的关系决定了系统的复杂性程度。

2. 内在管理能力

企业规模扩展的边界不仅由交易成本决定，还由企业的管理能力决定。因为企业内部交易成本低于市场交易成本，是由企业的生产组织和经营管理的科学性和有效性决定的。也就是说，在生产技术不变的条件下，企业内部交易成本的高低，是由企业的管理水平的高低决定的。如果企业管理水平低，生产经营结构混乱无序，则内部交易成本就会增大，一直到大于市场交易成本。因此，从根本上来讲，企业发展规模的边界，是由其生产结构和组织管理水平决定的，而交易成本只是企业发展的中间变量。我们用图4-1来说明。由图4-1可知，生产经营结构和管理水平从根本上决定着企业发展的规模，这既是客观存在的规律，又是普遍的现象。

① 中共中央马克思恩格斯列宁斯大林著作编译局. 马克思资本论：第3卷［M］. 北京：人民出版社，1975：635.

② 科斯. 企业制度与市场组织［M］. 上海：上海人民出版社，1996：261.

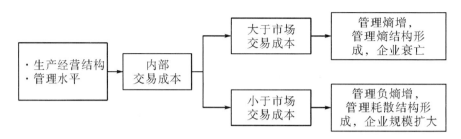

图 4-1　生产结构与管理水平决定企业规模

3. 技术进步条件

生产技术越进步，社会化大生产就越发展，因此分工就越细致和深刻，协作组织和管理也越复杂，企业的规模不断扩大、复杂性程度不断提高。我们从以下几个方面分析企业技术对企业规模边界的影响：

（1）生产技术。亚当·斯密以制针工厂的例子说明分工所带来的劳动生产率的提高和报酬递增现象。他进一步说明，技术进步引起劳动分工的深化，由于分工所形成的一些工序、工种是密不可分的，必须在同一组织中进行，因此企业规模随着分工的深化而扩大。

（2）信息技术。企业规模越大，产生的信息量就越大，信息传输路径也越复杂。然而，在生产经营管理和市场竞争中，企业不仅要处理大数据信息，而且需要敏捷和准确地反映信息并做出决策，这必然要求信息采集和处理技术的进一步完善。处理信息的能力决定了管理水平，进而决定了企业规模的边界。

（3）网络技术。网络技术把分布式生产经营的企业联系起来，同时为提高管理效率提供了技术支持，从而保证企业规模扩大后仍然有强大的管理能力。

（4）管理技术。现代管理同传统管理相比，不仅在管理理论和观念上有极大的区别（当然，最基本的理论和观念不会改变，如控制成本、提高效率、争取利润等），还在管理技术手段上发生了根本性的变化，例如现代管理大量采用现代信息技术、数据技术、人工智能技术、仿真技术等。管理技术的进步不仅使管理更精细、更精准，也使管理成本下降、效率得到极大提升，同时，管理技术的进步，必然地会促进管理思想、理论、观念和管理视野、观察角度、企业经营方式和竞争方式的变化。

4. 市场空间条件

企业可用的市场空间（可占领的市场份额）为企业规模扩张提供了必要的条件。因为企业是为市场生产产品和服务的，市场容量有多大，企业可能扩张的边界就有多大。

企业规模边界，是以其核心能力为基础，在与市场的相互作用过程中形成的生产经营范围。美国著名经济学家钱德勒认为，最终决定企业规模的是企业在市场中的经营效率。我们研究管理熵变、管理熵结构和管理耗散结构的结论同钱德勒的结论是一致的，即效率决定企业及其管理系统的存在和发展。

5. 国家产业政策支持条件

产业政策是指国家制定的，引导国家产业发展方向、推动产业结构升级、协调国家产业结构、使国民经济健康可持续发展的政策。产业政策对企业发展有重要的制约和推动作用。产业政策所调整的产业的企业会得到迅速发展。

（三）企业及其管理系统规模扩张路径

企业及其管理系统会经历从无到有、从小到大、从简单到复杂的演化过程。在演化过程中，企业主要有四类发展方式，这就是自我繁殖、兼并收购与合并、合资经营和多元化经营。

1. 自我繁殖

自我繁殖主要指由母公司通过资金投资或技术投资，不断地生产出若干分公司、子公司、子子公司等，使规模不断扩大。

2. 兼并收购与合并

兼并指两家或者更多的独立企业合并组成一家企业，由一家占优势的企业吸收一家或者多家企业进自己的企业，并以自己的名义继续经营，而被吸收的企业在合并后丧失法人地位，解散消失。

收购指一家企业用现金或者有价证券购买另一家企业的股票或者资产，以获得对该企业的全部资产或者某项资产的所有权，或对该企业的控制权。

兼并收购简称"并购"。并购的实质是各权利主体依据企业产权做出的制度安排而进行的一种权利让渡行为。并购活动是在一定的财产权利制度和企业制度条件下进行的。在并购过程中，某一或某一部分权利主体通过出让所拥有的对企业的控制权而获得相应的收益，另一部分权利主体则通过付出一定代价而获取这部分控制权。企业并购的过程实质上是企业权利主体不断变换的过程。

合并是指两家或两家以上的企业合并成为一家新的企业。合并完成后，合并前的多家企业的财产变成一家企业的财产，多个法人变成一个法人。

3. 合资经营

合资经营是指由两个人或两个以上不同国家的投资者共同投资，共同管理，共负盈亏，按照投资比例共同分取利润的股权式投资经营方式。

4. 多元化经营

多元化经营是指企业在现有产品和业务的基础上增加新的业务经营。多元化经营是为了分散经营风险和增加利润增长点（机会）而实施的发展战略。多元化经营包括相关多元化和不相关多元化两种。相关多元化是指围绕主营业务而发展业务，而不相关多元化则是指发展与原有业务既非同种也不存在上下游关系的业务。

多元化经营的企业与专业化经营的企业相比，相当于将原来的由多个专业化经营的企业的经营活动组合在一个企业内进行，或者是将多个产业、产品放在一个企业或者企业集团内进行。这个企业可以充分利用技术优势、市场优势、管理优势等资源优势，合理配置资源，提高资源的利用效率。

（四）复杂管理系统涌现新特征

企业及其管理系统演化的规模越大，其关系就越复杂，就越能涌现出较简单的管理系统所不具有的特征。例如，拥有现代企业制度的企业比传统企业规模更大更复杂，所涌现出来的利益相关者就更多，其管理就更复杂（如图4-2和图4-3所示）；事业部制的企业比简单直线职能制的企业更庞大，组织单元和层级更多，因此涌现出的新的管理特征就更多更复杂，解决问题就更困难。

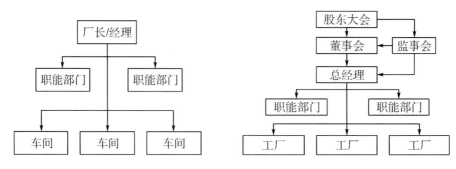

图4-2　传统企业　　　　　　图4-3　拥有现代企业制度的企业

我们将图4-2和图4-3进行比较，由于拥有现代企业制度的企业，从社会募集资金进行生产经营，因此其规模比传统企业大得多，就涌现出了新的特征：①资金来源和性质不同；②具有委托代理的契约性质；③采用现代企业制度；④拥有现代企业治理结构，即三权分立和相互制衡的治理制度；⑤集权和分权相结合的管理制度；⑥拥有面向更加广大的市场经营的商业模式。

三、系统复杂度的度量与管理熵学第五定律

著名的科学家钱学森认为，在一个系统中如果子系统种类很多并有层次结构，它们之间的关联关系又很复杂，就称该系统为复杂巨系统。系统的子系统的种类和层次越多，系统就越巨大和复杂。我们可以认为，系统的复杂性是由其元素（子系统）的种类数量和层级数量及其线性和非线性交融关系决定的。

在复杂系统形成和演化的过程中，简单个体通过裂变、复制演化成多个个体组元，组元又通过层层有机组合和相互联系构成复杂系统。系统的组元（或不同功能的子系统）数量越多，结构层次越多，联系越紧密，相互关系就越复杂，系统就越巨大和越充满复杂性。复杂由简单演化而成，复杂包含着简单，简单中又有复杂产生和演化的基本要素和条件。

如图4-4所示，在系统演化发展过程中，元素数量增加，系统的复杂性增强。当系统只有3个元素时，元素的关系链只有3条；当元素数量达到9个时，其关系链就达到36条。如果令系统元素种类为D，系统复杂程度为C，也就是说，随着系统元素种类D的数量增加，其关系复杂程度C就呈非线性上升。

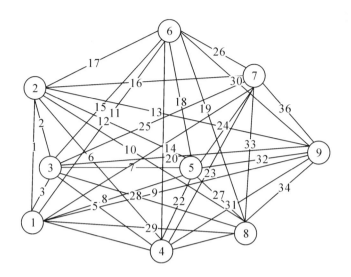

注：图中圆为系统元素（或单元、子系统）；

横排是层级，共四层；连线代表元素之间的关系或信息链。

图 4-4　简单与复杂的关系示意图

系统的层次结构也是由简单向复杂发展，也就是从一层发展到多层，并在发展中构成了层与层之间的关联关系。这种关联关系的特点是：①高级层次具有低级层次的基本特征，同时还涌现低级层次所不具有的高级特征，就这样层层发展形成系统和个体之间的关系。②系统相邻层次间的关系是直线的。③各层次按一定规律排列，层次结构不能有跨层关联。无论是生物组织还是社会组织，都具有这种特性。

由于管理能量的组织势能定律的存在，因此管理系统的组织规律是：管理的权限与指挥不能越级，不能平行，不能交叉。违背这个规律就必然造成系统混乱。若要变通，除非根据需要特别授权。

系统层次之间的关联是直接的，并且不能形成跨层关联关系，一旦出现跨层关联就会产生混乱。但是从宏观上来观察，系统层次的集合是复杂的，且层次越多越复杂。层次越多，出现的问题越不确定，管理越困难。这是因为由层次集合组织起来的各个细胞功能之间具有非线性和不确定性，而且信息传递渠道越长、节点越多，信息扭曲或失真的可能性就越大。为什么在 20 世纪 90 年代有学者提出了流程再造和扁平化？就是因为企业发展到多层级后，企业管理充满不确定性，效率低下，所以提出对企业进行改革，以市场为目标来优化业务流程和减少层级，提高企业对市场的响应能力，提高企业的决策控制能力和竞争能力。

如果我们用不同元素之间的关系链和层的数量代表系统的复杂性程度，那么我们就可以建立函数模型对系统的复杂度进行计算。

根据系统的复杂度决定于系统的规模，以及钱学森的系统复杂程度决定了层次和子系统（元素）种类数量和关系的理论，我们可以按照复杂系统线性和非线性集成的特点写出系统规模与复杂度的计算公式：

$$OS = G \cdot D \tag{4-1}$$

$$C = (G-1)\frac{D^2 - D}{2} \qquad (4-2)$$

式中，OS（organization scale）代表组织规模；G（gradation）代表系统的层次关系数量；D（department）代表部门或单元关系（信息链）的数量，也就是系统中具有不同作用的子系统关系（或信息）链数量；C（complex）代表系统的复杂度。

让我们以算例和图形对公式进行验证（见表4-1）。

表 4-1　系统复杂度的计算示例

序号	层次数量（G）	部门数量（D）	系统规模（OS = G·D）	系统复杂度 $C=(G-1)\frac{D^2-D}{2}$	元素、层级和复杂关系链图
1	1	2	2	0	
2	2	3	6	3	
3	3	4	12	12	
4	3	5	15	20	
5	4	6	24	45	
6	4	7	28	63	
7	5	8	40	112	

表4-1(续)

序号	层次数量 (G)	部门数量 (D)	系统规模 ($OS = G \cdot D$)	系统复杂度 $C = (G-1)\dfrac{D^2 - D}{2}$	元素、层级和复杂关系链图
8	5	9	45	144	
9	6	10	60	225	元素达到10,而层级数为6,则系统关系链就达到225条。由于复杂而不能绘制出关系图形,故此处省略绘图
10	10	100	1 000	44 550	元素达到100,而层级数为10,则系统关系链就达到44 550条。由于太复杂而不能绘制出关系图形,故此处省略绘图

上述公式说明了,当我们将众多层级和子系统(元素)的关系(信息)链数量集成定义为系统复杂度时,我们就可以通过公式计算系统复杂度,并可对不同的系统进行复杂度比较,进而对不同的系统进行分类研究。

其实,两个单元之间的联系看似简单,但其中的内涵是十分复杂的。以企业系统为例,单元之间的联系内容包括信息流(预测、决策、控制、反馈等)、价值流(财务、成本、利润、资金等)、物流(原材料、在制品、半成品、成品的运输)、工作流(各种生产工作、经营工作、管理工作等)、文化流(内部文化、外来文化、伦理道德价值等)、功能流(功能组织链)、结构关联和压力场等,十分复杂。为了抽象和简化这些复杂的关系,我们就用两个单元之间的连线来表达。

系统复杂度超过了其众多子系统关系链构成的复杂性,两个子系统之间和两个层级之间可能还会出现我们不知道的涌现,使系统复杂性超过其关系链的复杂性。但是,我们认为,上述公式能够揭示系统最基本的复杂度,也许由两个以上的最基本的复杂度的集成和组合,就能够揭示全部复杂性的内核。这就像前面分析的生命现象一样。

系统复杂程度的衡量标准是什么?一般来讲,尚无定论,我们只能将两个系统进行对比才能确定哪个系统更复杂。一般用同一个量化的数据进行比较,因为这样具有同质性,比较简单实用,特别是在对企业及其管理系统的复杂度与效率关系的研究方面,管理操作需要将复杂转化为简单,才能便于实施、操作。

系统复杂性进化规律同热力学第二定律一样,具有不可逆性。系统复杂性进化规律可以表述为,一切系统在自然过程中总是由低级向高级、由简单向复杂进化。若要系统从高级或复杂返回低级或简单,就必须有外在因素干预。

前面我们讨论了企业及其管理系统简单与复杂的关系并建立了数学模型,证明了管理系统复杂性演化定律，即管理熵学第五定律。

管理熵学第五定律表述为：企业自发地从简单向复杂演化，与之相应同步产生的管理系统必然随之向复杂发展，在自然过程中，这种发展是不可逆的。

该定律揭示了管理系统发展的规律，这就是管理系统自然演化过程总是由简单向复杂不可逆地发展，若要降维，必须有人为干预；管理系统复杂程度超过一个临界值就会对管理效率产生反向作用，越复杂，效率越低；自然状态下管理系统的复杂程度与系统管理熵和管理信息的不确定性成正比。

企业复杂度的增加会使企业的管理效率降低。因为，一部分管理系统能量被用于处理系统内部各单元之间的关系，剩余部分才能对管理对象做功，去实现对对象的组织、指挥、监督、协调和控制。因此，系统越复杂，内部消耗能量就越大，对外做工的能量就越小，产生的管理效率也就越低，在自然状态下管理熵值越大。

因此，企业系统的复杂度有一个适宜的临界值。在未达到临界值时，企业复杂度与企业管理效率相适应；超过临界值，则企业管理效率急剧下降，系统陷入混乱。那么什么是企业组织适宜复杂度的标准呢？如果将企业管理费用（成本）分解成处理内部关系的人工成本和作用于管理工作上的管理成本，那么，$C_{管} = C_{人} + C_{工}$（管理费用＝管理人工成本＋管理工作成本）。这个公式和复杂度的管理成本效率系数（$\frac{M\eta}{C_{管}}$）以及系统复杂度公式相结合，就能够测量出企业管理系统适宜复杂程度。

$$F_{适宜} = \begin{cases} C_{工} - C_{人} > 0 \\ \\ \dfrac{M\eta}{C_{管}} \times \left[(G-1)\dfrac{D^2 - D}{2} \right] \end{cases} \qquad (4-3)$$

式中，$F_{适宜}$是指企业系统适宜复杂度，$C_{工} - C_{人} > 0$是指管理费用的结构分布状态，$\frac{M\eta}{C_{管}}$是指复杂度的管理成本效率系数。

四、系统复杂度的度量算例和应用

复杂性的本质是不确定性，由于系统要素很多，其相互间的关系和运动方式具有不确定性，我们就认为是复杂的。显然，如果降低了系统组分和层次数量，降低了其不确定性，那么系统的复杂程度也就降低了。在企业管理中，我们可根据企业系统的复杂程度（规模程度）制定组织架构和管理策略。例如，对极为复杂（规模较大、子系统多和层级功能多）的巨大企业就采用组织结构分类分权的方式，或通过业务流程再造（BPR）和组织扁平化来归并和减少管理层次和部门的数量，另外还可根据信息化程度，在归并和分权的基础上建立分布式网络管理组织结构[①]，这样就可重新减少在一定空间组织的结构、单位数量和关系量，从而降低组织和管理的不确定性，达到降低其复杂程度、提高管理效率的目的；复杂程度较低、规模较小的企业，可采用集权的线性方式进行管理；介于两种企业之间的企业，可根据情况实行科学的集权与分权相结合的管理模式。

企业的复杂度决定了其管理能力，管理能力决定了组织集权或分权的程度。管理组织复杂性研究，从科学上很好地揭示了管理组织为什么需要集权或分权，以及根据不同的复杂程度选用不同的组织方式（包括企业制度）的规律。

【例4-1】 假设甲企业的功能部门（子系统）数为36个，而组织层级有12个；乙企业的功能部门（子系统）数为14个，而组织层级有4个；求两个企业的管理系统复杂度，并根据复杂度设计企业管理组织和管理体制。

解：

$$C_{甲} = (12 - 1) \frac{36^2 - 36}{2} = 6\,930$$

$$C_{乙} = (4 - 1) \frac{14^2 - 14}{2} = 273$$

$$C_{甲} \div C_{乙} \approx 25.4$$

答：甲乙两个企业相比，甲的复杂度是乙的25.4倍。

【例4-2】 假设甲、乙两个企业的管理成本中工作成本大于人工成本，甲企业的复杂度的管理成本效率系数 $\frac{M\eta}{C_{管}} = 0.04$，而乙企业的 $\frac{M\eta}{C_{管}} = 0.08$，试计算两企业的适宜复杂度。

解：甲企业的适宜复杂度 $= 0.04 \times 6\,930 = 277.2$

乙企业的适宜复杂度 $= 0.08 \times 273 = 21.8$

可见，甲企业的适宜复杂度为277.2，乙企业的适宜复杂度为21.8。

由上述计算可看出，甲企业复杂度很高但效率较低，而乙企业复杂度较低但效率较高，因此，甲企业应采用事业部制或分布式的组织模式降低复杂度，从而有效地进行管理。具体的策略是：①业务流程再造，组织扁平化，分布式网络化，以减少层级；②部门职能综合和扩大化，合并组织单元，减少功能部门（子系统）数；③实行分权制，分散生产经营权，按照效率原则实施授权。对于乙企业，由于其复杂度较低、效率较高，因此乙企业可采用简单的直线职能制组织结构和管理模式。

---

① 分布式网络管理组织系统是指，由多个分散的、相对独立的子公司（或分公司）在相对分权的基础上和分布式信息系统的支持下，集成构建的一个统一的网络式企业集团管理系统。集团拥有多种通用的生产经营管理资源。在集团战略管理的要求下，管理者可以动态地分配任务，同时由分布组织结构而形成的分散的生产经营和管理资源可通过集团计算机网络实现信息交换。集团中存在一个以全局的方式管理计算机资源的分布式操作系统。

第二节　企业规模与复杂组织边界①

一、管理熵、信息与系统复杂度的数学关系

管理熵、信息与系统复杂度的数学关系如下所示：

$$MF = \frac{MS}{MI}$$

式中，MF 代表管理系统的复杂性，MS 代表管理熵，MI 代表信息量。可见，信息量越大，不确定性就越小，管理系统的复杂性就越小；而系统中的管理熵越大，系统越混乱，因而就越复杂。为什么？因为玻尔兹曼熵公式已证明系统的分子数量越多，则系统越混乱。由于管理熵是企业系统内部相适配的子系统效率函数，因此作为自变量的企业子系统的数量越多，内部能量消耗就越大，效率就越低，企业系统的管理熵值越大。同时，钱学森对复杂系统的定义指出，系统内部子系统和层级数越多，则系统越复杂。香农的信息熵公式证明，系统信息量越大，则不确定性就越小，系统熵值就越小，因此，系统的复杂度就越低。综上，上述管理熵、信息与系统复杂度的关系式是成立的。

二、企业规模和企业的复杂度

企业规模和企业的复杂度成正比例发展，即规模越大，企业就越复杂。这是因为企业由单体发展成复体，由单一产品生产经营向多产品生产经营发展，甚至企业由一个行业的生产经营向跨行业跨地区乃至跨国生产经营发展。随着企业规模的扩大，企业同市场的关系也趋于复杂，企业的复杂度随之增加，企业的管理系统也随之扩大，管理系统的复杂度也随之上升。因此，企业及其管理系统的复杂度与其规模相关。

三、系统复杂度的边际分析

（一）系统规模与复杂度的边界函数

企业及其管理系统的复杂度与规模呈现出边际效应的关系，也就是说在企业及其管理系统具有一定规模的基础上，每增加一个规模量，就会引起复杂度相应的变化。前面我们已讲清楚了企业组织复杂度的度量，那么怎么度量企业组织规模呢？我们设定其函数关系为 $OS = G \cdot D$。式中，OS 代表组织规模，G 代表层级数量，D

---

① 本节的计算公式主要由四川师范大学副教授王俊协助完成。

代表部门数量。

由于边际变量的含义是因变量是关于自变量的变化率，或者是当自变量变化一个单位时因变量的改变量，因此边际变量 $\mathrm{mv}=\dfrac{\Delta f(x)}{\Delta x}$。式中，mv 代表边际值。当自变量的改变量趋于区域无穷小时，边际函数就是其导数。函数具有连续性时，其边际函数是微分形式；当函数具有离散性时，其边际函数是差分形式。

系统的复杂度是由系统规模决定的。根据 $C=(G-1)\dfrac{D^2-D}{2}$[①] 和 $OS=G\cdot D$，我们就可以写出管理组织复杂度的边际函数公式：

$$\mathrm{mf_{OS}}=\frac{\Delta C}{\Delta OS}=\frac{C_2-C_1}{OS_2-OS_1} \tag{4-4}$$

式中，$\mathrm{mf_{OS}}$ 代表边际组织复杂度，ΔOS 代表组织规模增量，ΔC 代表组织复杂度增量。由边际分析可知，当自变量增量与因变量增量的差为零时 $[\Delta f(x)-\Delta x=0]$，即达到边际变量的临界点，这就是规模与复杂度的最佳匹配点。边际管理组织规模决定的复杂度增量的临界点的计算公式为

$$\mathrm{mf_{OS}}=\Delta OS-\Delta y=0 \tag{4-5}$$

为什么管理系统规模与复杂度的边际函数为零时，是其边际变量的临界点？根据系统复杂度的计算（见表 4-2），我们对管理系统规模和复杂度的关系进行了计算（见表 4-2）。

表 4-2　管理系统规模和复杂度的关系

序号	1	2	3	4	5	6	7	8	9
系统规模 $OS=G\cdot D$	2	6	12	15	24	28	40	45	60
系统复杂度 $C=(G-1)\dfrac{D^2-D}{2}$	0	3	12	20	45	63	112	144	225

根据表 4-2 可知，增量单位 12 是管理系统规模和复杂度的平衡点（临界点），超过单位 12，即超过平衡点，则每增加一个单位规模，必然引起复杂度的剧烈增加，即复杂度增加的速度远远快于规模增加的速度。所以，管理系统规模和复杂度的平衡点就是组织规模和复杂度的边界。

（二）信息质量与复杂度的边际函数

企业及其管理系统的复杂度不仅由规模决定，还由其管理信息的质量决定。也就是说，随着管理系统规模的扩大，管理信息质量和数量越来越不确定，信息的处理也越来越困难，企业及其管理系统的复杂度越来越高，管理效率也越来越低。因

①　G 代表系统的层次关系数量；D 代表部门或单元关系数量，也就是系统中具有不同作用的子系统关系链数量；C 代表系统的复杂度。

此，一定有一个企业及其管理系统的规模边界，使系统复杂度与系统处理信息的能力相当。在这个边界上，如果再增加一个单位的复杂度，则系统处理信息的能力就会降低，系统混乱程度就会上升。

信息质量与系统的复杂度的关系表现为：信息质量越高，系统的不确定性就越低，复杂度就越低，因此由获得的信息、质量可以判断系统的复杂度。信息质量与系统的复杂度就构成了函数关系。进一步，信息质量与系统的复杂度的边际函数为

$$\mathrm{mf_{IM}} = \frac{\Delta C}{\Delta \mathrm{IM}} = \frac{C_2 - C_1}{\mathrm{IM}_2 - \mathrm{IM}_1} \tag{4-6}$$

式中，$\mathrm{mf_{IM}}$ 代表由信息质量变动带来的管理系统的复杂度的变动，IM 代表信息质量，C 代表系统的复杂度。

（三）管理熵与复杂度边际函数

这可以表述为：管理熵越大，系统就越混乱因而就越复杂。管理熵和系统的复杂度也构成函数关系，可以进行边际分析。管理熵与系统的复杂度的边际函数为

$$\mathrm{mf_{MS}} = \frac{\Delta C}{\Delta \mathrm{MS}} = \frac{C_2 - C_1}{\mathrm{MS}_2 - \mathrm{MS}_1} \tag{4-7}$$

式中，$\mathrm{mf_{MS}}$ 代表由管理熵的变动量引起的系统的复杂度的变动，MS 代表管理熵，C 代表系统的复杂度。

四、多维度组织复杂度边界的界定

我们知道，系统的复杂度在很大程度上，是因为观察者得不到系统内外关系和运动机理的确定的可认知的信息而产生的，或者说，系统的复杂度是由其信息被认知的程度决定的，因此，对于一个复杂系统而言，可被认知的信息质量越高，则复杂度就越低。然而，获取高质量的信息是要付出代价的，即付出资源或成本。显然，如果成本过大而产生信息冗余，则达不到认识系统复杂度的最佳效果。因此，高质量的信息单位的增加和由此而引起的复杂度的变化就有一个最佳平衡点，这就是由高质量信息单位增量引起的复杂度变化的边际函数。在边际函数的计算中，如果高质量信息单位增量引起的复杂度变化为连续函数，且在区间具有极小值，那么边际函数可用微分计算；当计算结果为 1 时，就是函数发展的最佳边界。如果高质量信息单位增量引起的复杂度变化为离散函数，则边际函数值为零时就是函数发展最佳的边界。

系统规模、管理熵与复杂度的关系也与信息质量同理。

可见，企业及其管理系统的复杂度受到管理系统规模、信息质量、管理熵这三个主要因素的影响。于是，我们将上面的边际函数综合起来，就可得到企业及其管理系统的多维度的复杂度边际临界点：

$$mf = \begin{cases} mf_{OS} = \dfrac{\partial C}{\partial OS} = 1 \\[3mm] mf_{IM} = \dfrac{\partial C}{\partial IM} = 1 \\[3mm] mf_{MS} = \dfrac{\partial C}{\partial MS} = 1 \end{cases} \qquad (4-8)$$

如果，对企业及其管理系统复杂度的边际计算取值为离散函数，那么计算复杂度的临界值就可用差分的方式，如：

$$mf = \begin{cases} mf_{OS} = \Delta OS - \Delta C = 0 \\[2mm] mf_{IM} = \Delta IM - \Delta C = 0 \\[2mm] mf_{MS} = \Delta MS - \Delta C = 0 \end{cases}$$

当影响复杂度的这些主要因素的边际函数为零时，企业及其管理系统的最佳复杂度和最佳规模边界也就确定了。

在经济学中，对企业发展规模的边界也有理论阐述。科斯（Coase）在 1937 年发表的著名的论文《企业的性质》中指出："以价格机制构成的市场中的每一个交易都要花费一定的费用，企业的组织管理也需要花费费用，当企业组织所花费的费用低于市场交易所花费的费用时，人们就会以企业来替代一部分市场。由于交易费用的存在，企业具有不断扩大规模的倾向，一直到规模扩大所增加的组织费用等于市场上的交易费用为止。"这就是说，当企业内部交易的组织管理费用与在市场中交易的费用相等时，企业与市场之间就达到了均衡。这个均衡点就是企业的边界，在这个均衡点上企业就不再扩大规模了。

为什么能够将系统的边际复杂度和边际经济效应结合起来呢？因为管理系统不仅是由规模决定的复杂系统，还是由规模决定的价值系统。企业及其管理系统越复杂，则交易成本就会越大，因此将管理系统的边际复杂度和边际效应结合起来，使其边际函数为零，就可精确测量企业规模的最佳临界点。其公式如下：

$$MF - MC = 0 \qquad (4-9)$$

式中，MF 是组织的边际复杂度，MC 是组织的边际成本。

五、基于管理能力参数的复杂组织规模边界的修正

前面我们用边际函数和交易成本的方式对一般复杂组织的规模边界进行了研究，分析了组织规模的增量、信息质量的增量、管理熵增量和交易成本增量对企业组织复杂度的影响，从而确定了一般企业复杂组织规模的边界，但是，我们还没有考虑管理者的管理能力对组织规模的适应性和控制能力。显然，不同的管理能力适应着不同的组织规模，也能够控制和管理不同规模的复杂组织。因此，在确定最佳组织规模时，还必须将管理能力作为参数加以考虑。

根据管理组织设计理论可知，影响组织结构的是两个相互联系的主要因素，即

管理幅度和管理层次。管理幅度是指一个人或组织直接管理的下属人员或机构的数目，又称控制幅度。管理层次是指组织纵向划分的管理层级的数目。影响管理幅度和管理层次的因素主要有：①处理组织问题的复杂度和工作量；②领导者的能力及其下属的素质水平；③标准化水平和授权程度；④管理信息和大数据处理能力；⑤人工智能技术应用程度。人工智能技术在管理中应用得越多越深入，企业管理能力就越强，管理幅度就越大。在被管理对象的数量确定的条件下，管理幅度与管理层次成反比：管理幅度越大，需要设置的管理层次就越少；反之，管理幅度越小，需要设置的管理层次就越多。因此，管理层级的计算公式可以写成

$$MT = \frac{OS}{ME} \tag{4-10}$$

而管理组织规模的计算公式就可写成

$$OS = MT \cdot ME \tag{4-11}$$

式中，MT 代表管理层次，ME 代表管理幅度，OS 代表组织规模。管理幅度和管理层级都是管理能力的表现形式。

如果将组织的复杂度和管理能力考虑进去，显然，管理能力越强，能够管理和控制的复杂组织规模就越大；相反，在管理能力一定的条件下，组织的复杂度越高，那么能够管理和控制的复杂组织规模就越小。因此，衡量基于管理能力参数的复杂组织规模的公式就应写成

$$OS = \frac{MT \cdot ME}{C} \tag{4-12}$$

式中，C 代表组织的复杂度，$C = (G-1)\dfrac{D^2-D}{2}$。

$$OS = \frac{MT \cdot ME}{(G-1)\dfrac{D^2-D}{2}}$$

上述公式就可用于计算引入管理能力参数的复杂组织规模的边界。或者，我们还可以对公式进行变化，就得到

$$OS \cdot C = MT \cdot ME$$

这就是说，组织规模与复杂度的积等于组织的管理幅度与管理层次的积。

需要特别说明的是，管理幅度与管理层次必然同处理管理信息和大数据的能力直接相关：处理管理信息和大数据的能力越强，则管理幅度越大，管理层次增加。在复杂的组织系统中，正确而高效地处理纵向与横向管理信息和大数据的能力决定了复杂组织的规模。

第三节　从复杂走向简单

管理系统是复杂的，管理事务也是复杂的。在信息不对称和信息质量较低的情况下，管理操作将变得复杂，从而带来管理系统的混乱和低效。就像战争一样，在一场战斗中，指挥员下达命令必然是简单、明确、果断的。若命令是复杂的、晦涩的，那么下属就难以理解而难以执行命令，就会造成混乱，导致战役失败。管理也是这个道理。管理科学就是要在深刻认识管理系统复杂性的基础上，研究复杂系统的运动规律、运动机理，抽象出简单的运行和操作机制，这样才能有效管理，提高管理效率。企业的发展必然是向着规模巨大、结构复杂的方向演进。随着企业的发展，企业管理系统将日益庞大、结构将日益复杂，带来的结果就是：一方面，信息渠道延长、节点增多，关系庞杂，企业决策困难、决策执行缓慢，企业对外部市场和内部问题反应迟缓，管理能力和竞争能力下降；另一方面，管理和运营成本不断上升、企业能量不断在复杂的组织结构中耗散，企业效率也在能量耗散中不断降低。企业复杂性的增加必然带来企业生产经营与管理的困难，因此，企业为了提高管理能力、经营活力、经营效率，以及降低成本、能量耗散，必然要想办法克服发展中带来的复杂性问题。

一、管理组织再设计和复杂度降维

玻尔兹曼将系统的宏观状态与微观状态结合起来进行研究，发现系统宏观状态是由若干个微观状态决定的。他应用统计力学的方式，将系统宏观状态与相应（"适配"）的微观状态的数目非线性集成起来，提出了著名的热力学玻尔兹曼熵公式，即

$$S = k\log\Omega$$

这个公式说明了一个系统的微观状态数目 Ω 越多，则系统的熵 S 就越大，宏观状态的无序和混乱程度就越高。我国著名科学家钱学森教授说系统的层次和子系统越多，则系统就越复杂。钱学森对系统复杂性的定义实际上同玻尔兹曼熵公式有异曲同工之妙，说明微观状态或子系统越多，则宏观状态或系统就越复杂，熵就越大，系统就越无序和混乱。同理，若企业和管理系统的子系统数目超过必要的数量，则子系统数目越多、层次越多，管理系统就越复杂，其管理熵就越大，系统就越混乱，效率就越低。我们在前面给出的组织复杂度计算公式 $C = (G - 1)\dfrac{D^2 - D}{2}$ 也说明，企业及其管理系统的微观子系统同宏观系统之间的函数关系是指数关系，即每增加一个子系统（或部门），则企业及其管理系统的复杂度都会呈现出指数增加，其管理处理的信息量和复杂度和难度也呈指数增加。

管理组织起源于古人类的原始分工，而原始分工是生产（渔猎）劳动效率和劳动保护的自然要求。就其起源来看，可追溯到远古，应该说它和人类的历史一样

悠久。早在远古时代，人类在狩猎时就自觉地或不自觉地形成了劳动分工，其中领头者会发出信号来指挥他人相互配合，以达到群体成员行动的协同，提高获取猎物的概率。从远古到现代，人类要实现预期的共同劳动目标，必须相互依存，通过分工协同组织劳动过程和共享劳动成果。

现代企业管理组织及其管理起源于第一次工业革命，从最简单的直线制发展到现在的直线职能制、矩阵制、事业部制、功能制、网络制等。企业管理组织结构为什么发展，并形成不同的形式呢？根本原因是人类生产力发展的选择，是社会生产组织对效率的选择，是资本对效率的选择。随着生产力的提高和资本的扩张，企业规模越来越大，原有的企业管理组织方式出现不适应而效率低下，继而阻碍资本进一步扩张。为了改变这种不利的状况，通过实践的摸索和理论总结，逐步在生产过程中形成了新的系统结构，由此而产生了新的功能来适应发展的生产经营和管理的需要，也就是发展了管理组织结构，适应了资本扩张的效率要求。因此，企业管理组织结构由简单向复杂发展，是自然规律的作用。但是，随着跨国集团企业等的出现，企业规模越来越大，企业管理组织越来越庞大、内部子系统关系越来越复杂，信息处理量也越来越大，复杂的企业组织结构又使企业内部信息渠道延长节点增多，形成信息化孤岛，进一步使企业信息在传递过程中扭曲、失真，企业决策和指挥以及控制变得困难。20世纪70年代和80年代，一些企业家和管理学家对此进行了反思，认为这些困难都是"大企业综合病"带来的。他们提出，应该对大企业进行分割、改造，使大企业适当变小，以便恢复活力和提高竞争效率。但是，大企业分割变小，并不能解决效率问题，"大企业综合病"依然存在。于是，又有学者提出了著名的、影响很大的企业业务流程再造理论。

企业管理组织结构从简单走向复杂，现在又应该由复杂走向简单吗？现象上复杂到不能够再复杂的事物，往往本质是简单的。就像歌德巴赫猜想一样，复杂到几百年来未能破解，然而结论简单到一加一等于二。为了效率，管理是不是应该将复杂的事情简单化呢？当然，不能用传统的还原论的方法进行生硬的拆分。复杂系统的简单化是指在洞悉了基本规律和复杂关系条件下的高层次的抽象化。可是，越简单越本质越抽象的东西，内涵就越深刻，就越难以理解，这就需要深度思维，需要去探索和表达事物的本质。怎样使管理组织简约化呢？我们从下面几个方面进行研究：

（一）管理组织简约化设计的原则

管理组织就是通过建立组织结构、功能与相应关系，规定相应的职位、权利以及责任，明确责权利关系，促进组织中的岗位、成员互相协作配合、共同劳动，有效实现组织目标的管理系统。组织管理是管理活动的一部分，也称为管理的组织职能。

组织的形式与设计是战略实施的最终表达方式。高层领导者必须通过设计宏观组织，使所有的微观组织部分形成有机的功能整体，从而实现组织的战略和目标。任正非提出，"简化组织管理，让组织更轻更灵活，是我们未来组织的奋斗目标"。为实现这种改革，华为开始分权，建立子公司董事会。过去，华为一直是中央集权，因为企业的资源不够，所以得把所有的资源集聚在一起形成强大火力去冲锋。

现在，品牌资源、资金资源、客户资源都有了，并且企业规模扩大了，集权不能适应管理的需要，这时候就需要改变组织管理方式，把企业的一些重大经营决策下放到子公司董事会。子公司董事会有一项重要的职责，就是代表资本方实现重大决策和对执行决策的经营者进行监督。在强调"班长的战争"的同时，任正非提出，"我们既要及时放权，把指挥权交给一线，又要防止一线的人乱打仗，所以监控机制要跟上"。华为提出，要缩小作战单元，让前方听得见炮火的人指挥战争，提升一线的综合作战能力，五年以内逐步实现"让前方来呼唤炮火"；要缩减组织层次、缩小组织规模，部门要进行功能整合和合并，总部要变成资源配置和支援的平台，以便于能快速响应前方的呼唤；大组织做小、划小经营核算单位；管理去中心化，激发活力，从中央集权变成小作战单位，组织将越来越扁平化、管理层级越来越少，组织变得更简约。

简约化能使组织更有活力、更有灵活性，完成任务和控制更直接，管理效率更高。怎样才能使组织结构实现简约化设计呢？根据大量的观察和经验，我们认为，设计简约化组织应遵循如下原则：

第一，科学分工与分权原则。组织结构简约化，依靠科学的专业化分工协作，高效低耗地工作。同时，如果各部门工作任务明确、责权利边界清晰，那么在分权的基础上员工具有较高的工作积极性。

第二，组织文化凝聚原则。简化了，分权了，就要靠组织价值观、道德伦理观、组织信仰和愿景强力凝聚，实现上令下行、下情上达，集体努力和无缝协同。

第三，管理幅度扩大和组织结构扁平化原则。在大数据、工业互联网、信息化和智能化基础上，管理能力得到大幅度提升，因此企业可扩大管理幅度，实现组织结构扁平化。管理幅度扩大和组织结构扁平化要求人员能力水平到位以及企业具有信息共享和合作的文化氛围。人员能力水平到位主要指部门负责人的水平能力符合管理的需要。能管理十个人和能管理一百个人的管理干部标准不一样，企业如果安排不合理的部门经理任职工作，必然导致组织变革失败和结构设计运行无效。企业具有信息共享和合作的文化氛围指组织管理模式是从传统的金字塔管理向信息共享管理转化。只有缩短组织内部沟通的路径并建立定期共享机制，组织才能提升运作效率。

第四，高效执行原则。结构设计在满足功能需要的基础上，尽量简约化。组织层级尽量不超过五级。只有组织各部门之间具有简单直接的关系，才能够做到高效低耗。

第五，敏捷响应原则。组织能敏捷地响应市场及竞争的变化，迅速将信息反馈到决策部门，并敏捷响应决策部门的决策。

（二）企业现代简约化的技术基础

20世纪七八十年代就有企业提出了针对"大企业病"实施简约化管理，但效果不佳。为什么现在一些大型企业的管理组织结构做到简约化了呢？这是因为信息技术、数据技术、人工智能技术的发展。这些高技术群在管理中的应用，可以大大地减轻人的管理劳动，可以在管理的很多领域替代传统的人工管理方式，而实现管理的精准化、自动化和智能化，实现管理系统的低耗高效。由此可见，管理的一些流程、部门、层级，甚至个人都会被更高效、更精准的管理机器人代替，因此，精简管理组织结构，实现基于高技术群的简约化管理势在必行，这是未来竞争的要求，是资本和企业对管理效率的要求。

（三）以高技术群为基础的管理组织结构简约化设计

管理组织结构简约化设计，绝不是对过去简单组织结构的重复，而是在第四次工业革命的技术和知识发展条件下的变革，在应用新技术和新管理知识的基础上，以效率为标准重新设计管理组织结构，实现精兵简政、精干高效、集约化、精准化的非传统的管理，实现组织降维。所以，本质上管理组织结构简约化是一场在新技术支持下的中层管理革命。具体地讲，组织结构简约化的方法主要包括两个方面：

（1）组织层级结构纵向扁平化。这是指合并和减少组织不必要的层级，通过减少中间层级数目来实现组织的扁平化。一般来讲，"大企业病"主要体现在中间层次上。中间层次很容易出现部门分割、工作扯皮、信息化孤岛、部门利益最大化现象，从而使企业系统的反应滞后，在竞争中难以做到提高效率、敏捷响应、快速决策、精准行动。因此，企业组织简约化，首先就应考虑中层"消肿"，这就是中层革命。

（2）组织部门功能结构横向收缩。这是指在工作集成整合的基础上合并和精简不必要的管理部门，实现组织横向压缩。"大企业病"在很大程度上是企业部门过多造成的，因为部门存在，工作就要分割，权力、利益也要分割，信息化孤岛也由此产生。为了实现部门利益最大化，部门之间的非良性竞争和扯皮现象经常出现，这些都极大地消耗了管理组织的能量和管理精力。而事实上，有一些部门的设定并非必要，有些部门又同其他部门业务相近，同时，在高度信息化、网络化的基础上，许多部门工作可以实现机器替代，工作反而更加高效、精准。因此，为了实现简约化、精干化和高效低耗，在信息化等高技术支持下，企业应对这些部门重新定义、解构再造和组织重组，通过重组实现组织横向收缩。由于部门压缩是痛苦的，是有抵抗的，所以这也可以成为部门革命。

二、简约化的企业流程管理[①]

简约化的企业流程管理是指在企业业务流程上，去掉一切多余的不必要的工作和环节，使企业在全流程简约化的基础上实现高效低耗的工作流管理。

（一）业务流程再造与管理创新

业务流程再造（business process reengineering，BPR）是美国麻省理工学院计算机教授迈克尔·哈默（Michael Hammer）与 CSC Index 公司董事长詹姆斯·钱皮（James Champy）在 1993 年合著的《改革公司：企业革命的宣言书》（*Reforming the Company：Declaration of Enterprise Revolution*）中提出的管理理论。他们提出，在

---

① 1997 年，我们在国家社会科学基金面上项目"中国大型工业企业战略再造问题研究"的支持下，开展了中国大中型企业战略性流程再造研究，并出版了专著《企业再造新论下的中国西部工业发展战略研究》《中国大型工业企业战略性再造研究》。

信息技术革命的基础上，通过重新设计企业业务流程、重新组合劳动，使这些流程的增值内容最大化，使企业在成本、质量、服务和速度等方面获得显著的改善，激发和提高企业的核心竞争力。其创新之处在于是一种对流程管理思想、组织管理思想以及信息技术对组织的影响等理论和方法的集成，打破了建立在传统劳动分工理论基础上，以部门职能、分工、等级为层级隔离的传统组织形态，摒弃了官僚科层之下的封闭式企业作业管理模式，建立了最大限度地适应以"信息、顾客、竞争、变化"为特征的现代企业经营模式。

现代企业管理的问题，往往是综合性问题。任何企业的管理问题都具备复杂性、关联性、综合性的特点。

在企业内部，战略性问题影响和制约着生产经营性问题，生产经营性问题又牵制和影响着管理问题。企业业务流程管理就是为了提升企业管理效率和产品质量、降低成本、控制企业经营风险，而通过流程优化和改进，或者通过流程再造等工作，对企业流程进行优化和重组的过程管理。

企业业务流程再造的过程本质上也是企业管理创新的过程。因为管理设计本身就是根据业务流程需要而设计和运行的。如果企业的业务流程改变了，那么管理方法和管理流程也必然相应改变。事实上，企业的管理模式和企业的技术模式相容不可分离，因为，管理模式是根据生产经营模式的需要而产生的，因此，有什么样的技术，就会有与之相应的管理。企业业务流程再造中有一个很重要的工作，就是信息技术、网络技术、大数据技术和人工智能的应用，这就要求管理创新，实现管理的数据化、信息化、网络化、人工智能化。

（二）业务流程优化

业务流程优化（BPI）就是企业基于管理需要和目前企业存在的问题，在对现有流程进行梳理的基础上对企业生产经营和管理过程进行改进，从而实现降低成本、节省时间、提升工作效率、提高产品质量、节省人工、减少浪费等目的。

业务流程优化是在企业现有的管理流程的基础上，对企业现有的企业管理流程进行梳理、平衡和改进的过程，因此，它不是"推翻重来"。

（三）业务流程管理

业务流程优化和业务流程再造合称业务流程管理（BPM）。业务流程管理的目标是在管理的高技术群的支持下，精简优化业务流程，优化和再造适应新技术革命的生产经营管理业务流程和相应的组织结构。

但从业务流程管理的全过程来看，业务流程管理是在流程优化和业务流程再造的基础上展开的，还包括其他一些必要的辅助性的业务管理内容和过程。因此，业务流程再造的工作内容包括四大环节十六项具体工作（见表4-3）。

表 4-3　企业业务流程再造工程的施工程序

环节	具体工作	采用的技术或方法
一、工程准备	1. 宣传、学习、转换观念	形势教育、管理理论与技术学习
	2. 业务流程再造工作技术培训	内部技术培训、外部参观学习
	3. 组建流程再造工作组	任命由企业领导负责的再造领导组、任命"两参一改三结合"① 流程再造工作组
二、诊断、设计与规划	4. 对现有业务流程进行分析诊断	基于管理熵理论的企探企业经营管理应用分析诊断系统（简称"企探"系统）②、价值链分析、工序能力平衡分析、工作分析、流程分析技术
	5. 对流程的业务工作定义和重新定义，明确工作任务、内容和目的	内涵定义法、逻辑定义法
	6. 对新流程进行设计	工序流程设计法、工作排序法
	7. 对流程再造工作的进度进行规划	网络计划技术
	8. 业务调整	生产技术、生产工艺，工作岗位和工作关系调整
	9. 资源配置	计划配置、帕累托曲线分配、财务会计分析

① "两参"即干部参加生产劳动、工人参加企业管理，"一改"即改革企业中不合理的规章制度，"三结合"即在技术改革中实行企业领导干部、技术人员、工人三结合的管理原则。"两参一改三结合"是毛泽东提出的科学管理理论与制度。1960 年 3 月，中共中央批转《鞍山市委关于工业战线上的技术革新和技术革命运动开展情况的报告》。毛泽东代表中央起草批示，以苏联经济为鉴戒，对我国的社会主义企业的管理工作作了科学的归纳和总结，强调要实行民主管理，实行干部参加劳动，工人参加管理，改革不合理的规章制度，工人群众、领导干部和技术员三结合，即"两参一改三结合"的制度。当时，毛泽东把"两参一改三结合"的管理制度称为"鞍钢宪法"，使之与苏联的"马钢宪法"（指以马格尼托哥尔斯克冶金联合工厂经验为代表的苏联一长制管理方法）相对立。"两参一改三结合"管理制度提出后，不仅极大地推动了中国工业化建设，而且在国际管理学界和企业家中引起巨大的反响。1982 年，著名科学家钱学森去日本丰田汽车公司参观，看到该公司管理规章中写有"干部参加班组；劳动职工参加企业管理；改革不合理的规章；制度技术攻关；实行干部、技术人员与职工三结合"的内容。公司负责人介绍说，这'两参一改三结合'，是贵国的先进管理经验，我们学习运用后，效果很好。欧美和日本管理学家认为，"鞍钢宪法"的精神实质是"后福特主义"，即对福特式僵化、以垂直命令为核心的企业内分工理论的挑战。用眼下流行术语来说，"两参一改三结合"就是"团队合作"。美国麻省理工学院管理学教授 L·托马斯评价道，"鞍钢宪法"是"全面质量"和"团队合作"理论的精髓，它弘扬的"经济民主"恰是增进企业效率的关键之一。日本质量管理大师石川馨指出"全面质量管理（TQM）是学习和借鉴'鞍钢宪法'文本的产物"。日本经团联会长、新日铁社社长稻山嘉宽说："办日铁社，就是采取'两参一改三结合'的办法，就是向'鞍钢宪法'学习的。"（参见杨继国，魏鑫珂．"鞍钢宪法"对西方企业"管理革命"的影响研究［J］．党政研究，2013（1）：113-119.）

② "企探"系统的介绍参见本书下篇。

表 4-3（续）

环节	具体工作	采用的技术或方法
三、再造工程实施与优化	10. 流程再造 11. 新流程改进、优化	工作分析技术、流程分析技术、岗位分解与整合技术、流程设计、流程改造技术、仿真技术等先进制造技术①、优化模型与技术
	12. 信息化和辅助流程同步	大数据技术、信息技术、互联网技术
	13. 新流程质量测评	工序精度测量技术、高斯分布
	14. 新流程绩效测评	管理熵评价技术、价值工程技术、成本分析技术
四、新流程总结与验收	15. 再造工作总结	总结报告
	16. 再造工程鉴定、验收	验收鉴定报告

　　总的来讲，流程管理工作，是现代企业管理过程中一个重要的过程性、持续性的工作，对于企业经营发展、效率提升、风险管控及成本降低起到至关重要的作用。企业发展到一定时期时，如出现成本高居不下、经营效率降低、竞争能力减弱、市场份额缩小等状况，尤其需要关注企业流程的优化、平衡、改进和流程再造工作。对于大型集团化运作的企业而言，流程管理更是企业从复杂走向更高层次简约化的工作重点和核心。

三、简约之美

　　大道至简的意思是真正的智慧就是洞察事物的本质和相互关系。所谓的简约化管理就是在企业的运作过程中，准确找到并把握事物的规律，去伪存真，由此及彼，由表及里，将一个个复杂的工作简单化。这是一种"把复杂简单化"的思维方式，本质上是一种管理思维。

　　随着市场经济的不断发展，企业对自己的发展壮大感到迷茫，这种迷茫往往导致它在自身越来越庞大的同时，组织机构变得越来越臃肿，处理事务越发机械化和官僚化，管理越来越复杂，而效率却越来越低下。

　　14世纪，英国有一位很有学问的天主教教士，他就是著名的英国哲学家威廉·奥卡姆。他主张的思维经济原则，概括起来就是"如无必要，勿增实体"。人们为了纪念他就把这句话称为"奥卡姆剃刀定律"。对企业系统来讲，这个定律更为实用，因为对企业系统而言，任何多余的东西都要消耗能量，都是成本，都会产生管理熵，都会增加无序和降低效率。

　　奥卡姆剃刀定律在企业管理中可进一步归纳为简单与复杂定律：把事情变复杂很简单，把事情变简单很复杂。这个定律要求，我们在处理事情时，要把握事情的主要实质，抓住主要矛盾，解决最根本的问题，尤其不要把事情人为地复杂化，这

---

　　① 详细参见任佩瑜等编著的《现代企业管理学——理论、技术与方法》。

样才能把事情处理好。事实上，企业中很多复杂的事是人为造成的。

2003 年的某一天，海尔首席执行官（CEO）张瑞敏在接受凤凰卫视财经记者采访时，再次谈到了他对通用电气公司（GE）前掌门人杰克·韦尔奇的敬仰之情。张瑞敏表示：如果有可能，他希望向韦尔奇当面请教"大企业如何做小的问题"。显然，在国内企业管理界有巨大影响的张瑞敏对企业简约化的研究甚为向往。

杰克·韦尔奇被众多媒体誉为"20 世纪最伟大的 CEO""全球第一职业经理人"，他是商界传奇人物。自 1981 年担任通用电气公司董事长与首席执行官以来，韦尔奇把 GE 从一个痼疾丛生的超大企业改变成一个健康高效、活力四射、充满竞争力的企业巨人。到 2001 年，GE 市值高达 4 500 亿美元，增长 30 多倍，排名从世界第 10 位跃居第 2 位，这一梦幻般的成就是如何取得的呢？正是杰克·韦尔奇优异的管理思想和领导艺术造就了"GE 神话"。

杰克·韦尔奇的管理思想中有一条非常著名的论断，那就是"成功属于精简敏捷的组织"。用他一贯主张的速度原则表述便是：最少的监督，最少的决策拖延，最灵活的竞争。他认为企业不必复杂化，对他来说，使事情保持简单是商业活动的要旨之一。他说，他的目标是"将我们在 GE 所做的一切事情、所制造的一切东西去复杂化"。

四、简单直接高效的简约化管理

事物是复杂的，复杂源于未知，一旦透过现象看到了本质，认识了事物的本质，事物也就简单了。所以，简化就是认识本质，就是抽象。抽象是从众多的复杂的事物中抽取出共同的、本质性的特征，而舍弃其非本质的特征的归纳、演绎、总结的逻辑过程。具体地说，抽象就是人们在实践的基础上，对复杂的感性材料通过去粗取精、去伪存真、由此及彼、由表及里地加工制作，形成概念、判断、推理等思维形式，以反映事物的本质和规律的方法。

抽象的意义在于人们通过抽象能透过事物的表面现象抓住事物的本质。我们知道，任何事物都有它的现象和本质。现象是表面的形态和外部的联系，本质是事物内在的性质和内在的联系。事物的现象往往不能正确地反映事物的必然规律，事物的本质则能反映事物的必然规律，但不易为人们所直接感知。因此，我们要用科学抽象的方法来透过事物的现象获得它的本质，并用概念、原理、规律的形式描述它。企业管理的简化工作首先是对简化对象进行抽象研究并找到对象运动的本质特征，然后根据本质特征重新设计工作流程和相应的工作组织。

那么什么是简约化管理呢？所谓简约化管理是指在系统思想的指导下，通过抽象的思维和方法，认识复杂企业的运行规律和机理，在企业成熟的生产经营管理秩序的基础上，利用科学的方法，将管理主要目标以外的枝节因素尽可能剔除掉，使复杂的管理问题简单化，使简单的问题条理化，使条理化的问题标准化模块化、非标准的问题归类化，从而简化管理环节，简化管理手段，优化工作流程，减少时间浪费，提高工作效率。简约化管理的本质就是抓住主要矛盾。

从简单走向复杂易，从复杂走向简单难。因为从简单走向复杂是系统发展的自然过程，符合热力学第二定律的不可逆规律。从复杂走向简单就需要系统外部干预，即人的作用。人要对抗自然走向可不容易。并且现代企业及其管理系统简约化，是在高技术群支持下的简约化。简约化并不是简单化，是对复杂化企业系统和业务过程的技术和管理革命，相应要求企业全体员工有较高的知识水平。

那么，怎样才能使复杂的企业管理变成简单、直接、高效的简约化管理呢？一般来讲，指导原则是抓住主要矛盾，理清思路，把重心放到最有决定意义的问题上；方法是奥卡姆剃刀定律，即删除一切多余的东西，留下最少最有用的东西。企业简约化，可以先在抽象思维的基础上归纳总结出复杂的企业管理的规律和运动机理；再在抽象理论指导下，运用现代信息技术、网络技术、大数据技术、人工智能和新型管理理论与技术，去粗取精、去繁就简地形成高效的管理模式。具体来说，企业可通过如下五个方面的工作来实现简约化管理：

（一）优化整合工作，简化工作流程

工作流程是指按工作的顺行逻辑和并行逻辑以及顺并行逻辑顺序而组织起来的工作秩序。流程上的工作按工作目的设计，一般有三类：第一类是必需的主要工作，第二类是相关必要辅助工作，第三类是设计者认为有用但实际作用不大的辅助工作。优化整合工作，一方面，是对较多的主要工作和必要的辅助工作，按成组技术（GT）理论，将相似工作或相近工作整合成少数主要的和辅助的工作，并按工作之间的内在逻辑排序重组，形成新的工作流；另一方面，则是指将实际作用不大的冗余的辅助工作精简删除，使流程精干、简约和优化。

（二）简化组织结构，提高组织效率

企业的生产经营管理组织，包括纵向层级和横向部门，都是按业务要求而设计的。为了精简组织，提高组织效率，就必须对组织岗位和组织结构重新定义，重新设计和调整。首先，按扁平化原则压缩层级，缩短管理信息路径，减少管理信息节点，提高信息传递和控制的质量。其次，按综合性和相似性原则合并和精简组织岗位和业务部门，使工作和组织标准化、模块化。最后，减少部门信息化孤岛和协同阻碍现象，降低由部门隔离而带来的组织能量消耗，全面提高组织效率。

（三）优化整合工作岗位，消除工作和人员冗余

由于工作整合了，因此工作岗位也可以合并和精简。但是，工作的整合，对员工提出了更高的要求，要求员工有较宽的知识面和更强的跨界工作能力，这样才能担负起整合的工作任务。当然，在劳动报酬上也应该相应地体现员工的劳动价值。

（四）应用大数据信息技术，简化管理行为

从20世纪70年代第三次工业革命开始，企业管理就在信息化和网络化上进行了大量的应用实践，这些技术极大地辅助企业预测决策、制订计划、执行计划和进行控制，并实施人力资源管理、生产现场管理和市场管理以及售后服务管理。信息和智能机器在较大程度上代替了人工，减少了管理人员因情绪不佳、疲劳产生的不确定性行为，实现了精准管理，提高了管理效率。可以说，现代企业管理已经离不开信息化手段。在企业简约化过程中，大数据技术、信息化技术、人工智能技术更将大显身手，将在很多管理领域替代人工，使管理工作和流程走向精简化、自动化。

（五）清理和减少不必要的企业规章制度，全面发挥员工的积极性

企业简约化工作必须按照"一改"原则，改革、废除不必要的、过时的规章制度，建立新的简约化、参与化管理制度。首先，企业将过去冗杂的规章制度，按照简约化要求和原则，进行合并、废除。其次，企业应改革、完善制度，留下必要的规章制度，扩大一线工作的权限，将一线工作中产生的问题解决在一线和现场，避免问题上交而产生延时和混乱。再次，企业应减少不必要的会议和不必要的检查，尽可能地给一线工作留下时间和空间。最后，企业应实施"两参"和"三结合"制度，创造良好的工作环境和轻松的工作氛围，实施必要的分权制，调动一线工作人员的积极性和主动性，全面提高工作效率。

第五章 企业生命与管理熵学第七定律

第一节 企业的生命是什么？

一、经济学、管理学关于企业的生命的表述

近代英国最著名的经济学家、新古典学派的创始人阿尔弗雷德·马歇尔（Alfred Marshall，1842—1924）在 1890 年发表的《经济学原理》一书中，借鉴达尔文进化论思想，用类比的方法提出了企业生命的理论。马歇尔以森林中的树木为例对企业生命周期做类比：同树木一样，"岁月或迟或早都要对它们产生影响……它们将逐渐失去活力"①。也就是说，企业像树木一样，随着时间的流逝而逐渐失去生命力。

1959 年，马森·海尔瑞（Mason Haire）最早提出"企业生命周期"的概念，他指出可以用生物学中的"生命周期"观点来看待企业，认为企业的发展也符合生物学中的成长曲线。

1965 年，哥德纳（J. W. Gardner）指出，企业和人及其他生物一样，也有一个生命周期。但与生物学中的生命周期相比，企业的生命周期有其特殊性，主要表现在：第一，企业的发展具有不可预期性；第二，企业的发展过程中可能会出现一个既不明显上升也不明显下降的停滞阶段，这是生物生命周期所没有的；第三，企业的消亡也并非不可避免的，企业完全可以通过变革实现再生，从而开始一个新的生命周期。

美国管理学家伊查克·爱迪斯（Ichak Adizes）曾用 20 多年的时间研究企业如何发展、老化和衰亡。1989 年，他写出了《企业生命周期》一书，把企业生命周期分为十个阶段：孕育期、婴儿期、学步期、青春期、壮年期、稳定期、贵族期、官僚化早期、官僚期、死亡。爱迪斯生动地描述了企业生命不同阶段的表象特征，并提出了相应的对策。

经济学和管理学虽然认识到企业是有生命的，但是从表面现象来描述企业的生命周期，对于一些基础问题没有深入研究。

---

① 马歇尔. 经济学原理：上册 [M]. 朱志泰，陈良璧，译. 北京：商务印书馆，1983：326.

二、系统科学和复杂性科学关于企业的生命的研究

企业系统为什么会有生命？生命之源是什么？我们知道，企业系统并不是生物生命系统，而是一个人类社会组织系统，虽然有些生命现象，但不能等同于生物的生命，因此它是类生命系统，不能简单地同生命进行类比。

人类的生长发育过程是从一个受精卵开始的；受精卵经过生长、分裂、分化，形成组织、器官，进而形成胎儿；胎儿成长为婴儿后，不断与环境交换并成长、成熟，直到不能交换而衰亡。而企业生命产生则源于人类对生产生活功能（产品和服务）的需求和社会资本投资。人们在投入生产资料后，通过组织形成满足生产需要和资本扩张的类生命系统。该系统进行生产，并与环境交换，在交换中成长、成熟，直到衰亡，或通过创新、改变又不断发展。

虽然经济学、管理学都认同企业是有生命的，但这与生物生命不同。生物生命过程是自发的、不可逆的自然过程，而企业系统演化过程是人为的社会组织过程，是不可逆和可逆交织的过程。也就是说，在创新和有效管理的作用下，企业系统可以不断地适应环境变化，有效地与环境进行交换，从而得到发展。企业在他组织与自组织的条件下具有生命的某些自适应、自组织和自我修复的特征，这是开放的复杂巨系统必然具备的本质特征，这些特征在系统运动过程中表现出与生命运动过程的相似之处。不同的是，随着时间流逝，生物生命系统的功能将逐渐衰退，交换将停止，其生命将终结，这是不可逆的自然规律。而企业生命系统则可通过人的干预而创新、改变和再投入、再组织，维持和加强交换功能，从而使交换不断进行、生命不断延续。

无论是生物生命系统还是企业生命系统，在开放系统理论和耗散结构理论中都有一致的地方，这就是开放的系统必须与环境交换获取负熵以维持和延续生命，薛定谔用熵产生和熵流讨论了生命的新陈代谢，并得出著名结论："生命以负熵为食。"同理，我们说企业生命以管理负熵为食，而管理负熵从开放、创新和交换的效率和速度中获得。因此，我们研究企业的生命，其实就是研究企业系统的开放、创新和它与环境的交换，以及在交换过程中资源利用的效率和速度，也就是研究企业管理熵的矛盾所构成的生命运动。企业的生命过程就是交换的过程，就是管理负熵的流入过程。没有交换和管理负熵，就没有企业的生命。

从系统科学和复杂性科学的角度来看，复杂性是开放的复杂巨系统的动力学特征。企业作为一个开放的复杂巨系统，其生命过程必然是复杂的交换过程①。同时，在生产与交换过程中，企业作为一个开放系统，从创立、成长、成熟到衰退，经历着一个发展变化的复杂过程。在这一过程中，企业需要根据环境条件的变化，

---

① 任佩瑜，林兴国. 基于复杂性科学的企业生命周期研究［J］. 四川大学学报（哲学社会科学版），2003（6）：35-39.

在预期目标、组织结构和运作方式中进行决策①。企业通过正确的决策和决策的执行来保证生产与交换的延续，从而保证企业生命的延续。

三、管理熵学对企业生命的定义

企业类生命体与生物生命体相比，本质的区别体现在以下几个方面：

（1）组织形式不同。生物的组织形式是生物细胞组织形式，企业的组织形式是人类的社会组织形式。

（2）结构不同。生物是复杂的生命的器官组织结构，而企业是遵循生产逻辑而构成的复杂生产经营结构。

（3）在时空域中，发展趋势和方向不同。生物生命具有不可逆性，而企业生命具有可逆性。

它们的相同之处在于：

（1）生存发展的手段相同。它们都是在同环境交换中生存发展的，也是在竞争中发展的。

（2）它们都经历产生、成长、成熟、衰退这几个时期。

（3）存在目的相同。它们存在的目的都是最有效利用资源，获取竞争优势，获得最优发展。

可见，虽然企业不是生命体，但同生命体演化有相似之处，所以可称为"类生命体"。

企业的生命是什么？是为实现一定目的而形成的，在生产经营管理的控制下，通过与市场环境进行物质和价值交换，获得能量补偿，通过价值增量（利润）获得扩大再生产能量，使自己得到循环发展的类似生物生命的组织存在形式。

四、效率和速度是企业系统的生命力

企业系统的生命力是指企业具有较强能量，能够响应环境和竞争变化，迅速、高效利用资源来发展自身生命的能力。任何组织，无论是生物的还是社会的，在竞争中都必然趋于资源利用程度和速度的最大化和发展的最优化。提高资源的利用程度和速度使自身得到发展，这就是竞争规律，是生命和类生命系统演化发展的规律。这个规律是由组织生存发展所依赖的资源的有限性、发展占有性以及对环境变化的适应性决定的。研究和揭示组织效率和速度规律，对组织在竞争中的演化和发展具有重要意义。

当前以信息化、数字化、网络化技术，量子计算技术、量子通信技术，智能制造技术，新能源、新材料等为代表的第四次工业革命正在迅速发展，国家以及企业

---

① 任佩瑜，余伟萍，杨安华. 基于管理熵的中国上市公司生命周期与能力策略研究［J］. 中国工业经济，2004（10）：76-82.

若不能迅速适应新工业革命的发展，就一定会落后，甚至衰亡[①]。生物的竞争和演化也是这样，所以达尔文说，能存活和发展的物种往往不是最强壮的，而是最能适应环境变化的。

为什么速度和效率就是企业的生命能力呢？因为速度和效率代表了资源占有和利用的速度与程度，代表了资源利用的能力，代表了组织竞争的优势，低效率不能有效利用资源，低速在竞争中就会落后，因而就会在竞争中衰退，就会死亡。这是一切生命演化的规律，这也是所有社会组织演化发展的规律。前面第一章里我们提出了管理效率的公式，其实，这也是企业发展效率的公式，我们在这里用于阐述企业的效率意义。

五、企业（或组织）系统生命演化发展定律和机制

由于任何人类的组织都是一种类生命体，在他组织的基础上，系统获得了自组织和类似于生命的特征，因而也就具有了类似于生命演化发展的特点。根据本书第四章阐述的组织系统的管理熵流、管理熵结构和管理耗散结构的理论和数学推理可知，组织系统内部的管理熵运动和总熵发展的方向和规模决定了组织系统结构的性质和特点以及生命发展的方向，即管理负熵增决定了组织系统有序稳定发展而形成管理耗散结构，而管理熵增决定了组织系统形成管理熵增结构，向着无序和衰亡发展。也就是说，组织系统的演化发展决定于内部的管理熵运动。

因此，我们可以总结出管理熵学第七定律，即组织，包括企业组织和一切社会组织生命演化发展的规律，其表述如下：任何组织和其管理系统，包括企业、社会等等，其生命演化发展的方向、质量和规模以及同环境竞争的生命力，都决定于系统本身的内部的管理熵的正负性质和演化、发展状态。

企业和一切社会组织的"生命"的存在和发展的一个共同特点是遵循共同的演化发展机制。在这个机制的作用下，企业和组织生命内部系统结构和功能结构的演化发展是一个复杂且多层次的过程，涉及从企业或组织从细胞到生态系统各个层次的相互作用和相互适应的自组织和自适应机制。这个机制的相互关系和作用方式用图5-1表示。

[①] 在第一次和第二次工业革命来临时，中国未能适应发展而落后。落后就要挨打，就会被侵略。第一次鸦片战争后中国沦为苦难深重的、悲惨的半殖民半封建地，日本帝国主义的侵略，又使中国到了亡国的边缘。新中国成立后，国家开始了十分艰难曲折的工业化进程，跟上了第三次工业革命的末端，使国家成为工业国，开始了复兴之梦，并取得了极大的成就。如德国《明报》2017年11月的一篇文章指出："中国经济增长对世界经济增长的贡献率高达30%，是全球92个国家最大的贸易伙伴。"在第四次工业革命来临之际，中国继续抓住机遇，提出了中国制造2025计划，在党的十九大上又作出了国家工业以及现代化发展的长远规划。习近平说，从2020年到2035年，在全面建成小康社会的基础上，基本实现社会主义现代化；2035年到本世纪中叶，在基本实现现代化的基础上，建成富强民主文明和谐美丽的社会主义现代化强国。

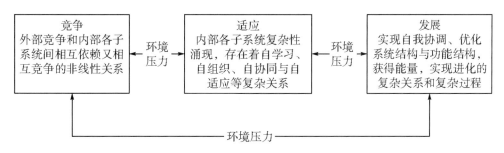

图 5-1　组织生命演化机制

这个演化机制从外部来看很简单，也就是竞争、适应和发展三大要素相互作用，但内部的相互关系和相互作用十分复杂，构成了一个复杂巨系统。在这个机制中，"竞争"指全面竞争，即同环境竞争、同对手竞争、自身内部竞争；"适应"指预测环境变化，迅速适应环境，迅速敏捷地响应环境变化；"发展"指在前两大要素和自身动因需要的相互作用下，组织系统结构和功能结构响应变革，自我调整、优化，并稳定地向着自组织和他组织相互纠缠的系统所控制的方向演进。在竞争、适应和发展三大要素的相互作用下，组织的功能结构、信息处理速度和传递方式及资源利用效率等，都会在强大的非线性相互作用中得到刺激、改变和优化。

任何组织只有在竞争中快速适应环境的变化，在适应环境变化中更有效地竞争，才可能迅速变革和优化自身的结构和功能，提高资源利用效率和资源配置效率，更好地同动态发展的环境（包括市场）进行物质能量和信息的交换，从而获得能量抵抗管理熵增，形成管理耗散结构而不断发展。

第二节　基于管理熵的企业物质与价值转换

一、物质与价值转换的含义

前面的研究已经得出结论：企业及其管理系统依赖交换而存在，依赖交换中价值的再投入而发展。

开放的企业及其管理系统存在的必要性和效率，必须经过系统目标实现程度的检验，即通过市场转换的补充价值和增值实现情况的检验。只有通过检验的企业及其管理系统才能成为有效的、有存在必然性的系统。

企业的物质，是指企业生产经营必需的基本的各种物质条件的集合。企业的价值，是指承载于产品之上的，经过生产经营转换而获得的新的使用价值和交换价值，以及增加价值的综合。企业物质和价值互换是指企业生产出来的产品和服务，通过市场交换而实现价值和价值增值，并且在交换过程中价值也可以转换成物质。

二、管理熵与物质和价值转换的关系

企业的生产经营过程是指将物质（原材料、能源等）转换成另一种物质（商品）再通过市场转换成增值的价值形态的全部过程。这是企业系统转换做功和其与环境交换的结果。当交换顺利并实现价值增值，管理负熵流进企业系统，并克服系统熵的产生和自身混乱问题，企业系统总管理熵为负，企业就能够有序发展。因此可以说，企业的生产经营和管理系统本质上就是一个物质和价值转换的系统，管理熵是对这个系统在交换过程中的有序度和效率的度量。

三、物质和价值转换的路径与条件

企业物质和价值转换的过程，就是马克思曾经分析过的 $W-G-W'$ 的过程。这个过程是指利用具有一定价值的货币 W 去购买所需的生产资料（物质）G，通过生产转化使生产资料（物质）G 变成具有新的使用价值和交换价值的商品，商品再通过市场交换得到新的价值 W'（$W' = W + \Delta W$）。

生产资料通过企业系统的生产经营过程，转化成商品，并实现价值增值；企业将增值的价值投入转换成新的扩大的生产资料，从而进行扩大再生产。在自组织和他组织的作用并形成和保持管理负熵的条件下，企业系统不断地克服自身产生的混乱，不断跃升为新的管理耗散结构，从而得到发展。

企业系统实现高效率的物质和价值互换的路径与条件是什么？其路径见图5-2。

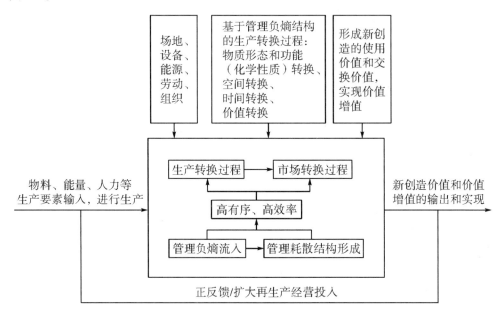

图 5-2　基于管理负熵的企业系统物质和价值互换的路径

互换的主要条件如下：

1. 企业系统必须是管理耗散结构

这就是说，企业系统在内部机制和外部环境的作用下，管理负熵增大于管理熵增，通过克服自身在自然过程中产生的混乱，形成管理耗散结构而获得新的物质能量和信息的内外部交换，从而实现扩大的再生产和经营。管理耗散结构是企业系统发展的基础。

企业系统生产经营过程的有序化和高效率必然表现为生产的资源价值消耗小于生产过程完成后形成的价值量和补充价值量（含消耗价值和新增价值，即 $I > C$），这就是企业系统提高效率而形成管理耗散结构的条件，是企业系统发展的基本条件。

2. 内外部转换的非线性强关联

企业系统在其生产领域内实现了物资和价值的转换，即将物资形态和功能转换成产品形态而获得新的功能或使用价值，这在转换过程中并不算完成，尚未把新功能或新使用价值转换成以货币形式表现的交换价值和增值的价值。马克思说："商品到货币是一次惊险的跳跃。如果掉下去，那么摔碎的不仅是商品，而是商品的所有者。"可见，企业内部生产的商品在外部环境（市场）中的转换并不容易。要实现有效的转换，必须使生产与经营各个部门非线性强关联，相互协同、相互影响，以市场为龙头，按照市场的需要进行创新性和高效的生产，才能实现 $W - G - W'$（$W < W'$），即不断从外界补充新能量而构成管理负熵环境，进而形成管理耗散结构，促进企业系统的发展。

3. 资源优化高效配置

企业系统要实现有序而高效的物质和价值转换，必须具有物质基础和组织基础，并在高效的组织条件下才能实现生产经营资源的优化和高效配置。这是众所周知的道理。

企业系统的物质和价值转换的物质基础包括原材料、能源、厂房、设备、劳动、生产线等；组织基础包括企业制度安排、生产组织结构、管理组织、质量控制、成本控制、市场营销组织等。企业系统通过内部生产和外部市场交换才能将资料转化成产品，继而转换成商品进行市场交换，并在交换中实现价值增值和资源的优化配置，进而实现扩大再生产。

第三节 企业系统物质和价值转换中的管理熵变

一、企业系统的管理熵变

企业系统的管理熵变是指在内部产生管理熵和从外部流入管理熵的过程中，彼此叠加后形成的管理熵值的数量和正负性质的变化。

这个过程其实是一个十分复杂的演化过程。就如我们在前面描述的管理熵流公式一样，一方面，在企业系统演化过程中，内部的管理熵的产生来源于两个过程：

一个是系统自然过程产生的恒大于零的管理熵；另一个是在组织过程中由人工干预产生的管理熵，其正负性质和数量都充满不确定性。两者的叠加作用才促使了系统内部的管理熵产生，其性质并不恒大于零。作为开放性复杂巨系统，企业系统必然与环境交换而流入正负性质和数量都不确定的管理熵，内部管理熵产生和外部管理熵流入，在系统内进行矛盾斗争、混沌和演化，最后叠加形成带有符号性质和一定量的管理熵，由此又揭示出企业系统的序度状态和效率状态。企业管理熵的公式所下：

$$dMS = （dMS_i + dMS_{im}）+ dMS_e$$

因此，企业系统物质和价值转化过程中的管理熵变就是在生产经营和管理过程中管理熵产生、外部管理熵流入，经叠加后其规模和性质形成的过程，这就是企业系统的复杂的管理熵变过程。

企业作为一个开放性复杂巨系统，其存在和演化发展依赖于自身不断地同环境进行物质、能量、信息的交换，以便从环境中获得管理负熵流或新的物质能量与信息，补偿自身消耗并获得新的能力，从而克服自身混乱、无序的状态，进而不断地演化和发展。

二、变革创新与管理负熵增

从前面对管理熵与管理熵结构的研究可知，引起管理熵变的条件是企业系统的效率，那么怎样才能保持和提高企业系统的效率呢？企业系统的效率不仅指生产效率，而且包括交换效率，最后都通过市场来实现。

然而，企业系统的市场与环境是变化的，这当然就要求企业系统随之改变以适应市场和环境的变化。企业的生产经营系统有较强的惯性和稳定性，如果没有出现较大的压力扰动和涨落使系统失稳，企业就较难改变自己的生产经营方式、组织结构和管理模式。在系统的自组织和他组织作用的条件下，他组织根据市场变化而制造系统压力，促使企业系统不断地进行技术结构、产品结构、组织结构和经营管理模式的创新改变，从而适应市场和环境的变化，实现与市场的顺畅交换，提高企业效率，实现企业系统的管理负熵结构。

由此我们可以说，变革创新是管理负熵产生的基本条件，是企业系统发展的条件。

三、物质和价值转换过程对管理熵变的控制

上面的论述已经表明，企业系统的管理熵变是渐进的，有过程和路径，这就为我们研究和控制企业及其管理系统的管理熵变的性质和规律找到了可行的思想和方法。由于管理熵宏观状态是由管理效率的微观状态值决定的，因此，控制管理效率的微观状态就成为控制管理熵变的基本原则和方法。这就是在企业系统的生产经营管理中，加大技术和组织创新，合理地控制成本，降低消耗，顺利实现市场交换，获得最大的补偿和增值的能量及价值，也就是收入（I）必须大于成本费用的支出（C），即 $I - C > 0$。因此，不断地进行创新以提高效率，不断地降低成本消耗，不断地实现市场交换，成为企业系统在物质和价值转换过程中对管理熵变控制的要点。

第六章　企业生命演化律
与管理熵学第八定律

第一节　企业系统的组织结构、流与环境

一、基本组织结构与流的运动机理

所谓机理是指一定的系统为实现某一特定功能，系统结构中各要素的内在运动方式以及诸要素在一定环境条件下相互联系、相互作用的运行机制、规则和原理。

企业系统运行的基本条件是，存在着按一定规则组织和运动的基本结构和基本的流。当基本组织结构和流相匹配并协同和谐时，企业系统的运行效率高，企业系统创造的价值大，企业系统的管理熵增小。下面我们分析一下基本组织结构和基本流。

基本组织结构是指，为达到一定的目的，按一定排列方式构成的、必不可少的若干相对独立又相互联系，相互作用又共同作用于系统的组织单元的层级和功能组合。这些单元组合形成了企业及其管理系统运动的相互关联的纵横两大组织结构体系，即层级组织结构和功能组织结构①。

企业系统的流是指，企业创造价值的内外部物质信息交换和移动的规模、速度、连续性和方向的总称。例如，一定规模的水量按一定的速度和方向运动就构成了河流，物资运输的规模、速度和方向就构成了物流，等等。

在生产经营和管理中，存在着各种内部与外部的交流。企业系统存在着物资流、价值流、信息流三大流，这三大流的状态决定了系统演化发展的基本状态与趋势。

物资流是指企业要素在企业生产经营过程中，由投入、产出到交换的流动状态。而流的规模是用流量来表达的。在这里，物质流量是指生产过程中单位时间某工序或某环节所移动和转换的物资量，其函数关系是

---

① 层级组织结构和功能组织结构参见本书第七章第二节。

$$\max y = \sum_{i=1}^{n} (x_i \pm x_i') / a_i t_i$$

$$\text{s.t} \begin{cases} x_i \leqslant a_i \\ x_i > x_i' \\ x_i \pm x_i' > 0 \\ x_i > 0 \\ y > 0 \end{cases}$$

式中，$\max y$ 是指企业最大的生产经营流量；x_i 是指某工序（或某环节）的生产流量；x_i' 是指在某工序或环节加工时必须增加和消耗的物料；a_i 是指某工序或环节的生产经营能力，$a_1 \approx a_2 \approx \cdots a_n$；$t_i$ 是指某工序或环节加工某物料所必需消耗的工时。

价值流是指企业以货币形态表示的，从投入、生产、销售到再投入，进行扩大再生产的全部资金的动态转移过程。在这里，价值是以资金来表示的。物资流与价值流的结合，就是通过物质转换而得到货币增值的流动的状态。

信息流是指在企业系统的生产经营和管理过程中，随着物质和价值的转换而出现的信息产生、输入、传递、处理、输出、反馈的流动状态。

二、结构、流同环境的相互关系以及运动规则

上述的三大流是企业系统的层次与功能结构在物质、价值、信息和时间四个维度上的生产经营的时空的缠绕态，是企业系统的基本运动形式，它们共同构成"你中有我、我中有你"的复杂的相互缠绕关系，就像量子纠缠一样，其中某个维度上某一点的变化就会引起其他维度和相应点上的变化。例如，在生产中某一个节点出现问题，同时在同一节点上价值就发生改变，而生产信息也在同一时间、同一节点上发生改变。也就是说，在纠缠的状态下，企业生产经营的三大流可能同时发生改变。由于流是结构稳定条件下的企业系统的物质、价值和信息的运动形式，因此，结构发生变化一定会使流的形式发生变化；当流被截断后，结构就失去稳定态而坍塌。

企业系统通过物质、价值、信息的输入和转换，获得了价值增值的产品和服务，进而通过市场转换实现了价值的增值。在下一轮扩大再生产中，增值的价值又变成扩大的物质、价值和信息从市场流入企业系统。在系统与环境的交换中，环境的改变必然作用于系统某些结构。在非线性相互作用影响下，系统整体结构发生改变。

由于层次结构和功能结构和附载其上的流的运动，具有相对独立性或离散性，因此它们必须遵循一定的法则进行运动。可见，共同遵循的统一的法则是企业系统形成管理耗散结构的必要条件。另外，在系统与环境交换时，系统和环境也必然遵循某种规则（如市场供求规律、市场规制等）；否则，交换的接口和规则的不统一会迫使交换过程中断。

在系统内外部各单元或各要素相对独立又相互依存的条件下，各单元或各要素必然服从或共同遵循一定的运动规则。规则在系统稳定运动时，发挥着极为重要的协同和规范作用。然而，当系统远离平衡态而极不稳定时，旧的规则将失去作用。

但是，随着系统的涨落、自组织的形成，组织形成新的耗散结构时，又将产生新的规则。新的规则又规范着新的稳定系统的组织和协同。毛泽东在《矛盾论》中论述道："新过程的发生是什么呢？这是旧的统一和组成此统一的对立成分让位于新的统一和组成此统一的对立成分，于是新过程就代替旧过程而发生。旧过程完结了，新过程发生了。新过程又包含着新矛盾，开始它自己的矛盾发展史。"[①] 企业系统也是如此。企业系统的规则不是一成不变的，将随着环境和目标的变化、组织变革、要素协同和生产经营管理的要求的变化而改变，随着新的管理耗散结构的形成而改变。

具体地讲，在企业系统中，规则表现为保证生产经营和管理有效进行的各种组织设计和保证组织运行秩序的规章制度。例如，为了保证生产经营和管理中每一个岗位都能同相关岗位协同运动，就制定了岗位责任制度、劳动纪律等制度；为了保证营销的有效进行，就制定了企业营销管理制度；为了保证资金的有效利用和对生产经营的支持，又制定了财务成本管理制度；为了保证生产经营活动的有效实施和完成，制订了严密的生产经营计划和战略发展规划；等等。

系统运动的规则具有约束离散、形成同向性的功能，就像激光一样，当能量达到一定时，本来是离散而无序的光子运动将有序排列，形成同向运动。制度是动态的管理体系，它将随着企业系统的目标、结构、生产经营和管理方式的改变而改变，但是在改变或调整中必须避免产生制度性、计划性和行为的矛盾与混乱。

第二节　管理耗散结构形成的机理与基本模型

一、企业管理耗散结构形成的机理

企业管理耗散结构的形成与企业同环境交换和盈利扩大再生产有直接关系。我们用企业三种状态的运动过程来展示企业管理耗散结构形成的机理。

（1）系统在运动中形成有序的稳定的耗散结构。运动机理如图6-1所示。

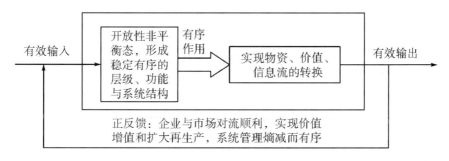

图6-1　稳态的企业系统的耗散结构的形成

---

① 毛泽东. 毛泽东选集［M］. 北京：人民出版社，1991：307.

由于此时企业系统与环境交换顺利，系统有较大的管理负熵流入，企业内部运行有序，系统处于管理耗散结构状态。

（2）失稳的企业系统的结构的形成如图6-2所示。

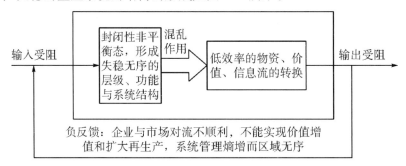

图6-2　失稳的企业系统的结构的形成

失稳条件下的企业系统的管理熵增加，系统混乱程度增加，同环境交换受到阻碍。在达到不稳定的临界值时，企业系统产生较大的波动。此时，系统发展有可能掉进管理熵结构陷阱。

（3）通过混沌、巨涨落、协同，在自组织和他组织的联合干预下，企业跃升形成新的耗散结构。其运行机理如图6-3所示。

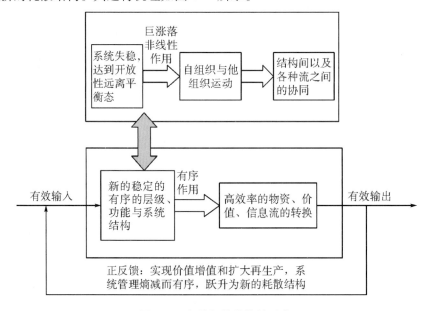

图6-3　新的耗散结构的形成

此时，企业系统的失稳状态达到临界值，企业系统达到开放性远离平衡态。企业通过变革、创新引起系统巨涨落，从而进入新的自组织，并和他组织共同运动而产生新的有序结构，恢复与市场环境的有效交换，获得新的扩大的利润和能量。最后，企业系统形成一个更高级的全新的管理耗散结构。

二、系统协同和管理熵减

与信息增加导致熵减一样，协同有序导致熵减，非协同混乱导致熵增。因为系统协同的结果就是效率的提高，这就是系统有序性和能量有效性的增强，而系统的有序和能量有效就导致系统熵减少，或者是负熵化。

与一般系统一样，企业系统的协同必然导致系统管理熵减。这是因为企业系统是由层级结构和功能结构组成的，其流是通过层级结构和功能结构形成并实现的。由于层级结构和功能结构具有相对独立性和相互依存性，因此，系统的各个层级、功能一方面处于相对离散状态，另一方面又在生产经营运动中相互依赖、相互作用。企业管理的协同功能就是将处于离散状态又必须融合的层级和功能在流的运动中，利用规则将它们组织起来，实现系统结构和流的有序运动，提高效率，减少管理熵增或促进管理负熵增。

我们可以得出结论，管理的协同必然导致管理熵减，协同度决定了有序度，从而为管理耗散结构的维持提供组织和能量的支持。

三、线性条件下管理耗散结构的演化机理

普利高津将系统分为孤立系统、封闭系统和开放系统三类。其中，开放系统的演化过程又有三种状态，即热力学平衡态、近平衡态和远离平衡态。系统在远离平衡态时，其有序结构被打破，形成不稳定态，此时系统小的扰动将在强大的非线性作用下被放大，形成巨涨落，在自组织和协同的作用下，系统将跃升成一个新的有序的组织。

开放的企业系统在运动过程中也存在着平衡态、近平衡态和远离平衡态，而且不同的平衡态对企业系统的发展演化有十分重大的影响。

我们先考察在线性条件下的企业系统的平衡态。

企业系统的平衡态是指全部生产经营的销售收入等于全部成本的状态，在坐标系上表现为盈亏平衡点。也就是说，企业系统运行完全无效，付出了生产经营和管理成本以及时间和精力，而产品和服务的销售收入仅抵销成本而无收益，是一种盈亏平衡态。在这种状态下，企业系统的管理熵为零，企业系统不能实现价值增值，因而只能得到生产经营消耗的补充而得不到扩大再生产的新投入。

企业系统的近平衡态是指企业呈现出微利或微亏状态，在坐标系中表现为盈亏平衡点的附近区域。此时，在企业运动或演化过程中，管理熵的正负数值变化极小。

企业系统运动的远离平衡态是指企业呈现出较大利润或较大亏损状态，在坐标系中表现为远离盈亏平衡点的区域。此时，在企业运动或演化中，管理熵的正负数值变化较大。

线性条件下企业系统的平衡态如图 6-4 所示。在图 6-4 中，我们把企业系统的平衡态以及平衡区划分为三个部分，x_0 是企业的盈亏平衡点，即收入等于成本。在这一点上，企业系统处于一种动态稳定的状态。在平衡点和近平衡区条件下，内

部管理熵增 $dMS = \dfrac{d_i S + d_{im} S}{dt} = 0$（ $MS = -k\ln\dfrac{I}{C} = 0$，后面的近平衡态与远离平衡态的管理熵值均可据此计算），即系统不能获得发展和演化的动能；x_1、x_2 围成的区域是企业系统近平衡区域，这个区域的动力学变化，可能将推动系统向开放性非平衡区和封闭性非平衡区发展。

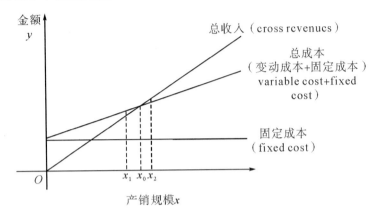

注：$(0, x_1)$ 为封闭性非平衡区，MS>0；(x_1, x_2) 为近平衡区，MS≈0；x_0 为平衡点，MS=0；(x_2, x_n) 为开放性非平衡区，MS<0。

图 6-4　线性条件下企业系统的平衡态分析

企业系统与环境交换中的平衡点的计算公式为

$$x_0 = \frac{Cf}{P - Cu - Tu}$$

式中：x_0——盈亏平衡点时的产销量；

　　　　Cf——固定成本；

　　　　P——单位产品销售价格；

　　　　Cu——单位产品变动成本；

　　　　Tu——单位产品营业税金及附加。

由以上的分析可对企业系统的平衡态做出定量的表述：

$$x - x_0 \begin{cases} < x_1 & \text{封闭性非平衡态} \\ = 0,\ x_1,\ x_2 & \text{平衡态及近平衡态} \\ > x_2 & \text{开放性非平衡态} \end{cases}$$

式中，x_i 是指封闭性非平衡态区域和时段（时空）企业产销的产品数量，x_i 是指开放性非平衡态区域和时段（时空）企业产销的产品数量，x_0 是盈亏平衡点。

企业的非平衡态有两种状态。①封闭性非平衡态。在这个区域里，企业全部产销收入小于全部成本，企业呈较大亏损态，且越远离平衡点则亏损越大。例如在图 6-4 中，当 $x < x_0$ 时，企业的生产经营进入亏损区，说明企业系统较为封闭，不能适应环境的变化，不能将产品和服务转换成价值，也就不能从环境中获取新的生产经营资源（能量），企业系统将远离耗散结构，系统的管理熵增将极大化，企业逐渐走向无序和死亡。②开放性非平衡态。在这个区域里，企业全部产销收入大于全

部成本，企业呈盈利态，且越远离平衡点盈利越大。例如在图6-4中，当 $x > x_0$ 时，企业是开放的并同环境保持了较多的和经常的交换，企业系统能够实现生产经营的价值增值，能够有效地获得扩大再生产所需的新的生产资料，即能够获得新的能量。此时，企业系统的不平衡能够促使企业系统得到新的发展并形成新的有序的耗散结构，而且企业系统越远离平衡点，则价值增值越大，企业获得的新能量就越大，就越能形成新的自组织和新的稳定的耗散结构。

四、非线性条件下管理耗散结构的演化机理

前面为了方便研究企业系统的平衡态和非平衡态的演化机理，我们考察了在简单的线性条件下（市场机制是供小于求），在封闭和开放的条件下，企业平衡态与非平衡态对系统的管理熵增的影响，以及其管理熵结构和管理耗散结构形成和演化的条件。但是企业系统是复杂系统，其演化过程中不仅有线性作用，还有非线性作用（供大于、等于或小于求的状态都存在，市场充满不确定性）。我们在更大的时空尺度上，继续将企业系统推向非线性条件下的平衡态、近平衡态和远离平衡态，并在此基础上考察企业系统的管理熵变和管理耗散结构的演化机理。

在一个系统中熵值不可能无限增大，达到一定限度时熵增就会停止，系统也就不再变化。当企业系统的管理熵达到某个平衡态（盈亏平衡）时，企业就处于发展的停滞状态。如果资本自发扩张的原动力和市场环境需求以及竞争的力量推动企业系统继续发展，那么结果会怎样呢？系统将进入更高层次的不确定的发展状态，进入一个新的不稳定状态。接下来，我们将管理耗散结构的形成和演化放到非线性条件下进行研究。

（一）二次函数条件下管理耗散结构的演化

当产量、收入和成本呈非线性的二次函数关系时，可能出现两个平衡点，如图6-5所示。在此情况下，只有产量保持在 x_1 与 x_3 之间时，企业才能盈利。如果产量小于 x_1 或大于 x_3 都要发生亏损，而 x_2 就是最大盈利点。企业的产量、收入和成本的非线性关系，可以用二次曲线的函数式表示：

$$f(x) = ax^2 + bx + c$$

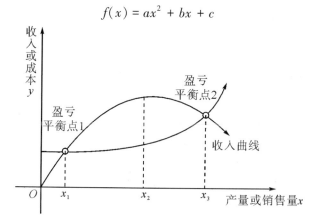

图6-5　二次函数条件下企业盈亏平衡点

在求盈亏平衡点的产量或销售量时，应令销售利润方程式为零，即销售收入总额减去成本总额等于零，可以求平衡点的产量 x。

$$f(x) = f(R) = f(s) - f(c) = f(px) - f(F + vx) = px - F - vx = 0$$

式中，R 为销售利润，s 为销售收入，c 为生产成本总额，p 为单位产品价格，F 为固定成本总额，v 为单位产品变动成本，x 为盈亏平衡点的产量。

运用二次方程求根公式，可解得产量 x：

$$x = \frac{-b \pm \sqrt{b^2 - 4ac}}{2a}$$

由此解得的 x_1 和 x_3 分别为产量增长的两个盈亏平衡点。

在两个盈亏平衡点之间，存在着最大的利润点 x_2，在 x_1 这个点的右侧，利润率上升，在这个点的左侧，出现亏损。这种与产量的变动相关的利润变化率就是边际利润。在（x_1，x_3）区间内的最高利润点 x_2 上，利润变化率为零，此时每增加或减少一个单位的产量都会引起利润的减少。要找到这个点 x_2，就应对利润方程式求导，令其导数等于零，解出 x_2。

由于

$$R = s - c, \ s = px, \ c = F + vx$$

$$\frac{\mathrm{d}R}{\mathrm{d}x} = \frac{\mathrm{d}(s-c)}{\mathrm{d}x} = \frac{\mathrm{d}(px - F - vx)}{\mathrm{d}x} = \frac{\mathrm{d}px}{\mathrm{d}x} - \frac{\mathrm{d}(F+vx)}{\mathrm{d}x} = 0$$

$$\frac{\mathrm{d}px}{\mathrm{d}x} = \frac{\mathrm{d}(F+vx)}{\mathrm{d}x}$$

由上式可看出，当达到最高利润的产量时，每增加一个销售单位产品所带来的收入等于多生产一个单位产品所增加的费用，即边际收入等于边际费用。若产量继续上升，则会出现边际费用大于边际收入，即利润下降的情况，一直到第二个平衡点。此时，若产量继续上升，则开始亏损。

以上二次函数的平衡点，就构成了企业管理系统管理熵最小（熵变为零）。只有当企业系统发展到盈利区间（x_1，x_3）时，企业系统才进入开放性非平衡态，系统熵变为负，形成管理耗散结构；当系统演化发展到 x_2 时，系统管理负熵达到极大值，此时企业形成最优管理耗散结构。

（二）基于大时空尺度的管理耗散结构的演化

企业系统的演化与发展是基于效率和熵变，也就是成本和收入的差变。当收入大于成本，企业就能得到价值的补偿和增值，实现管理负熵，形成管理耗散结构，企业就能扩大再生产而发展。这个过程充满了不平衡性和不确定性，但是有一点可以肯定，即成本曲线和收入曲线在演化和发展中处于纠缠状态，即演化发展中有多个纠缠交叉点（平衡点），这说明了企业是在多次平衡和不平衡纠缠中发展的。下面的计算就充分说明了这个原理。

假设：$f_1(t)$ 是成本函数，$f_2(t)$ 是利润函数：

$f_1(t) = 0.4 \times \sin(0.8t) + 0.5$

$f_2(t) = 0.2 \times \cos(0.6t + \pi) + 0.5$

计算示例见表6-1。

表6-1　计算示例

时间	3.5	7.9	12.1	16.3
f_1 的值	0.633 995 26	0.514 722 55	0.399 015 9	0.682 447 66
f_2 的值	0.600 969 22	0.494 478 5	0.388 066 98	0.687 513 86

表6-1的图像如图6-6所示。

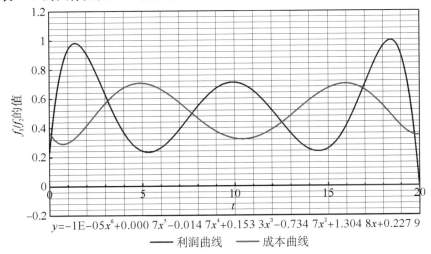

$$y=-1E-05x^6+0.000\ 7x^5-0.014\ 7x^4+0.153\ 3x^3-0.734\ 7x^2+1.304\ 8x+0.227\ 9$$

—— 利润曲线　　—— 成本曲线

图6-6　基于大时空尺度的管理耗散结构演化

通过计算和图像[①]可看出，企业在演化和发展过程中，形成管理耗散结构并得以发展有多个阶段，即从不平衡到平衡再到不平衡的周而复始的运动，推动其耗散结构的形成和发展，进而推动着企业的发展。

五、基于管理耗散结构的企业系统演化

企业系统的管理耗散结构演化发展的过程是一个从封闭性非平衡态（亏损）向平衡态（盈亏平衡）发展的过程。在有效的环境交换和内部动力学特征的推动下，系统在近平衡区产生振荡、不稳定，进而在自组织和他组织共同作用下，继续发展并跃升到开放的非平衡区，形成管理耗散结构，加大与环境的有效交换，克服自身混乱无序状态，获得更大的价值增值和扩大再生产。在扩大再生产的条件下，企业系统继续发展演化到更大规模的平衡态，继续发展，平衡又被打破，于是又发生新的振荡，进一步地进行自组织与他组织的运动，有效地同环境进行更大规模的交换，获得扩大再生产的资源和能量，再克服自身发展中的混乱，跃升为新的更高层级的管理耗散结构。这个过程不断进行，企业系统就得到了不断发展。其在供小于求市场中的演化过程和机理如图6-7所示。

---

① 大时空尺度的管理耗散结构演化的计算和绘图由四川师范大学教授王俊完成。

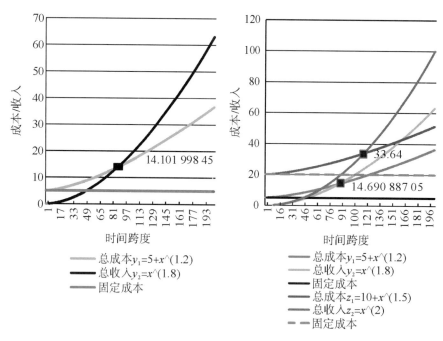

图 6-7　在供小于求市场中基于管理耗散结构的企业系统演化过程和机理

　　图 6-7 中，在由 (x_1, y_1) 决定的第一个盈亏平衡点（企业系统的盈亏平衡点并不是稳定平衡状态，而只是成本支出与企业收入相等的暂时的平衡状态，随着企业的发展很快会被打破，企业系统的发展就是在平衡与非平衡的转化中实现的），形成了企业系统的低层次的平衡态，此时并不形成管理耗散结构，因为平衡不能产生耗散结构①。通过有效的交换、涨落、自组织和他组织的共同作用，企业系统获得了价值增值和扩大再生产的资源和能量，即获得了管理负熵，进而产生了企业系统的管理耗散结构，形成了企业发展的动力。随着发展，企业进入更高级的、规模更大的和更复杂的新的平衡态，即由 (x_2, y_2) 决定的第二个盈亏平衡点。于是，企业系统又开始与环境（市场）发生交换，企业系统产生新的振荡。于是，企业系统通过自组织和他组织，在非平衡和涨落的推动下，形成新的规模更大的有序的管理耗散结构，并向前发展。如果不能获得新的能量发展，企业系统将退化到封闭的非平衡区，并逐渐走向衰亡。

　　基于管理耗散结构的企业系统演化发展过程可表达为：企业系统始于封闭性非平衡区的混沌无序状态，在与环境交换不畅的压力和资本扩张以及自身非线性影响和发展的动力的推动下，向着动态平衡区发展，并在相同的机制下又越过平衡区，向着管理耗散结构发展，进而实现与环境的交换，并得到管理负熵流和价值增值，从而能够补偿自身的耗散而进行扩大再生产。随着演化的继续发展，企业系统又进入更高级更复杂规模更大的新的近平衡区，再度产生与环境交换的不适，又出现新的混沌和振荡。这样在新的环境压力和内部发展等交织的复杂动力学机制的作用

---

　　① 湛垦华，沈小峰. 普利高津与耗散结构理论［M］. 2 版. 西安：陕西科学技术出版社，1998：40.

下，又产生新的自组织和他组织结合优化，在管理负熵和效率递增的基础上，经过巨涨落，企业系统又跃升到新的规模更大的更复杂的耗散结构，形成新的有序的稳定的结构，并向前发展。如此，从一个管理耗散结构向更高级的管理耗散结构、由量变向质变周而复始地发展运动，构成了企业系统演化发展的机制。

另外要特别说明，图6-7中的平衡点具有线性性质，但是在非平衡区内的演化充满了非线性的特点，这在非线性条件下管理耗散结构演化机理中已经说明。可见，企业系统的演化必定呈现出线性和非线性、平衡与非平衡、稳定与非稳定相互转换的矛盾演化特点，矛盾的主要方面决定着系统状态的性质。例如，企业系统的销售收入或成本支出的波动和发展，都具有很复杂的非线性的特点，而在收支平衡时又呈现出线性特点。企业系统的演化必然遵循管理熵和管理耗散结构演化的规律。

任正非说："公司运作应该是一种耗散结构，应该让公司在稳定与不稳定、平衡与非平衡间交替进行，这样公司才能保持活力。"[①] 任正非在经营管理华为公司并使其得到快速发展，成为国际信息产业中的带头者的过程中，感悟到了企业系统演化发展的管理熵结构和管理耗散结构的矛盾运动，平衡与非平衡、稳定与非稳定的辩证对立统一关系，并将其用于指导企业的生产经营管理。

企业系统平衡态演化的机理如图6-8所示。在图6-8中，企业的盈亏平衡点为 a，在 a 点的附近是近平衡区。在这里，企业系统开始振荡并向两个方向发展演化：一方面，企业通过创新和有效地组织生产经营，以及和环境的交换而获得管理负熵流（利润），实现扩大再生产，通过正反馈的放大效应、要素相互间非线性作用和跃升不断发展。其演化趋势如图6-8中的开放性非平衡区发展，轨迹为 $a \rightarrow b_1 \rightarrow c_1 \rightarrow d_1$（或 d_2）。另一方面，也可能由于企业系统的故步自封，或生产经营不再适应市场和环境的需要，与环境的交换被阻绝，系统得不到熵流的补充而逐步向着管理熵值最大化演化发展，最终形成不可逆的管理熵结构，在封闭性非平衡区内，在涨落和非线性扩大的推动下，迅速地走向衰亡，轨迹为 $a \rightarrow b_2 \rightarrow c_4 \rightarrow d_3$（或 d_4）。

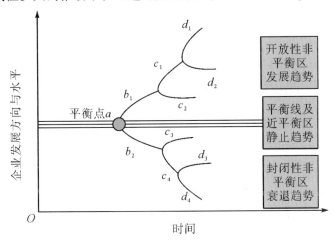

图 6-8　企业系统平衡态演化

① 黄卫伟. 以奋斗者为本［M］. 北京：中信出版社，2016：70.

由此可见，在不稳定的企业系统中，管理耗散结构的出现是企业系统对非平衡条件的响应，而且对于整个系统跃升后重新恢复有序和平衡来说，是一个更有效的机制①。

由于企业系统是自然系统和社会系统相结合的系统，是在自组织和他自组织共同作用下形成的开放的复杂巨系统，因此它不完全遵守非平衡导致有序的定律，我们必须区分不同的情况进行分析。例如，在封闭性非平衡区，非平衡进一步导致无序和无效，而且，越不平衡就越无序、越无效，演化的最后是通过封闭区非平衡发展成更大的混乱和无序，进而形成死亡的终极平衡；在开放性非平衡区，不平衡导致有序和高效率，而且远离平衡就导致更大的有序和更高的效率，使企业系统维持不断扩大的与环境的交换，在价值不断增值和扩大再生产的基础上不断发展。这样不断演化发展，在不同的条件下就构成了"非平衡导致无序"和"非平衡导致有序"两种趋势。

为什么会出现与普利高津耗散结构的"非平衡导致有序的定律"不一致的现象呢？这是因为：

（1）系统性质不同。企业系统并非自然系统，它是由他组织和自组织有机结合而构成的、自然系统与社会系统相统一的开放性复杂巨系统，因此其运动过程在遵循自然规律的同时，还要遵循社会规律。这就是说开放的复杂企业巨系统，既要遵守自然系统的耗散结构规律，也要遵守社会系统的交换规律和价值规律。

（2）演化过程的人类干预。耗散结构揭示了自然系统在自然过程中，能量耗散并与环境交换获得补充能量，从而维持系统有序的规律，或者通过非平衡、混沌、涨落、强大的非线性作用和自组织跃升为新的有序的稳态结构的规律。而管理耗散结构揭示的是人类干预下的企业系统在价值转换、创造过程中的生产、交换、增值和演化发展的规律。

（3）演化发展具有更加复杂的特点。企业系统在演化中与自然系统有很大的差异：首先，企业系统是一个热力学系统，必然遵循热力学规律；其次，企业系统又是一个类生命系统，遵循生命演化的某些规律；最后，企业系统是一个社会生产系统，其系统特征和运动规律不仅具有热力学系统、生命系统的特征和规律，而且还具有社会系统的高级层次所具有的特征和规律，因而更为复杂。

企业系统在演化的运动中，当然并不唯一地遵循耗散结构规律，而遵循自然系统和社会系统相结合的管理耗散结构规律。

第三节　企业系统的生命演化

从企业进化过程来看，企业系统成立初期，规模较小，管理熵的规模也较小。管理熵将随着企业的膨胀而增加。但是，企业膨胀速度很快，使管理熵增长速度慢于企业系统膨胀速度，因此就形成了企业系统极低的管理熵。但是，随着企业发展

---

① 湛垦华，沈小峰. 普利高津与耗散结构理论［M］. 2版. 西安：陕西科学技术出版社，1998：40.

速度放慢，管理熵增速度加快，企业系统将逐渐走向最大管理熵态而形成系统的管理熵结构，走向死亡。也就是说，企业只有保持发展，才能保持低管理熵态。为什么呢？从经济学来看，管理熵是企业物质可利用的价值数量，能利用的价值越多，管理熵就越低，没有可利用的价值，则管理熵就最大。同时，企业管理者的有效动能越大，企业膨胀系数就越大。企业有效膨胀越快，说明企业系统动能越大而可利用的资本、技术和物质价值越多，因此企业管理熵越低。可见，企业有效发展而带来的低管理熵态，就是企业系统生命演化的动力学特征。

一、企业系统的发展特征

企业系统既是一个社会生产系统，又是一个类生命组织系统。生命系统是自然系统的最高级形式，是指具有一定智慧的能独立与其所处的环境进行物质、能量与信息交换，并在此基础上实现内部的有序发展与繁殖的系统。企业系统是人工组织。一经组织起来，它便具有了自己的运动规律和某些生命的特征，例如它有一定的智慧，能感知环境的变化，能与其所处的环境进行物质、能量和信息的交换，也能够在交换的基础上实现内部的有序、发展和增值，同时，它也具有生与死的生命历程的现象。因此，可以说企业系统是一种具有一定的生物生命特征的类生命组织。企业的类生命组织系统说明了企业系统必然遵循管理熵和管理耗散结构的规律。

二、企业系统生命演化的可逆性原理

企业系统生命演化与生物体生命演化从本质上来讲是不同的。个体生命系统虽然是开放的，但在自然过程中仍然具有不可逆性。而开放的企业系统只是类生命体的社会组织，虽然具有某些生命特征，但在人的干预下，其演化并不完全是自然过程，也不完全是自组织过程，不完全遵循不可逆规律。也就是说，企业系统生命在自组织和他组织的共同作用下，存在多种演化路径和多种状态。例如，有些企业不断发展，有些企业停滞发展或维持现状，有些企业走向死亡，还有一些企业甚至可以起死回生。企业系统的生命演化在一定条件下是可逆的。

为什么会出现这些不同的现象和发展趋势呢？生物的生命系统虽然以负熵为食，通过流入负熵而存在，但是生命系统的组成要素将不断老化以至不能继续分裂、修复和更新，进而不能继续转化和利用新流入的能量，不能获得负熵。最后，生命系统混乱无序达到最大熵值而死亡。企业系统却不是这样演化的。在自组织与他组织相互纠缠和相互作用下，企业系统的组成要素可以不断地分裂、修复和更新，不断地恢复和保持活力，因而在与环境交换中，可将不断流入的物质、能量和信息进行转化和利用，不断地维持或生成管理负熵，从而不断发展。可见，企业生命长期存在和发展的根本原因就是企业系统生命演化的内部要素的可再生性，以及管理熵变矛盾斗争。

前面我们已经阐述了企业系统在平衡点和近平衡区演化的两个方向。在近平衡

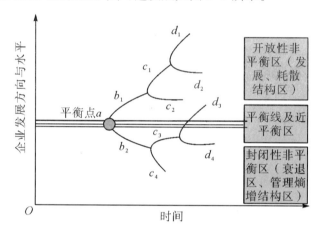

区里，企业系统向两个方向发展演化。一方面，企业系统通过创新和有效的组织生产经营，以及和环境顺利的交换而获得管理负熵流（利润、技术、人才、创新等），在抵消系统内部自然过程的不可逆性的管理熵增条件下，并通过自组织和他组织的共同作用，形成了充盈着管理负熵的管理耗散结构，从而实现扩大再生产，并且通过非线性作用和涨落跃升，不断发展。另一方面，企业系统因故步自封，或生产经营不再适应市场和环境的需要，得不到管理负熵流的补充而逐步向着管理熵值最大化演化发展，最终形成管理熵结构，向着封闭性非平衡区发展。最后，在非线性扩大的推动下，企业迅速地走向衰亡。随后我们又证明了在大尺度时空中，企业演化发展过程具有多个开放性非线性区和平衡点。

企业系统的生命演化并不像一切自然系统那样具有不可逆性。其演化并不完全是自然过程，在很大程度上是人工干预的过程，所以在一定的非自然组织和非自然过程条件下能够实现可逆发展。其可逆发展如图6-9所示。

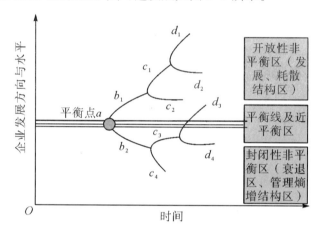

图6-9 企业系统生命演化可逆图示

由图6-9可知，企业系统的生命演化到封闭性非平衡区时，并不一定是向着终极混乱，即死亡的方向发展。在自组织和他组织的交织纠缠干预下，只要重新获得交换而补充新的资源或负管理熵，就可能出现可逆发展趋势，重新跃升进入开放性非平衡区，此时，企业系统通过创新和结构调整，重新恢复了与环境（市场）的有效交换，获得新的由价值增值带来的负管理熵变，重新形成管理耗散结构而恢复生命力。

在企业系统的演化过程中，管理系统的干预是决定企业系统生命发展的力量。只要管理者能够抓住主要矛盾和矛盾的主要方面，能科学地决策和执行，就能促进企业的技术、制度、产品以及生产经营结构的创新和改变，促进企业系统与环境的关系改变，形成和谐互动的交换机制，使企业系统中形成管理熵的主要要素，即成本、收入和效率之间的关系发生改变。

由管理熵理论可知，当企业处于不可逆状态时，管理熵增加，管理熵结构形成，生命走向衰亡；当企业处于平衡态时，管理熵不增加，生命演化停滞；当企业处于可逆状态时，管理熵减少（或管理负熵增加），管理耗散结构形成，生命继续

发展。其公式表示为

$$MS_2 - MS_1 = \Delta MS \begin{cases} > 0 \\ = 0 \\ < 0 \end{cases}$$

三、管理熵变、企业系统生命演化与第八定律

管理熵变是指企业系统运行过程中，必然出现的管理熵性质和数量的改变。管理熵变对企业系统的生命演化和发展具有决定性意义。

我们知道世界上不乏高寿的公司，如瑞典得斯托拉造纸和化学公司，始建于13 世纪；英国剑桥大学出版社已有近 500 年历史；美国的杜邦公司已有近 200 年历史；法国的法拉宾庄园啤酒建立于 1270 年；中国的剑南春始于南齐唐代，至今有一千多年；等等。但是全世界绝大多数企业的生命是不长的。不仅大部分企业的生命周期短，能做大做强的企业更是寥寥无几。

企业系统是一个类似生命的开放的经济系统，具有可逆过程。这在前面我们已阐述清楚，但是有一个现象值得我们深入研究，这就是为什么有些企业的生命长而有些企业的生命短？是什么规律和机制决定着企业的生命长短和演化方向呢？查尔斯·达尔文说："能够生存下来的不是最强壮的物种，而是那些能适应变化的物种。"企业的生存和发展是不是也这样呢？

我们可以对企业系统的生命运动的演化规律和动力学特征进行描述：企业系统的发展状态和过程决定于系统内部的管理熵变，以及由此而形成的管理熵结构或管理耗散结构。当系统管理熵变符号为正，且数量增加时，系统的管理熵结构就形成了，系统效率降低，与环境交换受阻，内部混乱无序，进而向着衰亡的方向发展；当系统管理熵变符号为负且绝对值数量维持或增加，系统的管理耗散结构就形成了，系统效率保持或增加，与环境交换顺畅而有效，系统内部产生的混乱不断被克服，进而推动系统保持有序或走向更加有序。可见，企业系统的生命周期就是这样，在内部管理熵变的矛盾运动中、在系统组织的管理熵结构和管理耗散结构的矛盾冲突中不断发展。

企业系统生命演化发展的动力的来源就是内在发展驱动和外在环境压力。企业系统就是在发展需求和环境压力的综合作用下，内部产生非线性和非平衡态，进而促使管理熵变，跃升为管理耗散结构，从而得到发展。

由此可得到企业系统生命演化的管理熵学第八定律——企业系统生命可逆定律。其表述为：①开放的企业系统生命演化和发展是可逆的；②其可逆性和发展方向是由管理熵变性质和规模决定的；③管理熵变的性质与程度是由企业系统物质价值转化和增值竞争的效率与速度决定的。

四、企业系统生命演化的哲学讨论

前面我们从企业系统的自然属性方面，即通过管理熵变对企业系统的生命演化

发展进行了深刻的探讨，但是，企业系统的生命还有其社会属性方面，还需从哲学意义上进行探讨。

美国著名的智库——兰德公司花费了 20 年的时间跟踪世界 500 家大公司，发现百年不衰的长寿企业都具有一个共同的特征，从管理哲学的意义上讲，就是树立了超越利润的社会目标，不以利润为企业管理的唯一追求。我们总结为以下三条管理哲学：一是人的价值高于物的价值，二是共同的价值高于个人的价值，三是客户价值和社会价值高于企业的生产价值和利润价值。

中国的长寿企业，例如创立于 1672 年的荣宝斋前身为"松竹斋"，1894 年松竹斋开设连号"荣宝斋"。以经营文房四宝起家，荣宝斋现已成长为一家集书画经营、文房用品、装裱修复、拍卖典当、出版、展览、教育、电商、文创等业务于一身的综合性文化企业。

创建于 1888 年的李锦记，起初不过是珠海南水镇一个村庄的蚝油生产小作坊。历经 130 余年风雨，如今的李锦记在中国、美国、马来西亚都设有生产厂，旗下 200 多种风味各异的调料产品和保健品已行销至世界 100 多个国家和地区。在美国，李锦记的蚝油占据 80% 的市场份额。其经营哲学中的核心使命和价值观，就是"思利及人"。所谓"思利及人，简单地说，就是做事情、看问题要站在对方的角度考虑。"李锦记集团执行董事李惠雄这样说。

北京同仁堂是中药行业著名的老字号，创建于康熙八年（1669 年）。在 300 多年的风雨历程中，历代同仁堂人始终恪守"炮制虽繁必不敢省人工，品味虽贵必不敢减物力"的古训，树立"修合无人见，存心有天知"的自律意识，这些经营哲理的核心价值观，造就了同仁堂在制药过程中兢兢业业、精益求精的精神。其产品以"配方独特、选料上乘、工艺精湛、疗效显著"而享誉海内外使企业在激烈的竞争中得以长寿。

我们认为，能够持续成长的长寿公司尽管总是不断地创新，不断地适应着变化的外部环境，不断地保持着与环境的顺畅交换，但是始终保持稳定不变的是老老实实经营（不是投机的）、为顾客和社会服务的哲理。

保持初心并能开拓进取，这就是超越利润最大化的企业经营核心价值观和基本目标，是企业的基本文化和精神。与环境相适应而变化的是企业自组织系统的自然属性，不变的是企业的他组织系统的社会属性和核心哲理。这是管理的哲学理念。

成本效率是企业发展的经济技术基础，经营哲学理念是企业的价值取向，是企业的发展方向。方向正确而基础强大，则企业系统就会得到有效的管理负熵增而发展。如果经济技术基础与企业发展方向相背离，企业会走向衰败。

企业的经营哲理和核心价值观，能够有效地促进企业系统更好地完成生产，并与环境（市场）交换，从而获得更多的管理负熵流，保持其管理耗散结构。企业系统的管理熵变和管理耗散结构的形成，不仅与企业的开放性和生产经营效率相关，也同企业经营的核心的哲学理念相关，和企业精神相关。

企业生命依赖正确的经营哲理和开放、创新获得管理负熵而存在和发展。这与前面我们讲的效率和速度决定了组织的生命并不矛盾，因为管理负熵流入企业的程度决定于企业的效率和速度，而效率和速度不仅依赖于由科技构成的技术组织条件，也依赖于人的精神和文化组织条件。

因此，要谋求企业及其管理系统的持久发展，必须将之作为一个复杂的自然属性和社会属性相纠缠的类生命体来看待，通过正确的经营哲理引领创新和创造价值来实现其生命的意义，从而使其获得存在和发展的基础，进而形成管理耗散结构，使其生命能长久延续，能够在较长的时间内保持持续竞争优势。

第七章 基于管理熵的管理
测量分析原理与模型

　　管理是科学吗？管理可以量化测量吗？管理在生产力结构中、价值创造和企业绩效中的作用可以分离出来吗？过去这个问题一直未能得到有效解决，从而阻碍着管理科学的发展。本章就管理要素在生产力要素中的作用、产出和绩效贡献，以及企业发展和大型工程的综合集成评估等量化和评价问题进行研究和讨论。

第一节　管理要素价值理论及测量模型

一、一个管理科学的难题

　　管理的作用和其所创造价值的量化问题，一直都是管理学中难以解决和令人困惑的问题，也是一些科学家和管理学家不认为管理是科学的原因。

　　没有有效的管理，生产要素就不能有效地组织起来，因此也就不能有效地进行社会化大生产，技术创新也不能发挥作用。为什么呢？因为人类的生产方式，从来都是在分工条件下的社会生产（原始社会也是如此。只是不同的社会发展阶段，生产工具和劳动对象的发展，使分工生产出现不同的性质、深度和广度）。分工必须组织起来完成协同，才能实现完整的生产。分工越精细，协同就越一致。要将分工和协同有效地结合起来，完成全部的生产过程，必须有严密的组织和管理，也就是在强有力的计划、组织、指挥、协调和控制的作用下，将分工的劳动凝聚成统一的劳动，从而实现社会化的生产。

　　然而，由于管理要素在生产经营过程中将自己的劳动和价值全部转移到其他物态生产要素之中，是作用于生产过程以及其他生产要素之上的一种非线性的，涉及人而具有很强的复杂性和不确定性的要素，同时它又是科学性、技术性、艺术性、思想性和经验性的结合，因此人们难以直接观察到管理的价值创造，只能通过比较而感受。就像控制论中的黑箱一样，由于不能直接观察，就通过观察黑箱中"输入""输出"的变量的变化，得出关于黑箱内部情况的推断。

　　例如，一组工人对一定数量的零件用几台机器进行随意加工，得到成果 x_1；这组工人对同样数量的零件用同样的设备进行加工，但是加工过程按照工艺流程管理的要求进行，得到成果 x_2。由于有序做功大于无序做功，因此 $x_2 > x_1$，$\Delta x = x_2 - x_1$，可以

确定 Δx 就是管理的贡献或价值。其他管理工作也可以这样进行分解、剥离和判断。

过去，管理在生产过程中创造的价值不能被准确量化出来，使管理在价值创造过程中处于一种模糊的状态，这也是管理学不被一些人承认的主要原因。甚至连管理学界自己都认为，管理在价值创造过程中不能被准确测量，所以，美国著名管理学家德鲁克将自己的管理学派称为经验学派，也只好说"管理是不精确的科学"。同样，著名管理学家哈罗德·孔茨也说："指导管理的科学理论相当粗糙，不够精确。"[①]

在计算生产经营中的劳动成果和价值创造时，怎样才能将管理从其他生产要素中剥离出来，直接精确地量化其创造的价值呢？

二、可测量管理要素价值论的提出

（一）管理要素在生产力构成中的作用

马克思在他的著作中对构成生产劳动过程和生产力的要素有精辟的阐述。他指出："劳动力的使用就是劳动本身。"劳动首先是人和自然之间的过程，是人以自身的活动来引起、调整和控制人和自然之间的物质变换的过程。劳动过程的简单要素是：有目的的活动或劳动本身，劳动对象和劳动资料。劳动者、劳动资料和劳动对象是构成生产力的简单的、普遍的、基本的要素，在现实生产力中，它们所处的地位是不同的。劳动者在诸要素中居于主体地位。马克思指出："主体是人，客体是自然"，"生产工具，也是过去的、客体化了的劳动"。尽管劳动资料和劳动对象也是生产力中必不可少的要素，但它们如果不为活劳动所运用，就是一堆死的东西。"活劳动必须抓住这些东西，使它们由死复生，使它们从仅仅是可能的使用价值变为现实的和起作用的使用价值。"[②]

另外，列昂惕夫（Leontief）生产函数和柯布-道格拉斯（Cobb-Douglas）生产函数的构建，以及全要素生产力理论中的索洛余值理论也都充分反映了生产中劳动力、生产工具与劳动对象及技术所构成的生产力之间的关系，以及它们在生产和价值创造中的作用。例如，列昂惕夫生产函数 $Q = \min\left\{\dfrac{L}{U},\ \dfrac{K}{V}\right\}$。其中，$Q$ 表示一种产品的产量，L 和 K 分别表示劳动和资本的投入量，U 和 V 分别表示固定的劳动和资本的生产技术系数，它们分别表示生产一单位产品所需要的固定的劳动投入量和资本投入量。再如柯布-道格拉斯生产函数 $Q = AK^{\alpha}L^{\beta}$。其中，A、α、β 都是常数，α 和 β 分别为资本和劳动投入的产量弹性，即资本（劳动）投入增加 1%，产量就增加 $\alpha\%(\beta\%)$。A 有时用来表示技术进步因素。这里可以看出，无论是马克思经济学还是西方经济学，对生产力构成要素的结论基本是相同的，所不同的是马克思更强调活劳动的决定性作用，从而揭示了生产的本质。

---

① 孔茨，韦里克. 管理学 [M]. 10 版. 张晓君，陶新权，等译. 北京：经济科学出版社，1998：8.

② 中共中央马克思恩格斯列宁斯大林著作编译局. 马克思资本论：第 1 卷 [M]. 北京：人民出版社，1975：207-208.

然而，如果劳动者、劳动资料和劳动对象及技术等生产要素在生产过程中不能有效地进行生产组织，那么它们便是无序的堆积，不能真正地构成现实的生产力和产生价值的增值。只有当这些要素通过一定的管理组织与控制模式，形成生产组织与生产过程、劳动组织与劳动过程，才能最终形成完整的生产链和价值增值链，才可能产生现实的生产力和实现价值创造。也就是说，管理是生产力形成必不可少的客观生产要素，而且是决定性要素。

（二）管理要素作用于生产经营系统价值创造链的机理

1. 管理要素作用于生产经营系统价值创造的机理模型

机理是指为实现某一特定功能，一定的系统结构中各要素的内在工作方式以及诸要素在一定环境条件下相互联系、相互作用的运行规则和原理。管理要素作用于生产经营系统价值创造链的机理模型见图7-1。

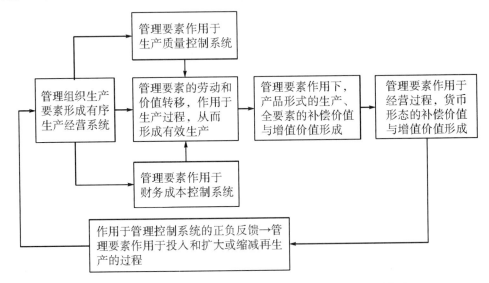

图7-1 管理要素作用于生产经营系统价值创造链的机理模型

2. 管理要素在生产经营系统机理模型中作用的动力学特点

企业系统内在的生产力和技术的发展需求、资本盈利和扩大规模的原始冲动、生产过程组织效率的要求，这三方面推动形成了系统的内生动力，而系统环境和竞争压力形成了系统的外生动力。在两大动力的相互作用下，管理要素作用于生产经营系统的机理模型的动力学特点可以用函数关系表示：

$$MQ = f(\eta, \ p, \ k, \ c, \ t)$$

式中，MQ代表生产经营管理系统动力函数，η代表组织效率要求，p代表生产力和技术发展需求，k代表资本原动力，c代表竞争压力，t代表时间。该函数关系说明了模型运动的动力来源和它们之间的相互作用关系。

3. 管理要素作用于生产经营系统的矛盾机制

机制本质上是系统各要素相互耦合和相对运动的相关关系，在运动中表现为系统各个要素之间的矛盾关系。管理系统包括管理主体和管理客体两大要素。在组织生产经营过程中，两大要素的主要矛盾表现为多种具体矛盾：管理主客体在管理过程中的合作与对抗、管理系统的有序与无序、管理系统作用的有效性与无效性、管理过程中的协同与离散、管理熵结构与管理耗散结构、管理系统和过程的复杂性与简单性、管理系统的经济基础与上层建筑之间的矛盾运动。这些矛盾关系和相互运动，决定了管理要素作用于生产经营系统的机理，也决定了生产经营系统的响应机制。矛盾分为主要方面和次要方面，抓住矛盾的主要方面、解决主要矛盾就决定了管理作用于生产经营系统的主要性质和运动方向。在一定时期内，矛盾的作用是不同的，管理就是要在一定时期内，解决或缓解系统运行机制中的主要矛盾，促使矛盾双方按管理目标的需要转换。

4. 管理要素对生产力作用的特点

管理对生产力的作用是复杂的，在系统运行过程中表现出以下特点：

（1）管理要素的转移性。

管理在生产过程中，通过资源配置和组织方式，将自己的劳动和价值转移到其他生产要素之上，共同形成生产经营中转移价值（成本），同时与其他劳动共同创造新价值（剩余价值或利润）。

（2）管理要素作用的复杂性。

管理对其他生产要素的组织作用的方式具有非线性、不平衡性、不确定性，其过程充满复杂性，并呈现出难以直接观测的特点。

（3）管理要素作用的方向性。

管理对其他生产要素的组织控制作用方向是双向的，既可能形成有序的生产系统，也可能形成无序的生产系统；既可能在生产系统中起到扩大投资和扩大价值创造的作用，也可能起到约束作用。

三、全要素生产力中管理要素贡献测量模型

（一）管理要素在生产中的贡献计算模型[①]

既然管理要素是生产要素的一种，同其他生产要素共同形成了生产力，那么管理要素在生产中的贡献也是可以测量的。根据经济学理论，对生产要素贡献的计量主要有两大类方法。一是非参数效率评价方法，其思路是运用数据包络分析（DEA）方法和曼奎斯特（Malmquist）指数法分解各种投入产出要素的效率边界，计算出生产效率变化及其贡献。这种方法不需要事先设定生产函数的性质，也不需要事先确定各种投入的权重。二是参数效率评价方法，其思路是利用柯布-道格拉斯生产函数和索洛余值法，算出企业、组织或地区不同生产要素投入对经济增长的贡献。我们采用后一种方法来分析管理要素对产出增长的贡献。

根据柯布-道格拉斯生产函数，企业产出 $Y = AK\alpha L\beta$。其中，Y 为产量；K 为资本的投入量；L 为劳动的投入量；A 是广义技术进步系数，反映社会文化制度、企业制度、技术进步、管理等多种要素投入的共同作用结果；α 是劳动所得在总产量中所占的份额；β 是资本所得在总产量中所占的份额。柯布-道格拉斯生产函数也

[①] 数据收集和计算由任佩瑜教授的学生叶彬博士完成。

称为全要素生产率函数。

美国经济学家索洛于 1975 年提出了测量广义技术进步贡献的方法——索洛余值法。他认为，估算出产出的生产函数后，采用产出增长率扣除各投入要素增长率后的残差，可得出广义技术进步的增长。计算公式为

$$\frac{\Delta Y}{Y} = \frac{\Delta A}{A} + \alpha \frac{\Delta K}{K} + \beta \frac{\Delta L}{L} \qquad (7-1)$$

产出的增长率 $\Delta Y/Y$ 可分解为以下三大部分：

①广义技术进步的贡献 $\Delta A/A$；

②资本增长的贡献 $\alpha \Delta K/K$；

③劳动力的贡献 $\beta \Delta L/L$。

在实证研究中，我们通过收集数据，可获得 $\Delta Y/Y$、$\Delta L/L$、$\Delta K/K$，并可用回归分析方法求出 α 和 β，进而求出 $\Delta A/A$。

索洛余值法为进一步研究管理在产出增长中的贡献提供了思路。

李子奈等[①]的理论分析，以及荆树伟等[②]、陈武[③]的研究，都指出了外部环境的法律、文化、制度等要素在企业产出中的作用。我们可进一步分解广义技术进步系数 A，把它分解成环境要素（包括技术进步、环境等其他诸多要素）和管理要素，即

$$Y = A'K^{\alpha}L^{\beta}E^{\gamma} \qquad (7-2)$$

式中，Y、K、L、α、β 的含义与式（7-1）相同，E 指除了管理要素外的其他各种行业和外部环境的制度、文化、国内外形势等要素投入的共同作用结果，γ 是其产出弹性系数，A' 代表管理要素对产出的贡献。

对式（7-2）两端取对数并进行变形，可得

$$\frac{\Delta Y}{Y} = \frac{\Delta A'}{A'} + \alpha \frac{\Delta K}{K} + \beta \frac{\Delta L}{L} + \gamma \frac{\Delta E}{E} \qquad (7-3)$$

我们通过收集数据可获得 $\Delta Y/Y$、$\Delta L/L$、$\Delta K/K$、$\Delta E/E$，并可用回归分析方法求出 α、β 和 γ，进而求出 $\Delta A'/A'$，即管理要素对产出的增长率，再根据（$\Delta A'/A'$）/（$\Delta Y/Y$）即可得出管理要素在产出增长中的贡献。

对式（7-3）进行变形处理，可得到管理要素对产出增长的贡献，用代数式表示为

$$\frac{\Delta A'}{A'} = \frac{\Delta Y}{Y} - \alpha \frac{\Delta K}{K} - \beta \frac{\Delta L}{L} - \gamma \frac{\Delta E}{E} \qquad (7-4)$$

也就是，管理要素贡献=企业产出增长-资本要素贡献-劳动要素贡献-环境要素的贡献。

---

① 李子奈，鲁传一. 管理创新在经济增长中贡献的定量分析［J］. 清华大学学报（哲学社会科学版），2002（2）：25-31.

② 荆树伟，牛占文. 管理创新对企业创新贡献的定量研究［J］. 科技进步与对策，2015（16）：105-109.

③ 陈武. 基于企业绩效贡献的管理创新成效评价［J］. 技术经济与管理研究，2015（3）：37-42.

（二）管理要素贡献的回归分析拟合

我们在上市公司中选取宝山钢铁股份有限公司（简称"宝钢股份"）作为样本进行实证研究。宝钢股份的主营业务为钢铁制造、加工配送等，所属的细分行业为黑色金属冶炼及压延加工业。表7-1中的数据来自2002—2016年宝钢股份的年报。

我们选取如表7-2所示的指标对表7-1中的数据进行回归分析。

表 7-1　2002—2016 年各指标原始数据

年份	营业收入 /亿元	平均固定资产 /亿元	员工总人数 /人	行业投入 产出比
2002	338.766 1	484.122 9	15 693	0.674 3
2003	444.603 7	458.373 7	15 325	0.851 4
2004	586.380 6	405.381 8	15 391	1.074 9
2005	1 266.083 6	586.604 4	38 875	1.139 5
2006	1 623.255 7	781.401 2	38 720	1.114 7
2007	1 915.589 9	790.463 3	40 059	1.200 5
2008	2 006.380 1	953.698 1	43 789	1.297 2
2009	1 485.252 7	1 123.268 9	42 318	1.070 6
2010	2 024.134 5	1 166.014 6	42 308	1.185 0
2011	2 228.565 5	1 165.541 9	41 919	1.266 9
2012	1 915.121 4	974.056 9	32 598	1.229 9
2013	1 900.259 7	828.291 2	37 487	1.218 4
2014	1 877.890 1	845.576 1	37 838	1.139 2
2015	1 641.171 4	869.822 8	38 089	0.973 0
2016	1 857.102 9	1 045.848 9	37 183	0.975 6

表 7-2　模型参数及指标

模型参数	衡量指标	数据来源	备注
Y	营业收入	利润表	
K	平均固定资产	资产负债表	平均固定资产＝（期初余额+期末余额）/2
L	员工总人数	公司年报	董事、监事、高级管理人员和员工人数
E	外部环境要素，以行业投入产出比衡量	国家统计局网站	行业投入产出比＝主营业务收入/资产总计

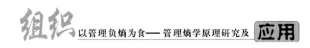

我们运用 Stata 15 软件进行回归分析，结果如表 7-3 所示。

表 7-3 回归分析结果

指标	营业收入
平均固定资产	0.497* (2.32)
员工总人数	0.706** (3.17)
行业投入产出比	1.168** (3.76)
系数 cons	−3.530* (−2.43)
N	15

注: $^*\ p < 0.05$, $^{**}\ p < 0.01$, $^{***}\ p < 0.001$。

我们根据表 7-3 可得回归分析模型：

$$y=-3.530+0.497k+0.706l+1.168e \qquad (7-5)$$
$$(-2.43)\ \ (2.32)\ \ (3.17)\ \ (3.76)$$

其中，y、k、l、e 分别代表取对数后的 Y、K、L、E。

我们把式（7-5）数据代入式（7-4），并根据管理要素对产出增长的贡献率＝（$\Delta A'/A'$）／（$\Delta Y/Y$）可得出管理要素在产出增长中的贡献（结果如表 7-4 所示）。

表 7-4 管理要素对产出增长的贡献

年份	营业收入增长率/%	固定资产增长率/%	员工人数增长率/%	环境要素增长率/%	管理要素增长率/%	管理要素对产出增长的贡献率/%
2003	27.19	−5.47	−0.25	23.32	2.84	10.43
2004	27.68	−12.29	0.04	23.31	6.52	23.56
2005	76.97	36.95	9.18	5.83	45.32	58.88
2006	24.85	28.67	−0.04	−2.20	13.20	53.12
2007	16.56	1.15	0.32	7.42	7.10	42.85
2008	4.63	18.77	0.84	7.75	−14.34	−309.75
2009	−30.07	16.37	−0.32	−19.20	−15.56	51.73
2010	30.96	3.73	0	10.15	17.25	55.71
2011	9.62	−0.04	−0.09	6.68	1.90	19.73
2012	−15.16	−17.95	−2.39	−2.96	−1.09	7.18
2013	−0.78	−16.21	1.34	−0.94	7.43	−954.13
2014	−1.18	2.07	0.09	−6.72	5.57	−470.51

表7-4(续)

年份	营业收入 增长率/%	固定资产 增长率/%	员工人数 增长率/%	环境要素 增长率/%	管理要素 增长率/%	管理要素 对产出 增长的 贡献率/%
2015	−13.47	2.83	0.06	−15.77	3.50	−25.95
2016	12.36	18.43	−0.23	0.26	3.05	24.71

表7-4显示，2003—2007年，管理要素对产量增长的贡献较大，最高达到58.88%。在2008年、2013—2015年，管理对产出增长的贡献出现较大的负值，原因各有不同。

2008年主要是因为受到美国次贷危机影响，我国钢铁行业步入寒冬，出口增速回落，全年钢材出口下降50%以上。2008年9月18日，国内钢铁龙头宝钢股份宣布，下调钢铁产品价格。10月，河北钢铁、首钢、山东钢铁、安阳钢铁四大钢厂传出当月减产20%的消息。这种管理层主动通过降价、减产来保市场、保利润的管理措施，不可避免会对产出增长造成较大影响。

2013—2015年，管理要素对产出增长的贡献出现较大幅度下滑主要是因为，从2012年起我国国内生产总值（GDP）增速开始回落，经济运行从高速增长转为中高速增长，经济结构优化升级，从要素驱动、投资驱动转向创新驱动。在此背景下，钢铁产能过剩现象较为突出。2015年，我国粗钢产能利用率仅为67.0%，较2010年下降15个百分点，比全球平均水平低约3个百分点，处于产能严重过剩状态。为此，钢铁企业采取淘汰落后产能、置换新产能、兼并重组等多种措施应对困境。2016年2月，国务院印发《关于钢铁行业化解过剩产能实现脱困发展的意见》，提出用3~5年时间压减钢铁产能1亿~1.5亿吨的目标。当年12月7日，宝山钢铁股份有限公司和武汉钢铁股份有限公司发布公告宣布合并，带来规模、协同效应，也提升了行业集中度。在多种管理措施的共同作用下，2016年，宝钢股份的管理要素对产出增长的贡献率也恢复至24.71%。

四、基于管理熵的管理绩效测量模型

前面我们讨论了管理对企业生产力和产出增长贡献的测量模型。为了能够精确测量管理在生产经营过程中对绩效或利润的贡献，我们从以成本为代表的生产全要素结构和管理熵出发，测量包括管理要素在内的各生产要素的价值创造，以及对系统的序度的贡献，并设计了全要素成本收入和管理熵值分配结构计算公式，用系统解构分析的方式来求得各要素的价值和它们对系统序度的贡献。

成本收入（cost income，CI）和管理熵值（MS）分配结构是指，在生产经营管理过程中，全部生产要素以成本形式参与价值以及系统序度创造时，各要素的贡献及其相互的关系。换言之，就是利用全要素系统结构及其系数，将利润和产生的管理熵值，分配到各个生产要素上，来分析各要素产生的利润量和管理熵值，以便

精确地计算各要素（包括管理）的贡献度。

研究全要素成本收入和管理熵值分配结构，须将复杂的管理系统中的线性关系和非线性关系集成起来。全要素成本收入分配和管理熵值结构的公式如下：

$$\begin{cases} I_i = I \cdot \dfrac{C_i}{\sum\limits_{i=1}^{n} C_i} > 0 \\[4mm] \mathrm{MS}_i = -k_i \ln \dfrac{I_i}{C_i} < 0 \end{cases}$$

式中：

I 表示总收入，即一定时期企业创造的总价值；

I_i 表示第 i 项收入；

C_i 表示第 i 项成本；

k_i 代表管理熵系数，表示每一项资金周转率。

为了证明成本收入和管理熵值分配结构能够精确地测量和分析企业各生产要素的价值贡献及系统序度贡献，我们分别设计了两个相关联的例题进行计算验证。

【例 7-1】某科技企业当年总收入 I 为 3 000 万元，消耗成本 C 为 2 000 万元，成本结构 C_i。其中，C_1 为原材料费用 1 000 万元，C_2 为折旧费用 200 万元，C_3 为能源动力费用 150 万元，C_4 为生产人员工资 510 万元，C_5 为经营管理费用 140 万元。管理熵系数为 k_i，在本例中，k_1 为 0.325，k_2 为 0.15，k_3 为 0.075，k_4 为 0.25，k_5 为 0.2。试计算各成本要素所创造的利润和管理熵值。

解：

$$I_i = I \cdot \frac{C_i}{\sum\limits_{i=1}^{n} C_i}; \quad \mathrm{MS}_i = -k_i \ln \frac{I_i}{C_i}$$

列表进行计算，结果见表 7-5。

表 7-5 某科技企业全要素成本收入和管理熵值分配结构计算结果

全要素成本结构	C_i/万元	$\dfrac{C_i}{\sum\limits_{i=1}^{5} C_i}$	I		I_i/万元	k_i	$-k_i \ln \dfrac{I_i}{C_i}$
C_1	1 000	0.5		I_1	1 500	0.325	-0.13
C_2	200	0.1		I_2	300	0.15	-0.06
C_3	150	0.075	3 000	I_3	225	0.075	-0.03
C_4	510	0.255		I_4	765	0.25	-0.10
C_5	140	0.07		I_5	210	0.2	-0.08
	$\sum\limits_{i=1}^{5} C_i = 2\,000$	$\dfrac{C_i}{\sum\limits_{i=1}^{5} C_i} = 1$			$\sum\limits_{i=1}^{5} I_i = 3\,000$	$\sum\limits_{i=1}^{5} k_i = 1$	$\sum\limits_{i=1}^{5} \mathrm{MS}_i = -0.4$

由表 7-5 可知，C_1 对收入的贡献 I_1 为 1 500 万元，对 MS_1 的贡献为 -0.13；C_2 对收入的贡献 I_2 为 300 万元，对 MS_2 的贡献为 -0.06；C_3 对收入的贡献 I_3 为 225 万元，对 MS_3 的贡献为 -0.03；C_4 对收入的贡献 I_4 为 765 万元，对 MS_4 的贡献为 -0.10；C_5 对收入的贡献 I_5 为 210 万元，对 MS_5 的贡献为 -0.08。

在本例中，全要素成本都能产生收入，其中，管理在收入结构中的贡献为 210 万元，其贡献率为 7%；对管理熵值的贡献为 -0.08，贡献率为 2%。我们得出的结论是：该企业的管理系统的效率较好，系统呈有序状态。如果我们对管理成本和其贡献的收入进一步细分，可以得到更微观精确的结构分析。

【例 7-2】根据【例 7-1】中计算出的管理的宏观贡献值，进一步进行结构分解，分析管理各功能子系统对收入做出的贡献。【例 7-1】中计算的管理的总成本为 140 万元，产生的总收入为 210 万元。现设管理要素成本支出由 $MC_i (i = 1, 2, 3, 4, 5)$ 五个方面构成，其计算结果如表 7-6 所示。

表 7-6　某科技企业管理全要素成本收入及管理熵值分配结构计算结果

管理全要素成本结构	C_i/万元	$\dfrac{C_i}{\sum\limits_{i=1}^{5} C_i}$	I		I_i/万元	k_i	$-k_i \ln \dfrac{I_i}{C_i}$
生产管理 MC_1	45	0.32		I_1	67.2	0.12	-0.048
营销管理 MC_2	55	0.39		I_2	81.9	0.15	-0.06
财务管理 MC_3	12	0.09	210	I_3	18.9	0.07	-0.03
行政管理 MC_4	10	0.07		I_4	14.7	0.03	-0.01
决策管理 MC_5	18	0.13		I_5	27.3	0.3	-0.13
	$\sum\limits_{i=1}^{5} C_i = 140$	$\dfrac{C_i}{\sum\limits_{i=1}^{5} C_i} = 1$			$\sum\limits_{i=1}^{5} I_i = 210$	$\sum\limits_{i=1}^{5} k_i = 1$	$\sum\limits_{i=1}^{5} MS_i = -0.3$

从表 7-6 可以看出，整个管理系统的管理熵值为 -0.3，说明管理系统是有序的和有效的，管理的成本收入率是合理的；决策管理作用最大，对管理效益的贡献为 27.3 万元，对管理熵的贡献为 -0.13；其次是营销管理和生产管理，对管理效益的贡献分别为 81.9 万元和 67.2 万元，其管理熵贡献分别是 -0.06 和 0.048，占比分别为 20% 和 16%。综上，该科技企业进一步加强科学决策，加强营销和生产管理，将会使企业管理系统的效益贡献更大，使管理系统更有序和更有效。

这里有个疑问。在上述公式中，是否成本越大，价值（收入）创造就越大？这并不符合客观情况，或并不符合控制成本的要求。其实在公式里面，已对此进行了限定，也就是根据管理熵变为负对成本和收入之间的关系进行了规定，成本增大就一定会导致管理熵增，因此，各项成本增加都是有一定限度的。

第二节 基于管理熵的企业系统发展趋势测量

一、企业发展预测模型的建立

就像熵函数一样，管理熵是一个企业宏观状态的态函数，它与企业运行的具体过程无关，只是描述了企业在某一时刻的宏观状态。我们将一段时间管理熵的点描绘在坐标上，可以看出其离散的特点。能否利用管理熵来描述企业发展过程的状态，去分析企业未来发展趋势呢？我们认为可以一定时期管理熵值的连线来反映发展趋势。

设某企业 n 年（ $n = 1$, 2 , $\cdots$, t ）的管理熵函数为下面的公式：

$$F = f(\mathrm{MS}_t , t)$$

$$\mathrm{MS}_t = \left\{ - k_1 \ln \left(\frac{I}{C} \right)_1 , \ - k_2 \ln \left(\frac{I}{C} \right)_2 , \ \cdots , \ - k \ln \left(\frac{I}{C} \right)_t \right\}$$

那么某个企业系统的管理熵值就可以写成一连串的状态值，并可以在坐标上连接起来。我们通过对 MS_t 值进行回归分析，就可预测发展趋势。

二、企业系统发展趋势测量算例

【例 7-3】A 企业 2011—2020 年的管理熵值如表 7-7 所示，试分析该企业的发展趋势。

表 7-7　2011—2020 年 A 企业的管理熵值

t_i	$- k_i \ln (I/C)_i$
2011	−13.2
2012	−11.9
2013	−1.3
2014	−0.9
2015	3.4
2016	11.3
2017	−10.9
2018	−9.5
2019	5.7
2020	−15.3

表7-7（续）

t_i	$-k_i \ln (I/C)_i$
$MS = -\sum\limits_{i=1}^{10} k_i \ln (I/C)_i = -42.6$	

将表 7-7 中的数值绘制成图，如图 7-1 所示。

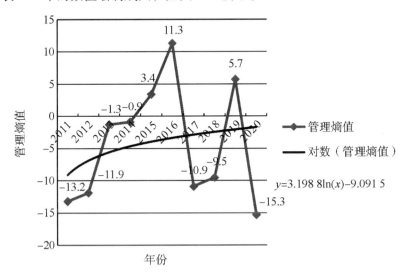

图 7-1　2011—2020 年 A 企业管理熵值发展轨迹

由图 7-1 可以看出，A 企业的发展有较大的波动。2011 年和 2012 年，管理熵值为负，且绝对值较大，A 企业效率较高，序度状态较好；2013 年和 2014 年，管理熵值虽然为负，但绝对值较小，呈上升趋势，A 企业向着不好的方向发展；2016 年，A 企业管理熵值最大，说明企业系统较为混乱无序，效率低下；2016 年到 2018 年，A 企业管理熵值下降为负值，经营效率较高；2019 年又出现一个较大的波动；2020 年，管理熵值为负，且绝对值较大，经营效率较高。

分析结论：A 企业管理熵值发展趋势波动较大，说明内部管理在一定的时间范围内出现了问题，经过改进又使管理熵值下降。对数趋势线显示，管理熵值总体有增加的趋势，需要 A 企业高度重视，加强经营管理，按市场变化的趋势调整生产结构，以适应环境变化的需要，改变企业系统总熵增的发展趋势。

【例 7-4】在其他技术经济以及市场条件一定的情况下，设 B 企业 2006—2015 年的经营情况如表 7-8 所示。试求该企业的管理熵值，并分析该企业系统的发展趋势。

表 7-8　2006—2015 年 B 企业经营情况

年份	销售收入 I/万元	成本 C/万元	资金周转次数 k	$-k_i \ln \left(\dfrac{I}{C}\right)_i$
2006	5 800	4 400	1.2	−0.33

表7-8（续）

年份	销售收入 I/万元	成本 C/万元	资金周转次数 k	$-k_i\ln\left(\dfrac{I}{C}\right)_i$
2007	7 200	5 900	1.3	−0.26
2008	8 800	7 300	0.9	−0.17
2009	9 500	8 100	0.9	−0.14
2010	12 100	9 600	0.9	−0.21
2011	14 500	11 000	0.8	−0.22
2012	25 000	14 000	0.8	−0.46
2013	26 100	14 500	0.9	−0.53
2014	32 400	21 000	0.8	−0.35
2015	45 000	32 000	0.9	−0.31
$\mathrm{MS}=-\sum\limits_{i=1}^{10}k_i\ln\left(\dfrac{I}{C}\right)_i=-2.98$				

解：根据表7-8用Excel软件绘图，得到图7-2。

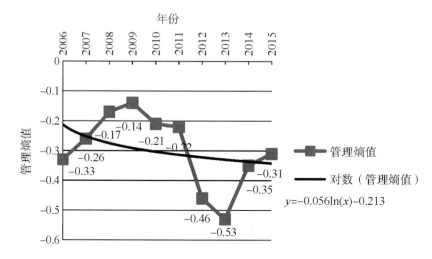

图7-2 2006—2015年B企业管理熵值发展轨迹

由图7-2可知，B企业的管理熵值均为负值，对数趋势曲线也向下滑，说明系统结构是有序的，企业运行效率较高；2013年后，B企业的管理熵值增长较快，若继续发展将由负值变成正值，企业系统将陷入无序和低效，因此，B企业必须加强管理，调整产品结构，适应市场变化，通过资金周转，引入新的物质能量与信息，使企业系统维持负熵增。

【例7-5】在其他技术经济以及市场条件一定的情况下，设C企业2006—2016年的经营情况如表7-9所示。试求该企业的管理熵值，并分析企业系统的发展趋势。

表 7-9　2006—2016 年 C 企业经营情况

年份	销售收入 I/万元	成本 C/万元	资金周转次数 k	$-k_i\ln\left(\dfrac{I}{C}\right)_i$
2006	7 600	7 200	0.8	-0.04
2007	5 200	7 400	0.67	0.23
2008	8 800	9 100	0.7	0.02
2009	11 000	10 100	0.8	-0.07
2010	15 400	12 100	0.8	-0.19
2011	17 300	16 100	0.9	-0.07
2012	17 600	16 500	0.9	-0.06
2013	21 000	19 600	0.8	-0.06
2014	23 000	21 000	0.8	-0.07
2015	24 100	23 200	0.9	-0.03
2016	24 400	23 300	0.9	-0.04
	$\mathrm{MS}=-\sum\limits_{i=1}^{10}k_i\ln\left(\dfrac{I}{C}\right)_i=-0.38$			

解：根据表 7-9 用 Excel 软件进行绘图，得到图 7-3。

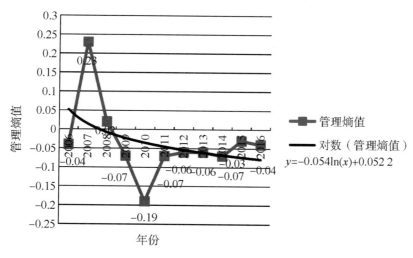

图 7-3　2006—2016 年 C 企业管理熵值发展轨迹

由图 7-3 可知，B 企业 2007 年的管理熵为正值，且数值较大，说明企业经营管理不善，系统是无序的和混乱的；企业处于稳定的发展状态。B 企业必须改变生产经营和管理理念，引进人才和新资源，实施创新战略，实现技术结构、市场结构

113

和管理结构的创新；打破企业稳态的组织结构，扭转企业系统的管理熵结构态，从而重新充满活力。

根据以上算例的分析可知，企业系统的管理熵值的发展一定是波动的，不可能一直处于负熵状态。企业要根据管理熵值的变动，做出正确的决策，使管理熵值保持负熵状态。

第三节　企业或工程系统管理熵综合集成评价模型[①]

一、管理熵综合集成评价原理

克劳修斯提出的熵理论是对热力学系统序度的宏观状态的描述。他指出，封闭的热力学系统在宏观状态上具有不可逆性。而玻尔兹曼认为，系统的任一宏观状态必然存在着与之相适配的若干微观状态，这些微观状态决定着宏观状态的性质、形态和发展趋势，于是根据统计热力学提出了著名的玻尔兹曼熵公式，即 $S = k\ln W$，这样就把系统的宏观和微观的连接桥梁搭建起来，使系统的熵值可以计算。普利高津在研究系统的非平衡自组织演化时，根据熵流理论提出了远离平衡态的开放性系统和耗散结构理论。企业系统也是一个非平衡的开放性的自然和社会相结合的复杂巨系统，它符合耗散结构的定律，也符合玻尔兹曼熵公式，即企业系统的管理熵值是一个宏观状态值，必然由若干相应（相适配）的微观状态值构成，这些微观状态值的有机结合决定了宏观状态的性质和发展趋势。因此，管理熵值作为反映企业系统状态的宏观态函数，应由与之相适配的若干微观状态值决定。可以理解为，在管理系统中，反映宏观状态的指标体系是由反映其微观状态的二级甚至三级、四级指标体系构成。管理熵值的计算可以依靠计算企业系统的微观指标来实现。

对企业系统的宏观状态的分析必须从三个方面进行：一是企业系统的主体的运行状况，这是指管理组织行为产生的管理效率的情况；二是管理系统的客体的运行状况，这是指管理作用的对象的运行状况；三是企业系统运行后环境的响应状况，这是指主体系统和客体系统运行后对环境的影响。因此，对企业系统的宏观状态评价就应从这三方面构建微观状态指标体系，从而反映系统的宏观的管理熵值。根据前面第四章的管理熵公式便有

[①]　参见任佩瑜、王苗、任竞斐、戈鹏所著的《基于管理熵理论的水电流域开发战略和工程及信息管理》。

$$MS^R = \sum_{i=1}^{n} ms_i^R$$

$$ms_i^R = \sum_{j=1}^{m} k^R \ln W_{ij}^R; \quad j = 1, 2, \cdots, n$$

式中：MS^R ——整个企业系统的管理熵值。由于熵值是一个广延量，因此子系统的管理熵值可以加和成为整个系统的管理熵值。

ms_i^R ——企业系统的第 i 个子系统的熵值，如管理子系统、社会子系统和环境子系统、经济子系统和生产子系统的管理熵值。

W_{ij}^R ——第 i 个管理子系统的第 j 个二级微观指标值。

k^R —— 企业系统边际效益系数。

薛定谔认为，在玻尔兹曼熵公式中，既然 W 是系统无序度的量度，那么它的倒数 $1/W$ 就可以作为有序度的一个直接量度，因为 $1/W$ 的对数正好是 W 的对数的负值，因此，玻尔兹曼方程可以写成 $-S = k\ln(1/W)$。取负号的熵，它本身是有序度的量度。正熵是无序度的量度，其增加意味着事物向着混乱无序的方向发展，是退化的标志；而负熵的增加意味着事物向着有序的方向发展，是进化的标志。

由此，我们说上述公式揭示了整个企业系统的无序（混乱）程度，由薛定谔系统有序的熵公式就可以得出工程系统有序的管理熵公式，这就是由工程系统的微观指标值的倒数揭示该工程子系统的有序程度，即

$$ms_i^R = k^R \sum_{j=1}^{m} \ln \frac{1}{W_{ij}^R}; \quad i = 1, 2, \cdots, n$$

$$ms_i^R = -k^R \sum_{j=1}^{m} \ln W_{ij}^R; \quad i = 1, 2, \cdots, n$$

由于熵是广延量，一个由若干相互独立的子系统组成的大系统，其熵值等于各子系统的和，因此，我们将工程子系统的管理熵值集合起来，便可得出整个工程系统的管理熵值。公式如下：

$$MS^R = \sum_{i=1}^{n} ms_i^R$$

二、基于管理熵理论的评价指标体系

管理系统运动的状态应从客观要求、运行响应性和客观效果等方面进行分析，也就是说应该从管理系统运动的主体、作用的客体和作用的环境响应三大方面来进行测量。

我们以大型水电工程为例，按这三个维度进行了五个子系统管理熵模型的构建和管理熵值的计算，最后通过五个子系统管理熵值的加和，便可以得到整个系统的管理熵值。

　　五个子系统的管理熵值分别是管理子系统 ms_1^R、环境子系统 ms_2^R、社会子系统 ms_3^R、经济子系统 ms_4^R、工程子系统 ms_5^R。与五个子系统管理熵值相对应的是若干相关的微观指标值，通过对这些微观指标值的熵函数的计算，就可得到子系统管理熵值。由此可见能够反映管理熵值的系统微观状态指标体系的设计是非常重要的。

　　系统微观状态指标设计的原则如下：

　　（1）微观反映宏观的原则。熵是一个态函数，它与系统的运动过程无关而只与系统的状态（结果）相关，是衡量系统序度状态的函数。管理熵也是一个与管理系统运动过程无关，而只与管理系统的序度、效率状态（结果）相关的函数。同时，根据玻尔兹曼熵公式，系统熵值是由其相对应的若干微观状态值决定的，因此，管理熵的微观指标必须能够反映管理系统的宏观状态。这就要求在设计系统微观状态指标时必须遵守反映系统的宏观状态的原则。

　　（2）量纲同一性原则。我们所设计的反映不同维度和不同状态的指标值均是指标的末态与初态的比值（即报告期与基期的比值），这样，就将不同的指标抽象为同一量纲的比值，使管理熵值可以计算。

　　（3）客观科学性原则。选择的指标和指标体系必须能够真实地反映系统的运动状态，能够准确地描述系统的有序性和做功的效率性。

　　（4）与系统相匹配的原则。热力学和系统科学中的熵增是通过公式 $\Delta S = S_2 - S_1 = k \ln \dfrac{W_2}{W_1}$（即末态与初态之差）来表示的，在管理学或社会科学中以绝对值来表达，在计算中可能出现负值而使熵值计算无效，因此管理熵增的计算应是管理熵增公式 $\Delta MS = MS_2 - MS_1 = k \ln \dfrac{P_2}{Q_1}$（即末态与初态之比），管理熵的微观指标计算公式为 $W_{ij}^R = \dfrac{P_{ij}^R}{Q_{ij}^R}$，即相对微观指标值等于该指标的末态与初态之比。

　　（5）指标数据采集的简便性原则。微观指标的设计必须满足方便采集和计算要求。

　　通过系统的微观状态综合集成地反映系统的宏观状态，正是玻尔兹曼统计熵公式的本质。

　　我们首先对大型水电工程的上述五个子系统的若干微观状态（一级和二级指标）的值进行统计，并通过计算得到五个子系统的管理熵值，再按管理熵广延变量的性质将其加和便得到整个工程系统的管理熵值，并由此可判断工程系统的有序性和宏观状态。要注意的是，计算出来的管理熵值是一个抽象的态函数，它与系统的状态相关，而与其过程无关，因此，我们选择的指标都是状态指标，即指标与状态相关而与过程不相关。具体指标体系如表 7-10 所示。

表 7-10　基于管理熵评价的大型水电工程复杂性管理系统的评价指标体系

子系统熵值 ms_i^R	一级指标 W_{ij}^R	二级指标 $\dfrac{P}{Q}$	二级指标数据构成算法
一、管理子系统 ms_1^R	1. 组织系统效率 W_{11}^R	（1）组织结构效率状况	组织结构效率状况 $= \dfrac{报告期组织结构工作效率}{基期组织结构工作效率} \times 100\%$ （组织结构工作效率 $= \dfrac{工作目标实现数}{计划实现工作目标数} \times 100\%$）
		（2）组织投入产出效率状况	组织投入产出效率状况 $= \dfrac{报告期组织投入产出效率}{基期组织投入产出效率} \times 100\%$ （组织投入产出效率 $= \dfrac{目标实现后的收入}{为实现目标的全部投入} \times 100\%$）
		（3）管理决策效率状况	管理决策效率状况 $= \dfrac{报告期决策成功率}{基期决策成功率} \times 100\%$ （决策成功率 $= \dfrac{决策成功数}{全部决策数} \times 100\%$）
		（4）组织协同并行工作能力状况	组织协同并行工作能力状况 $= \dfrac{报告期管理组织协同率}{基期管理组织协同率} \times 100\%$ （管理组织协同率 $= \dfrac{一定时期内组织协同并行处理事件完成数}{同期组织应协同并行处理的全部事件数} \times 100\%$）
	2. 人力资源系统效率 W_{12}^R	（1）人力资源效率状况	人力资源效率状况 $= \dfrac{报告期全员劳动生产率}{基期全员劳动生产率} \times 100\%$ （全员劳动生产率 $= \dfrac{工业增加值}{同期全部员工数} \times 100\%$， 工业增加值＝工业总产值－工业中间投入＋本期应交增值税）
		（2）人力资源流动率状况	人力资源流动率状况 $= \dfrac{报告期员工流动率}{基期员工流动率} \times 100\%$ ［员工流动率 $= \dfrac{报告期员工流入人数＋流出人数}{报告期员工平均人数} \times 100\%$， 报告期员工平均人数＝（报告期初人数＋报告期末人数）/2］
		（3）人力资源人均效率状况	人力资源人均效率状况 $= \dfrac{报告期人均净资产}{基期人均净资产} \times 100\%$ （人均净资产 $= \dfrac{企业净资产总额}{员工平均人数} \times 100\%$）
	3. 行政管理系统效率 W_{13}^R	（1）行政系统权威性状况	行政系统权威性状况 $= \dfrac{报告期管理指令完成率}{基期管理指令完成率} \times 100\%$ （管理指令完成率 $= \dfrac{一定时期的管理指令完成数}{该时期管理部门发出的全部指令数} \times 100\%$）
		（2）管理制度的有效性状况	管理制度的有效性状况 $= \dfrac{报告期管理事件办结率}{基期管理事件办结率} \times 100\%$ （管理事件办结率 $= \dfrac{规定时间内办结完事件数}{规定时间内应办结事件总数} \times 100\%$）

表 7-10（续）

子系统熵值 ms_i^R	一级指标 W_{ij}^R	二级指标 $\dfrac{P}{Q}$	二级指标数据构成算法
	4. 管理信息系统效率 W_{14}^R	（1）信息化投入占总资产比重状况	信息化投入占总资产比重状况 $= \dfrac{报告期管理系统信息化投入率}{基期管理系统信息化投入率} \times 100\%$ （管理系统信息化投入率 $= \dfrac{管理系统信息化设备价值}{企业全部设备价值} \times 100\%$）
		（2）信息采集的信息化手段覆盖率状况	信息采集的信息化手段覆盖率状况 $= \dfrac{报告期信息采集的信息化手段覆盖率}{基期信息采集的信息化手段覆盖率} \times 100\%$ ［信息采集的信息化手段覆盖率 $= \dfrac{利用信息技术采集的管理信息数}{全部(含手工)采集的管理信息数} \times 100\%$］
		（3）集控中心的应用水平状况	集控中心的应用水平状况 $= \dfrac{报告期集控中心指令实现率}{基期集控中心指令实现率} \times 100\%$ （集控中心指令实现率 $= \dfrac{梯级电站执行指令数}{集控中心发出的全部指令数} \times 100\%$）
	5. 质量管理系统效率 W_{15}^R	（1）质量安全状况	质量安全状况 $= \dfrac{1-报告期质量事故比率}{1-基期质量事故比率} \times 100\%$ （质量事故比率 $= \dfrac{当年质量事故数}{同期质量事故数} \times 100\%$）
		（2）质量计划完成状况	质量计划完成状况 $= \dfrac{报告期质量计划完成率}{基期质量计划完成率} \times 100\%$ （质量计划完成率 $= \dfrac{质量计划目标完成数}{计划规定完成数} \times 100\%$）
		（3）质量管理全员培训状况	质量管理全员培训状况 $= \dfrac{报告期质量管理全员培训率}{基期质量管理全员培训率} \times 100\%$ （质量管理全员培训率 $= \dfrac{参加培训人数}{企业职工总人数} \times 100\%$）

表7-10(续)

子系统熵值 ms_i^R	一级指标 W_{ij}^R	二级指标 $\dfrac{P}{Q}$	二级指标数据构成算法
二、环境子系统 ms_2^R	1. 生态状况 W_{21}^R	（1）生态多样性状况	生态多样性状况 $= \dfrac{报告期生态多样性指数}{基期生态多样性指数} \times 100\%$ （$D = S/\ln A$，D 为生态多样性指数，A 为单位面积，S 为群落中物种数量）
		（2）生物数量变化状况	生物数量变化状况 $= \dfrac{报告期生物数量变化率}{基期生物数量变化率} \times 100\%$ （生物数量变化率 $= \dfrac{现有生物数量}{上年同期生物数量} \times 100\%$）
		（3）濒危物种状况	濒危物种状况 $= \dfrac{1-报告期濒危物种比例}{1-基期濒危物种比例} \times 100\%$ （濒危物种比例 $= \dfrac{濒危物种数}{物种总数} \times 100\%$）
		（4）河流湿地面积变化状况	河流湿地面积变化状况 $= \dfrac{报告期湿地面积}{基期湿地面积} \times 100\%$
	2. 土地环境 W_{22}^R	（1）水土流失状况	水土流失状况 $= \dfrac{1-报告期水土流失面积占总面积比例}{1-基期水土流失面积占总面积比例} \times 100\%$ （水土流失面积占总面积比例 $= \dfrac{水土流失面积}{总面积} \times 100\%$）
		（2）盐碱化土地状况	盐碱化土地状况 $= \dfrac{1-报告期盐碱化土地面积占总面积比例}{1-基期盐碱化土地面积占总面积比例} \times 100\%$ （盐碱化土地面积占总面积比例 $= \dfrac{盐碱化土地面积}{总面积} \times 100\%$）
		（3）洪涝状况	洪涝状况 $= \dfrac{1-报告期洪涝面积占总面积比例}{1-基期洪涝面积占总面积比例} \times 100\%$ （洪涝面积占总面积比例 $= \dfrac{洪涝面积}{总面积} \times 100\%$）
	3. 库区环境 W_{23}^R	（1）库区污水排放状况	库区污水排放状况 $= \dfrac{报告期污水排放量}{基期污水排放量} \times 100\%$
		（2）库区污水处理状况	库区污水处理状况 $= \dfrac{报告期库区污水处理率}{基期库区污水处理率} \times 100\%$ （库区污水处理率＝全年污水处理量／全年污水产生量×100%）
		（3）库区水体生化需氧量（BOD）浓度状况	库区水体 BOD 浓度状况 $= \dfrac{1-报告期库区水体 BOD 浓度}{1-基期库区水体 BOD 浓度} \times 100\%$ （库区水体 BOD 浓度＝该物质质量÷溶液的质量×100%）
		（4）库区水体化学需氧量（COD）浓度状况	库区水体 COD 浓度状况 $= \dfrac{报告期库区水体 COD 浓度}{基期库区水体 COD 浓度} \times 100\%$ （库区水体 COD 浓度＝该物质质量÷溶液的质量×100%）
		（5）库区水体细菌含量状况	库区水体细菌含量状况 $= \dfrac{报告期库区水体细菌含量}{基期库区水体细菌含量} \times 100\%$

表 7-10（续）

子系统熵值 ms_i^R	一级指标 W_{ij}^R	二级指标 $\dfrac{P}{Q}$	二级指标数据构成算法
	4. 河道环境 W_{24}^R	（1）河道污水排放量状况	河道污水排放量状况 $= \dfrac{\text{报告期河道污水排放量}}{\text{基期河道污水排放量}} \times 100\%$
		（2）河道污水处理状况	河道污水处理状况 $= \dfrac{\text{报告期河道污水处理率}}{\text{基期河道污水处理率}} \times 100\%$ （河道污水处理率 $= \dfrac{\text{河道污水处理量}}{\text{河道污水排放量}} \times 100\%$）
		（3）河道水体 BOD 浓度状况	河道水体 BOD 浓度状况 $= \dfrac{1-\text{报告期河道水体 BOD 浓度}}{1-\text{基期河道水体 BOD 浓度}} \times 100\%$ （河道水体 BOD 浓度状况 $=$ 该物质质量 $\div$ 溶液的质量 $\times 100\%$）
		（4）河道水体 COD 浓度状况	河道水体 COD 浓度状况 $= \dfrac{1-\text{报告期河道水体 COD 浓度}}{1-\text{基期河道水体 COD 浓度}} \times 100\%$ （河道水体 COD 浓度 $=$ 该物质质量 $\div$ 溶液的质量 $\times 100\%$）
		（5）河道水体有害有毒物质含量状况	河道水体有害有毒物质含量状况 $=$ $\dfrac{\text{基期河道水体有害有毒物质含量}}{\text{报告期河道水体有害有毒物质含量}} \times 100\%$
		（6）河道水体细菌含量状况	河道水体细菌含量状况 $= \dfrac{\text{基期河道水体细菌含量}}{\text{报告期河道水体细菌含量}} \times 100\%$
	5. 气候地质状况 W_{25}^R	（1）库区年平均降水量变化状况	库区年平均降水量变化状况 $=$ $\dfrac{\text{基期河道水体有害有毒物质含量}}{\text{报告期河道水体有害有毒物质含量}} \times 100\%$
		（2）崩岸、滑坡等事故状况	崩岸、滑坡等事故状况 $= \dfrac{\text{基期崩岸、滑坡等事故发生率}}{\text{报告期崩岸、滑坡等事故发生率}} \times 100\%$ （崩岸、滑坡等事故发生率 $= \dfrac{\text{当年崩岸、滑坡等事故数}}{\text{多年平均事故数}} \times 100\%$）

表7-10(续)

子系统熵值 ms_i^R	一级指标 W_{ij}^R	二级指标 $\frac{P}{Q}$	二级指标数据构成算法
三、社会子系统 ms_3^R	1. 人口发展 W_{31}^R	(1) 城镇人口变化情况	城镇人口变化情况 = $\frac{报告期城镇人口所占比例}{基期城镇人口所占比例} \times 100\%$ （城镇人口所占比例 = $\frac{城镇人口}{总人口} \times 100\%$）
		(2) 劳动人口变化情况	劳动人口变化情况 = $\frac{报告期劳动人口所占比例}{基期劳动人口所占比例} \times 100\%$ （劳动人口所占比例 = $\frac{劳动人口}{总人口} \times 100\%$）
		(3) 大专文化以上人口变化情况	大专文化以上人口变化情况 = $\frac{报告期大专文化以上人口所占比例}{基期大专文化以上人口所占比例} \times 100\%$ （大专文化以上人口所占比例 = $\frac{大专文化以上人口}{总人口} \times 100\%$）
	2. 社会投入 W_{32}^R	(1) 科研教育投入比重变化情况	科研教育投入比重变化情况 = $\frac{报告期科研教育投入所占比重}{基期科研教育投入所占比重} \times 100\%$ （科研教育投入所占比重 = $\frac{科研教育投入}{总投入} \times 100\%$）
		(2) 医疗保健投入比重变化情况	医疗保健投入比重变化情况 = $\frac{报告期医疗保健投入所占比重}{基期科医疗保健投入所占比重} \times 100\%$ （医疗保健投入所占比重 = $\frac{医疗保健投入}{总投入} \times 100\%$）
		(3) 环保卫生投入比重变化情况	环保卫生投入比重变化情况 = $\frac{报告期环保卫生投入所占比重}{基期环保卫生投入所占比重} \times 100\%$ （环保卫生投入所占比重 = $\frac{环保卫生投入}{总投入} \times 100\%$）
		(4) 基础设施建设投入比重变化情况	基础设施建设投入比重变化情况 = $\frac{报告期基础设施投入所占比重}{基期基础设施投入所占比重} \times 100\%$ （基础设施建设投入所占比重 = $\frac{基础设施建设投入}{总投入} \times 100\%$）
	3. 社会安全 W_{33}^R	(1) 就业率变化情况	就业率变化情况 = $\frac{报告期就业率}{基期就业率} \times 100\%$ （就业率 = $\frac{就业人口}{总人口} \times 100\%$）
		(2) 人均水资源占有率变化情况	人均水资源占有率变化情况 = $\frac{报告期人均水资源占有率}{基期人均水资源占有率} \times 100\%$ （人均水资源占有率 = $\frac{水资源总量}{总人口} \times 100\%$）
		(3) 人均土地占有率变化情况	人均土地占有率变化情况 = $\frac{报告期人均土地资源占有率}{基期人均土地资源占有率} \times 100\%$ （人均土地占有率 = $\frac{土地总量}{总人口} \times 100\%$）

表7-10(续)

子系统熵值 ms_i^R	一级指标 W_{ij}^R	二级指标 $\dfrac{P}{Q}$	二级指标数据构成算法
四、经济子系统 ms_4^R	1. 工程建设的经济性 W_{41}^R	（1）内部收益率状况	内部收益率状况 $= \dfrac{报告期内部收益率}{基期内部收益率} \times 100\%$ $FNPV = \sum_{i=1}^{n} (CI - CO)_t (1 + FIRR)^{-t} = 0$ FNPV——财务净现值；n——计算期；FIRR——内部收益率，当 $FIRR \geq i_c$ 时，项目可以接受；i_c——行业基准收益率或设定的折现率；CI——现金的流入量；CO——现金的流出量
		（2）建设项目成本计划完成状况	建设项目成本计划完成状况 $= \dfrac{报告期成本计划完成率}{基期成本计划完成率} \times 100\%$ （ 成本计划完成率 $= \dfrac{实际成本}{计划成本} \times 100\%$ ）
	2. 经济系统响应状况 W_{42}^R	（1）流域水电开发建设投入状况	流域水电开发建设投入状况 $=$ $\dfrac{报告期流域水电开发建设投入产出率}{基期流域水电开发建设投入产出率} \times 100\%$ （ 流域水电开发建设投入产出率 $=$ $\dfrac{流域水电开发建设带来的经济效益}{流域水电开发建设的全部投资} \times 100\%$ ）
		（2）流域地区产值状况	流域地区产值状况 $= \dfrac{报告期流域地区产值}{基期流域地区产值} \times 100\%$
	3. 流域居民收入状况 W_{43}^R	（1）流域地区居民收入变化率	流域地区居民收入变化率 $= \dfrac{报告期居民平均收入}{基期居民平均收入} \times 100\%$
五、技术子系统 ms_5^R	1. 工程质量状况 W_{51}^R	（1）单元工程质量变化情况	单元工程质量变化情况 $= \dfrac{报告期单元工程合格（优良）率}{基期单元工程合格（优良）率} \times 100\%$ [单元工程合格（优良）率 $= \dfrac{单元工程合格（优良）个数}{单元工程总数} \times 100\%$]
		（2）分部工程质量变化情况	分部工程质量变化情况 $= \dfrac{报告期分部工程合格（优良）率}{基期分部工程合格（优良）率} \times 100\%$ [分部工程合格（优良）率 $= \dfrac{分部工程合格（优良）个数}{分部工程总数} \times 100\%$]
		（3）单位工程质量变化情况	单位工程质量变化情况 $= \dfrac{报告期单位工程合格（优良）率}{基期单位工程合格（优良）率} \times 100\%$ [单位工程合格（优良）率 $= \dfrac{单位工程合格（优良）个数}{单位工程总数} \times 100\%$]
	2. 工程成本状况 W_{52}^R	（1）计划成本降低率变化情况	计划成本降低率变化情况 $= \dfrac{报告期计划成本降低率}{基期计划成本降低率} \times 100\%$ （ 计划成本降低率 $= \dfrac{计划成本}{同行业标准成本} \times 100\%$ ）
		（2）实际成本降低率变化情况	实际成本降低率变化情况 $= \dfrac{报告期实际成本降低率}{基期实际成本降低率} \times 100\%$ （ 实际成本降低率 $= \dfrac{实际成本}{计划成本} \times 100\%$ ）

表 7-10（续）

子系统熵值 ms_i^R	一级指标 W_{ij}^R	二级指标 $\dfrac{P}{Q}$	二级指标数据构成算法
	3. 工程进度状况 W_{53}^R	（1）施工总工期完成率变化情况	施工总工期完成率变化情况 $= \dfrac{报告期施工总工期完成率}{基期施工总工期完成率} \times 100\%$ （施工总工期完成率 $= \dfrac{实际施工完工周期}{计划施工完工周期} \times 100\%$）
		（2）工程进度计划完成率变化情况	（工程进度计划完成率变化情况 $= \dfrac{报告期工程进度计划完成率}{基期工程进度计划完成率} \times 100\%$） （工程进度计划完成率 $= \dfrac{工程进度计划完成数}{全部工程进度计划} \times 100\%$）
	4. 工程安全状况 W_{54}^R	（1）工程安全施工率变化情况	工程安全施工率变化情况 $= \dfrac{报告期工程安全施工率}{基期工程安全施工率} \times 100\%$ （工程安全施工率 $= \dfrac{当年工程安全施工天数}{去年同期工程安全施工天数} \times 100\%$）
		（2）工程设备安全运行率变化情况	工程设备安全运行率变化情况 $= \dfrac{报告期工程设备安全运行率}{基期工程设备安全运行率} \times 100\%$ （工程设备安全运行率 $= \dfrac{当年工程设备安全运行天数}{去年同期工程设备安全运行天数} \times 100\%$）

三、算例[①]

我们以大型梯级水电站开发建设系统为例，设计相关指标体系，计算系统的管理熵值，验证模型的科学性和可操作性。

由于

$$\mathrm{MS}^R = \sum_{i=1}^{n} \mathrm{ms}_i^R$$

$$\mathrm{ms}_i^R = -k^R \sum_{j=1}^{m} \ln W_{ij}^R; \quad i = 1, 2, \cdots, n$$

$$W_{ij}^R = \frac{P_{ij}^R}{Q_{ij}^R}$$

因此

$$\mathrm{ms}_i^R = -k^R \sum_{j=1}^{m} \ln \frac{P_{ij}^R}{Q_{ij}^R}; \quad i = 1, 2, \cdots, n$$

式中，P_{ij}^R 表示整个流域微观状态指标的报告期值（末态值），Q_{ij}^R 表示整个流域微观状态指标的基期值（初态值）

---

① 公式整理和算例计算，由厦门大学教授郑伟民和西南财经大学副教授廖治学协助完成。

【例7-6】假定某一个流域大型梯级水电站已完成建设并运行，并产生了各种效益和影响，请应用管理熵评价模式对系统进行评价，判断该系统的有序状态。对此，我们采用基于管理熵的大型梯级水电站的评价方法进行模拟评价，并得出系统状态结论。为了完成对该系统管理熵值的计算，我们采用专家赋值方法，对各个指标进行赋值，然后根据上面管理熵计算公式和指标体系应用 Excel 软件进行运算，结果如表7-11所示。

表7-11　大型梯级水电站系统的管理熵值计算表

一级指标	二级指标	三级指标	指标值/%	二级熵值	子系统熵值	k 值
一、管理子系统	1. 组织系统效率	（1）组织结构效率状况	111.00	−0.104	−0.34	1
		（2）组织投入产出效率状况	117.00	−0.157		
		（3）管理决策效率状况	142.00	−0.351		
		（4）组织协同并行工作能力状况	77.00	0.261		
	2. 人力资源系统效率	（1）人力资源效率状况	93.00	0.073		
		（2）人力资源流动率状况	140.00	−0.336		
		（3）人力资源人均效率状况	58.00	0.545		
	3. 管理行政系统效率	（1）行政系统权威性状况	118.00	−0.166		
		（2）管理制度的有效性状况	97.00	0.030		
	4. 管理信息系统效率	（1）信息化投入占总资产比重状况	97.00	0.030		
		（2）信息采集的信息化手段覆盖率状况	120.00	−0.182		
		（3）集控中心的应用水平状况	52.00	0.654		
	5. 质量管理系统效率	（1）质量安全状况	145.00	−0.372		
		（2）质量计划完成状况	118.00	−0.166		
		（3）质量管理全员培训状况	111.00	−0.104		

表 7-11（续）

一级指标	二级指标	三级指标	指标值/%	二级熵值	子系统熵值	k 值
二、环境子系统	1. 生态状况	（1）生态多样性状况	131.00	-0.270	-1.01	1
		（2）生物数量变化状况	63.00	0.462		
		（3）濒危物种状况	81.00	0.211		
		（4）河流湿地面积变化状况	140.00	-0.336		
	2. 土地环境	（1）水土流失状况	124.00	-0.215		
		（2）盐碱化土地状况	149.00	-0.399		
		（3）洪涝状况	144.00	-0.365		
	3. 库区环境	（1）库区污水排放状况	125.00	-0.223		
		（2）库区污水处理状况	116.00	-0.148		
		（3）库区水体 BOD 浓度状况	125.00	-0.223		
		（4）库区水体 COD 浓度状况	108.00	-0.077		
		（5）库区水体细菌含量状况	129.00	-0.255		
	4. 河道环境	（1）河道污水排放量状况	137.00	-0.315		
		（2）河道污水处理状况	77.00	0.261		
		（3）河道水体 BOD 浓度状况	72.00	0.329		
		（4）河道水体 COD 浓度状况	135.00	-0.300		
		（5）河道水体有害有毒物质含量状况	100.00	0.000		
		（6）河道水体细菌含量状况	70.00	0.357		
	5. 气候地质状况	（1）库区年平均降水量变化状况	52.00	0.654		
		（2）崩岸、滑坡等事故状况	117.00	-0.157		

表 7-11（续）

一级指标	二级指标	三级指标	指标值/%	二级熵值	子系统熵值	k 值
三、社会子系统	1. 人口发展	（1）城镇人口变化情况	103.00	-0.030	-0.25	1
		（2）劳动人口变化情况	110.00	-0.095		
		（3）大专文化以上人口变化情况	130.00	-0.262		
	2. 社会投入	（1）科研教育投入比重变化情况	82.00	0.198		
		（2）医疗保健投入比重变化情况	148.00	-0.392		
		（3）环保卫生投入比重变化情况	63.00	0.462		
		（4）基础设施建设投入比重变化情况	150.00	-0.405		
	3. 社会安全	（1）就业率变化情况	94.00	0.062		
		（2）人均水资源占有率变化情况	86.00	0.151		
		（3）人均土地占有率变化情况	94.00	0.062		
四、经济子系统	1. 工程建设的经济性	（1）内部收益率状况	148.00	-0.392	-0.535	1
		（2）建设项目成本计划完成状况	114.00	-0.131		
	2. 经济系统响应状况	（1）流域水电开发建设投入状况	132.00	-0.278		
		（2）流域地区产值状况	59.00	0.528		
	3. 流域居民收入状况	（1）流域地区居民收入变化率	130	-0.262		
五、工程子系统	1. 工程质量状况	（1）单元工程质量变化情况	68.00	0.386	-1.090	1
		（2）分部工程质量变化情况	72.00	0.329		
		（3）单位工程质量变化情况	56.00	0.580		
	2. 工程成本状况	（1）计划成本降低率变化情况	55.00	0.598		
		（2）实际成本降低率变化情况	96.00	0.041		
	3. 工程进度状况	（1）施工总工期完成率变化情况	91.00	0.094		
		（2）工程进度计划完成率变化情况	139.00	-0.329		
	4. 工程安全状况	（1）工程安全施工率变化情况	135.00	-0.300		
		（2）工程设备安全运行率变化情况	136.00	-0.307		

注：①本例中考虑 5 个子系统，即 $n=5$。

②k 值为系统边际效益。为了方便计算，令这里五个子系统的 k 值为 1。

③熵值计算公式和指标体系见本章第 2、3 节。

④由各子系统熵值加和可得整个系统的熵值为 -1.05。

从表7-11的计算可知，各子系统的管理熵值分别是-0.34、-1.01、-0.25、-0.535、-1.090，这说明各子系统均为负熵，状态是良好的，是具有较高序度的。我们将五个子系统的管理熵值加和起来，得到大型梯级水电站系统的管理熵值为-1.05，证明该系统水电开发的状态是有序和有效的，具有可持续发展的良好状态。

在上例中，虽然，我们计算的是水电工程系统的管理熵值，但是，由于管理熵理论与评价方法属于管理科学中的基础性研究，揭示的是管理科学的一般基本的开放性复杂巨系统的规律，具有很强的普适性，因此，管理熵理论和评价方法可以应用到其他行业的企业系统，包括社会系统。只是应用于其他行业时，研究者应根据行业的特点设计微观状态指标体系，计算出具有系统特征的管理熵值，以便于做出科学的决策和控制。

下篇　基于管理熵学的
企业系统诊断、变革的理论、方法与案例

　　管理熵学理论能够较好地揭示管理科学的规律性和运动的机理，但是一个科学原理不仅能够很好地解释问题，还能够被用于解决问题，因此，管理熵学不能只是解释企业管理的问题，更重要的是能够解决企业管理的问题。只有解决问题，才能真正地形成指导企业管理实践的管理科学理论体系。

　　企业的基本矛盾是什么？是资本原始冲动获得最大效益与资本运行效率的矛盾，是企业生产力发展与管理组织和制度的矛盾，是企业系统的管理熵结构与管理耗散结构的矛盾。前面两对矛盾决定了企业系统运动的能量，后一对矛盾决定了企业系统运动的方向。

　　企业的生命是什么？是由效率和速度决定的管理负熵流。管理负熵流的强大，决定了企业系统管理熵增性质为负，进而决定了企业级管理系统在开放、非平衡非线性的条件下，形成管理耗散结构。在管理耗散结构的基础上，企业竞争能力加强，抗干扰力加强，企业生命得到延续和发展。怎样才能判断企业的状态呢？怎样才能引导企业实施变革重新获得竞争优势，保证企业生命得到延续和发展呢？这些都是本篇要讨论的问题。

第八章　企业变革与管理熵变的故事

　　企业为什么会有生命周期？有什么样的生命周期？为什么有的企业生命周期长而有些短？企业的生命周期是由什么决定的，它有什么运动机理和规律？企业也有"其兴也悖焉，其亡也忽焉"的生命周期律吗？这些问题困扰我们多年而未得到解决。其实，企业的生命依赖管理负熵而存在和发展，而管理负熵通过系统开放、创新和物质能量信息交换过程中的效率和速度来获得。企业也是一种社会组织，只要是社会组织就必然是一种管理系统，就一定受到管理熵定律的制约，企业以管理负熵为生，这就是企业生命的秘密[①]。

第一节　效率与速度是企业变革的目标

一、企业生存环境的快速变化

　　20 世纪 90 年代以来，企业生存和竞争的环境发生了很大的改变。科学技术不断进步、经济也得到了快速发展，全球化的网络和全球化的市场推动技术变革加速，进而促使围绕着新产品的竞争越来越激烈。技术进步与需求多样化，使新产品周期更短、交货期更短、服务更及时。企业生产转向定制化、柔性化、智能化、网络化生产方式，市场竞争也围绕着新产品、新技术、新工艺和新服务展开。由于经济的全球化，市场也成为全球市场，企业竞争也成为全球竞争。在全球竞争的条件下，企业的独特的、高效的经营管理理论、方法和系统模式，以及具有高科技知识的新一代企业员工，也成为全球竞争的新内容和新方式。这一切都要求企业用更高级的技术和更有效的管理，以及更高知识水平的人员来组织新的高技术的生产经营，向全球化市场提供更好的产品和服务，使企业获得新一轮竞争优势。

　　当今的世界是快速变化的世界。改变是不可逆的、不可抗拒的规律，宇宙间唯一不变的规律就是"变"。企业在变化中生存和发展。

---

　　① 参见任佩瑜所著的《从自然系统到管理系统——管理系统的熵、耗散结构、信息和复杂性》。

二、效率和速度是企业组织生命的保障

管理效率其实就是组织对资源的利用程度，速度则是达成组织目标的快慢程度，组织生命和竞争运动态势就是资源利用程度和速度相结合的相互作用的状态和发展趋势。

任何组织，无论是生物的还是社会的，在竞争中必然趋于资源利用程度和速度的最大化。提高利用程度和速度使自身得到发展，这就是竞争的规律，是生命和类生命系统演化发展的规律。这个规律是由组织生存发展所依赖的资源的有限性、发展的占有性，以及对环境变化的响应性和适应性决定的。研究和揭示组织效率和速度规律，对组织在竞争中的演化和发展具有重要意义，因为它能指导我们去研究和实践用管理和技术去实现效率与速度，从而获得竞争优势。

为什么效率就是生命保障呢？因为效率代表了资源利用的速度和程度，代表了资源利用的能力，保障了组织竞争的优势。落后就不能有效利用资源，就会衰退，就会在竞争中死亡。这是所有组织演化发展的规律。

任何生物和人类的组织（包括企业、军队以及国家）自始至终无不在利用资源和速度，来保证其生存、竞争和发展。组织对资源的利用度和演化（竞争）速度的情况决定了组织的生存、竞争和发展状态以及趋势。因此，效率和速度是组织生命的保障。

第二节　企业变革博弈中的变与不变

在第四次工业革命的冲击下，企业面临变与不变的重大决策。就像人类一样，当环境发生剧变时，人要生存就只有两个选择：改变环境或改变自己。在环境巨变的条件下，人不可能改变环境，就只能改变自己，使自己适应环境的变化。企业也一样。适应环境，与环境发展保持弹性平衡，与环境共舞，这是企业生存发展的唯一途径。其实，工业革命都是在前期科学技术积累的基础上爆发的。工业革命为什么会出现呢？一方面是由于人类追求生产更快的速度和更高的效率而促进技术进步，而基础理论发展与科技进步的积累为科技突破提供了理论和物质条件；另一方面是人类为了追求生产中的更高利润的需求的推动，而这个需求是不会根据生产技术的变化而变化的。

什么是企业的不变呢？就是企业的初心不变。企业通过利用自己的有形或无形的产品为社会服务，从而得到利润，获得生存发展的物质和环境条件。追求利润，是企业的原始冲动，是企业的本能，是企业成立并运作的初心。为了更好地践行这个初心，企业必须追求效率、成本、速度和创新。那么在新技术革命和社会变革环境中，企业为适应环境变化而必须改变自己的哪些方面呢？这就是企业的组织管理方式、企业制度和治理结构、生产技术与生产方式、竞争结构与竞争方式、与环境保持动态平衡的手段，以及企业竞争的商业模式等。也就是说，初心原则稳定不

变，实现初心的手段灵活多变。

马克思在论述技术损耗时，讲到无形损耗即精神损耗，论述了由于技术进步而原技术效率降低，带来对原有技术的淘汰。这是一种技术进步和社会发展的迭代规律，实质上也就是管理熵增的规律。也就是说，过去的生产技术和管理系统，在时间的演化中一定呈现出管理熵增、效能递减。为了抵抗管理熵增，一定会出现新的技术和方法去替代。因此在工业革命条件下，除企业的初心和目标不变外，实现初心和目标的手段必然随着技术和社会进步而改变，不然初心就实现不了，企业就会被逐渐淘汰。所以，面对第四次工业革命和社会变革的冲击，企业必然遵循变与不变的规律。为了响应第四次工业革命，企业的变革应从以下几方面进行。

一、企业的数字化、智能化和深度学习

在第四次工业革命带来的生产方式变革的冲击下，企业管理也因为生产方式重组的要求而产生巨大的变化，从而形成新的管理方式。

对产品的数字化管理可以用于客户服务上，如"复兴"号标准动车组上已安装了 2 500 多个传感器，这会产生海量数据。通过对海量数据的加工，我们可以提前预知某产品的某部件可能会出现故障，甚至可以预判故障发生的准确时间。再如我国生产的重型工程机械装备，这些装备上安装了许多感应器，随时监控着装备的情况。其在遥远的非洲使用时，出现一点非正常情况，往往使用者还不知道，而数据和信息就已传递到千里之外的装备制造企业的售后服务部门，而售后服务部门就可以开展维修服务等工作了。这就是通过数字化管理保证了服务的及时性和精准性。

管理智能化是未来管理发展的必然趋势。智能化在企业管理中的逻辑结构分为四个层次：最底层是数据化，第二层是信息化，第三层是智能化，最高层是深度学习。这是由浅入深、由基础到应用的逐层升级。信息化是基于准确的、可靠的数据。智能化除了基于海量准确的、可靠的数据，还分布式并行地对不同的信息系统进行二次加工，并矩阵式地进行分析，最终形成智能化的管理策略和结果。深度学习是在海量数据、大量信息子系统和智能化基础上，进行的神经网络和遗传算法的计算分析。"深度学习"就是"智能化"的升级版，在一定程度上可能超出了人类智慧。

二、企业生产技术与生产方式的变革

传统的生产方式转变为数字化、智能化的生产方式。例如机械制造中，传统的生产方式是减料生产，即通过对材料的削减来获得加工好了的零件。这样的生产方式效率低、成本高、精密程度低，加工特殊形状困难。而在数字化生产方式下，生产方式发生了革命性的变化，采用增料生产，如 3D 打印生产完全颠覆了过去的生产方式。这种生产方式可完全实现数字化智能生产，可大大提高效率、降低成本，实现精密制造。

制造技术将在第四次工业革命中得到很大的发展，将涌现出更多的在数字化、智能化基础上的制造技术和制造工艺，将形成全新的、全面的、全过程的新型生产方式，如基于服务互联网、工业互联网、物联网和信息物理系统（CPS）的智能制造、智能工厂等。

例如定制化生产。消费者要买一台自己喜爱的冰箱，于是便在手机软件（App）上设计了一款个性化的产品，根据自己家的厨房空间对冰箱的外观、尺寸提出了特殊要求，在网上下了单。企业通过海量数据和信息化分析手段，迅速地组织物料，安排生产。三天之后，这款定制冰箱就送到了客户家里。企业通过CPS、物联网、云计算等实现智能生产计划安排与智能生产管理。在生产线上，每天有大量定制品种实现智能化柔性生产和流动。这就是消费者与生产者互动，满足消费者需求的智能化制造。

我们比较了定制生产与传统大规模生产的区别，具体如表8-1所示。

表 8-1 定制生产与传统大规模生产的区别

项目	传统大规模生产	定制生产
企业竞争理念	以产品为中心的低成本竞争	以顾客为中心，通过敏捷响应和低成本、差别化制造和高效售后服务赢得竞争
生产安排依据	根据市场预测安排生产计划	在大数据分析的基础上，根据客户需要安排生产计划
生产方式	传统的连续型生产组织、离散型生产组织，生产的空间组织、时间组织和过程组织、劳动组织	在传统生产方式的基础上改造升级，并通过技术突破形成智能生产组织、CPS生产组织、数字化生产组织、分布式生产组织
生产管理的核心	通过传统生产管理，强调现场生产的稳定性和控制，获得高效率的大规模生产	通过大数据、云计算和CPS系统，在灵活性和敏捷响应的基础上，以柔性生产和3D打印生产等方式实现高效的多样化和定制化生产
企业发展战略	成本领先战略：通过成本领先，提高生产效率，获得竞争优势	差异化-成本战略：通过快速反应，提供个性化产品，同时在差异化基础上降低成本、提高效率，获得竞争优势
企业生产目标和商业模式	以低价格开发、生产、销售、交付产品和服务，以获取利润、赢得竞争	以多样化、定制化开发、生产、销售、交付产品和数字化智能化服务，使顾客满意，以获取顾客赢得竞争

三、企业与技术环境发展的动态平衡

企业是在环境中生存和发展的。不管企业愿不愿意，企业所处的技术环境、市场环境、政策环境等一直都是变化的，而企业如果不随着环境的变化而变化，不同环境保持一种物质、能量、信息和价值的经常交换的动态平衡，那么就将失去自己的环境，就会被淘汰。这一点和生物物种繁衍进化是一样的，这就是环境选择的优胜劣汰原则。

企业的环境包括自然环境、社会环境、政治环境、人文环境、市场环境和技术环境。多环境交互影响并共同作用于企业，影响企业的生存和发展。但是，在这些环境中，技术环境是企业最不能忽视的环境。为什么呢？首先，社会环境演化发展的根本动力是生产力，生产力的发展推动社会发展，而生产力中最核心的要素就是劳动工具、劳动对象和具有一定技能的劳动者，当然还包括管理。因为只有管理才能把生产要素有效地组织整合起来，才能成为现实的生产力。其次，由技术构成的产品市场是企业博弈、竞争的主要市场，产品市场是随着满足消费者需求的技术进步而不断发展的，市场竞争其实就是技术竞争，如果企业的技术发展跟不上技术市场的发展，那么企业就会被淘汰。最后，工业革命的本质是技术革命，是效率革命。若企业跟不上工业革命的技术发展步伐，在竞争中，将因失去效率而被淘汰。

技术环境的发展对企业影响巨大，因此企业一方面要保持与多环境的动态平衡，为自己争取良好的生态环境，另一方面，要加大科技研发投入，积极参与技术革命与革新，使自己同环境发展保持一致，从而不断地获得发展的能量，并抵抗企业内部的管理熵增。

四、新时代企业的新型管理模式竞争

第四次工业革命除了冲击社会生产的技术构成外，还将冲击社会组织方式，引发社会的变革，如治理体制、管理方式、生活方式、经济方式等，这就必然引发企业竞争方式的变化。企业竞争已经不是传统的市场的商品竞争方式，而是与新技术相匹配的新型管理模式的竞争。因此，企业需从以下方面着力，从而获取竞争优势。

1. 加快建设高效率的信息化管理系统

企业信息化管理主要包含信息技术支持下的企业变革过程管理、企业运作管理，以及对信息技术、信息资源、信息设备等信息化实施过程的管理。企业信息化管理的这三方面的实现是不可分割的，它们互相支持、彼此补充。企业信息管理属于企业战略管理范畴，对企业发展具有重要意义。

管理信息和管理熵是互为倒数的一对函数。管理信息越充分，那么管理系统的不确定性就越小，管理熵增就越能得到控制，反之亦然。所以企业的信息化管理也可以看成管理熵的管理，信息化其实就是低管理熵化。

2. 加快建设数字化管理系统

数字化管理是指利用通信技术，通过统计技术量化管理对象与管理行为，实现研发、计划、组织、生产、协调、销售、服务、创新等职能的管理活动和方法。几乎一切的管理要素、模块和结果，都可以转化成数字，实现数字化管理。

在企业层面，管理熵的管理就是企业数字化的管理，因为，管理熵是以数字的形态反映企业状态的，企业的每一个状态、每一个子系统的状态都十分精准地反映在其管理熵数值上，并可对这些数值进行解析，以及管理和控制。在企业管理中，数字化其实就是精确的管理熵值化。怎样才能实现企业的数字化管理呢？企业必须做到：①积极引入人工智能、云计算、大数据等数字技术，提升生产、运营、管理、服务的数字化水平；②加大研发经费投入力度，广泛开展产学研活动，积极开发新技术、新产品、新应用，形成快速响应用户需求和参与国际市场竞争的能力；③依托工业互联网开展跨地区、跨行业、跨领域协作，有效提升对数字经济时代巨大风险和不确定性的分解和抵御能力；④在数字管理中，引入管理熵理论与技术。

第三节 企业在变革中管理负熵的故事

一、九寨沟智慧景区管理系统：基于管理熵理论和射频识别（RFID）技术应用

2012 年 3 月 7 日，《中国科学报》在 B3 深度版面对管理熵研究和 RFID 技术，以及其在九寨沟的应用进行了全面报道，内容如下：

（一）基于管理熵理论的智慧景区，863 计划重大项目的研究和实施

以"童话世界""人间仙境"而著称的九寨沟位于四川省西北部阿坝州九寨沟县境内，地处青藏高原东南边缘，海拔在 2 000~3 000 米。它以美丽的自然景观、丰富的动植物资源闻名中外。

2008 年 10 月，在九寨沟管理局首席科学家、时任四川大学工商管理学院副院长任佩瑜教授的主持下，九寨沟管理局和四川大学等单位合作，获得国家高技术研究发展计划（863 计划）重大项目"基于时空分流导航管理模式的 RFID 技术在自然生态保护区与地震遗址的应用"的支持。研究目标是通过信息化手段，解决旅游旺季景区景点游客拥挤、乘车站点拥挤、车辆调度不畅和自然生态环境压力增大等问题，以优化综合实时管理调度。

课题组将源头创新的时空分流导航管理技术和 RFID、3S、3G 等信息技术综合应用，重点研究基于 RFID 技术和管理熵相结合的景区集成管理模式，解决资源电子化、门票智能化、游客行为追溯、智能化引导和时空分流调度、景点负荷监控等问题，制定 RFID 景区行业应用标准。课题组构建了景区复杂巨系统管理工程理论和技术，探索了科学、高效、有序的西部景区旅游经济和自然生态环境和谐可持续发展的综合集成管理理论及技术模型，并提炼了景区科学管理模式和标准。

（二）首创基于管理熵理论和 RFID 技术的时空分流导航调度模型，打造智慧景区管理新模式

自然风景保护区既具有旅游观赏功能和社会经济功能，同时还具有生态环境保护功能。任佩瑜根据九寨沟等国家级风景名胜区管理局的要求，在国内外首先提出了基于管理熵理论和 RFID 技术的时空分流导航调度模型。课题组借助于该理论工具，通过整合生态容量、社会容量、经济容量、心理容量、景点负荷、人车密度、服务效率等多种指标，从管理熵的角度研究时空分流导航的微观决策和行为对景区系统的社会、经济和自然生态环境效益的宏观影响，从而实现对景区游客、车辆等的闭环控制。

由观光车的动态调度实现景区游客的动态分流是一个具有多复杂性的系统适应控制问题。基于管理熵理论和 RFID 技术的时空分流导航模型，优化了车辆调度过程，大幅度地节约了车辆使用成本，及时有效地缓解了游客拥挤问题，降低了景区系统的管理熵值，提高了系统有序度，提高了管理和服务的效率与质量，提高了游客满意度，缓解了景点压力。

（三）借力 RFID 技术，建立智慧景区综合集成管理调度平台

作为物联网的核心技术，RFID 技术起源于第二次世界大战飞机中所应用的敌我目标识别技术，它是利用无线射频方式进行非接触双向通信，以达到识别目标并交换数据的自动识别技术。课题组依托 RFID 技术，集成电子商务、地理信息系统（GIS）、全球定位系统（GPS）、遥感技术（RS），从多种信息维度、不同综合层次展示景区车辆、游客运行、分布情况，支持景区多部门的实时、协同调度与预测，形成基于 RFID 实时数据驱动的景区综合集成管理调度平台。该平台主要应用包括基于 RFID 技术的一体化电子票务系统、游客智能服务系统、服务资源智能调度系统、景点或展台信息服务系统，以及智能化的后端监控与决策管理系统。

（四）依托 RFID 电子门票，实现游客服务数字化、人性化和高效化

在 RFID 电子门票的基础之上，课题组整合了导览、导游、定位、车流和人流数据采集之间的关系，建立了最适用的新业务模式，如一卡通业务、RFID 卡/手机联动的导览/导游业务、人流密度分析/展示、人迹跟踪、车辆智能调度、导游巡检、导游辅助引导、全球网络营销、宾馆助理配置、散客/集团个性化服务。

课题组通过 RFID 技术对数据进行实时的自动采集和分析，首次提出了基于RFID 的对人员密度的监控与引导的管理策略与流程。景区管理局通过集中式的数据监控中心对各景点的人流密度进行动态监测；通过资源调度优化服务，指导游客、导游避开人流密集、危险的地方。

（五）克服研究中的困难，取得丰硕的成果

五一、国庆等节假日往往是旅游高峰期，也是课题组开展野外调研和深度分析工作的最佳机会。每到此时，课题组成员都会在景区统计游客流量，记录观光车辆调度以及游客的流动情况，并到景区管理局开展深度访谈、收集数据等工作。因此，课题组成员掌握了大量丰富的第一手研究数据和资料。

九寨沟景区地处西部高寒地区，成都到景区的山区道路约 400 千米。课题组为了节约研究经费，除非特殊情况，基本不坐飞机，而是自己开车，甚至多次绕道经甘肃进入九寨沟。岷江源头的贡杠岭海拔约 1 200 米，高原和山区道路险峻，特别是在冬季，大雪茫茫，路面结冰，汽车容易打滑。一次课题组的汽车在结冰路面上控制不住，滑向崖边，差一点就摔下深谷。但课题组成员不畏困难，始终保持很高的工作热情。

由于所做研究涉及的学科多、跨度大，课题组成立了 RFID 技术应用研究实验室，购置了实验设备，制定了行之有效的科研管理制度，建立了良好的学习和激励机制。在团队成员的共同努力下，课题研究取得了丰硕的研究成果，申请国家专利10 项、制定国家标准 6 项、获得国家软件著作登记权 6 项，在 SCI、EI 和 CSSCI 等杂志发表论文 30 余篇、出版专著 4 本。

（六）RFID 技术促进城市公交智能化管理

以任佩瑜为首的课题组还和成都市公交集团合作研究，将 RFID 技术和管理模式拓展应用到城市交通智能化管理上。具体包括以下几个方面：（1）在城市一卡通中植入 RFID 芯片，在乘客上车和下车时通过传感器自动采集客流信息，并经移动网络传回公交数据中心，以有效确定客流的方向和断面流量，制订调度方案，以及特殊线路的应对策略。（2）通过 RFID 信号分析公交线路区段负荷分布，实现车辆实时调度，有效减少公交车候车时间，提高公交车运行速度和准点率。（3）GPS 车载设备在部分路段受移动网络传输限制，造成 GPS 速度、里程等数据无法及时传回，而 RFID 同 GPS 技术集成解决了这一问题。（4）在票务管理上，通过在内胆、胆箱上安装 RFID 卡，能够对整个收胆过程进行监控，保证了票款的安全性。

RFID 和 GPS 的集成应用极大地提高了成都公交精细化管理水平，缓解了城市交通拥挤状况，产生了良好的社会效应。

任佩瑜和他的科研团队在 RFID 技术研究和运用方面做了大量的工作，为 RFID 技术的产业化做出了有益的探索。

（七）基于管理熵的评价

863 计划重大项目的研究和实施，使九寨沟风景名胜区管理局的景区旅游管理工作效率和服务效率显著提高。课题组通过管理熵评价模型对景区系统进行分析，得出了九寨沟风景名胜区系统呈现出负熵发展状态，是低熵有序、低碳高效、人和自然系统和谐共生可持续发展的景区系统的结论。

课题组副组长章小平博士在研究后出版了一本专著《智慧可持续发展景区战略管理》。该书运用管理熵和管理耗散结构理论、时空分流导航管理理论等，在对比分析中国和美国景区可持续发展管理经验的基础上，提出了以可持续发展战略为统领，以低碳景区建设为路径，以智慧景区建设为核心，以信息化建设为基础的景区可持续发展创新管理理论和方法，并以九寨沟为例，验证了该理论的应用。

课题组成员冯刚博士也出版了一本专著《基于管理熵与 RFID 的景区游客高峰期——以九寨沟为主的实证研究》。该书介绍了管理熵理论与 RFID 技术融合形成的管理模式在九寨沟风景名胜区旅游管理中的应用。

九寨沟风景名胜区管理局的景区数字化管理，应用基于管理熵的评价理论和模型获得了四川省科学技术进步奖二等奖。

二、华为公司企业变革与负熵管理

（一）华为的负熵管理

华为公司首席管理科学家、中国人民大学黄卫伟教授在与任正非交流管理话题时，提到了热力学第二定律。任正非发现，规律有贯通，现实中亦可融会。任正非说："自然科学与社会科学有着同样的规律。对于企业而言，企业发展的自然法则也是熵由低到高，逐步走向混乱并失去发展动力。"熵原本是热力学第二定律的概念，却被任正非用于研究企业的发展之道，成就了华为独特的思想文化、价值观和发展战略。华为的发展不是偶然的，任正非开创性的管理思想和战略起着决定性作用。如果理解这点就会明白，任正非为什么经常把华为和灭亡两个词关联起来。

任正非说，企业要想生存就要逆向做功，把能量从低到高抽上来，增加势能，这样就发展了，于是诞生了厚积薄发的华为理念。人的天性就是要休息、舒服，这样企业如何发展？于是诞生了以奋斗者为本、长期艰苦奋斗的华为理念。任正非正是通过洞察人性，激发出华为人的生命活力和创造力，从而得到持续发展的企业活力。

（二）华为的耗散结构管理

2013 年 12 月，任正非在华为年度干部工作会议上提出："我把热力学第二定理从自然科学引入社会科学中来，意思就是要拉开差距，由数千中坚力量带动十五万人的队伍滚滚向前。我们要不断激活我们的队伍，防止'熵死'。我们决不允许出现组织'黑洞'，这个黑洞就是惰怠，不能让它吞噬了我们的光和热，吞噬了活力。"

除了高度激励奋斗者的分配机制，华为也通过培训赋能、加强人才流动的方式激发人才活力。任正非先生说：华为发展的过程就是对抗熵增的历程，组织的发展就是建立一系列耗散机制，化解熵增，即熵减；否则，组织越来越臃肿庞大，而效率则会越来越低下。

耗散结构的本质是负熵结构，是系统通过耗散能量同环境交换而引入新能量，从而抵消系统熵增而形成的负熵的系统结构。企业要形成耗散结构，首要条件是必须开放，必须从外部引入新的能量来抵御企业的熵增，从而形成负熵结构。企业最基础的能量就是技术，要抵御熵增就必须技术进步。为了实现技术进步，华为开放式地引进和使用技术人才，让人尽其才、才尽其用，把好钢用到刀刃上。例如，华为在全世界建立"2012 实验室"，至少拥有 16 家研究所。欧洲研究所成立于 2007 年，总部设在慕尼黑，在德国柏林、达姆施塔特、纽伦堡等地设有研发办公地点。在华为内部，欧洲研究所被称为"独一无二"的研究所，原因包括：它是华为两大数学中心之一，拥有 5G 研究的重量级团队。

三、深圳传世智慧科技有限责任公司对企业的管理熵理论的应用

深圳著名的企业创新与管理咨询公司——深圳传世智慧科技有限责任公司（简称"传世智慧科技公司"）在企业变革的新形势下学习、研究和应用新兴的企业管理基础理论。

（一）传世智慧科技公司对管理熵理论的应用

传世智慧科技公司创立于 2017 年，主要从事企业创新与管理咨询业务。随着公司体量、收入的增加，大客户的增多，企业的管理难度不断增加。传世智慧科技公司利用熵减理论来驱动组织和流程的改变，把熵减应用到管理上。随着业务的发展，该公司不断修改业务流程，以适配客户需求；以客户为中心，不断调整自身的组织结构，从以项目式运作为主转变为以产品线运作为主，从靠专家分析问题转变为将企业管理熵数据与人工智能和专家诊断相结合，从而实现了数字化管理。为了适应业务发展，该公司加强对行业的洞察和理解，加强对企业咨询的落地深度、理

论高度、技术广度和系统复杂度的研究，构建业务管理系统复杂度、技术难度、客户价值期望度相结合的诊断模型，致力于变革治理体系和治理能力的提高。为了打破平衡超稳态带来的组织势能递减和故步自封现象，传世智慧科技公司每年要调整组织架构。该公司不断优化动力机制，以吸引中外优秀人才。业务改变、流程改变、人才改变、知识结构改变，这些均是传世智慧科技公司基于熵理论的实际运用与实践探索。随着持续不断的熵减，企业竞争力不断提高，该公司的咨询合同每年保持着80%以上的复合增长率。

该公司在大胆运用熵减取得良好绩效的同时，也帮助十余家上市企业进行系统化变革，让这些上市企业充满组织活力，持续为客户创造价值。

（二）取得的应用效果

第一个效果是增长。2021年，传世智慧科技公司的合同额已经超过了2.2亿元，年收入超过了1.3亿元，利润在3 000万元以上。

第二个效果是积累。在知识层面的积累上，该公司建立了自己的智库系统。智库里积累了2万多个知识经验、案例文库。该公司拥有20多个图书著作权、10多个软件著作权，申请了10多个专利。

第三个效果是转型。该公司运用管理熵理论指导自己的数字化转型，如建立了"企探"系统、"变革易"系统、智库系统、CXO-AI系统等。

四、成都中科大旗软件股份有限公司对管理熵理论的学习和应用

成都中科大旗软件股份有限公司（简称"中科大旗"）创立于2004年，是国内具有领先地位的数字文旅国家高新技术企业和国家级专精特新"小巨人"企业。该公司深耕"文化+旅游+科技"产业赛道，服务国家文化和旅游产业的发展。

在中科大旗的发展道路上，公司董事长周道华先生也一直在努力探索一条可以不断提高企业效率，坚持"微创新"、保持组织活力的可持续发展道路。

（一）基于企业管理熵学理论的应对策略

管理熵学理论指出，企业管理系统是自然系统和社会系统共同作用的复杂巨系统，而管理的目标就是抑制系统总熵增。在系统内部熵值恒增的情况下，企业只能从人工干预（管理）产生管理负熵和促进外部环境流入"负熵流"这两个方面采取行动，通过追求最大的管理负熵从而减少耗散并获得足够的补偿和增值能量，进而实现跃升和发展。以此为最基本的逻辑，中科大旗对治理结构进行调整和改革。

1. 实施"建圈强链"战略，构建产品开放生态

封闭导致消亡，开放促进发展。中科大旗从2017年起，着力研发文旅产业生态操作系统，即基于云计算、大数据、物联网、移动互联网和人工智能等新一代计算机技术，以开放互联为指导思想、以面向文旅行业领域的关键共性技术能力建设为核心（即面向文旅的产业中台）、以文旅行业信息化应用为重点，培育文旅行业的应用开发生态和运营生态，形成"云+中台+应用"的新型的、开放协同的、共生共赢的"智慧文旅产业生态共同体"，提升了文化和旅游管理部门的管理水平，增加了文旅企业的销售收入，提升了游客的满意度，推动了文旅产业的协同健康发

展。中科大旗以文旅产业生态操作系统为核心，加强产业链上各单元的生态合作，以吸纳更多的行业参与者，形成了面向文旅产业的、一站式的数字文旅应用生态体系，从而增加了负熵流入。更进一步，中科大旗把文旅产业生态操作系统总结为"个十百千万"的系统工程。"个"，即一个开放的面向文旅产业的中台，包括数据中台、技术中台和业务中台，形成文旅产业的"技术底座"。"十"，即结合中台，着力研发大数据、AI、边缘计算、物联网和移动互联网等关键共性技术，形成十大开放创新能力。"百"，即面向文旅管理部门、文旅企事业单位、公众的上百个应用系统，以低成本、高质量为用户提供信息化应用。"千"，即围绕政府端、企业端、公共服务端的上千个应用场景（如预订/订票、验票等）提供"小前台"的场景化应用。"万"，即通过开放中台引入上万个生态伙伴，包括云计算生态、文旅应用开发生态和运营生态，让产业的信息化真正"用起来、活起来"。

2. 开发"小旗智管"系统，提高组织协同能力

企业规模越大，管理系统也就越复杂，信息流动不畅、管理体系混乱、部门沟通协作不力等各种"大组织病"就会不断出现，而这些将极大地增加内耗，增大系统熵值，从而使系统向着管理熵结构发展，影响公司的可持续发展。为了应对挑战，中科大旗量身定制开发了公司内部管理系统——"小旗智管"，通过数字化的手段加强了信息共享和部门协同。中科大旗以项目为核心，搭建了"由线索到现金"的全流程跟踪矩阵。所有部门协作通过"任务"产生交互，各项工作及流程向着有序发展。同时，系统融合了办公自动化（OA）系统，构建"三三制"协作机制，引入"交叉评价"模型，使各种审批流程与业务产生强关联，权责体系更加明晰，信息共享更加及时高效，保障了信息流的通畅和正确性、部门协同的统一性和高效性，从而保证了公司不断地维持耗散结构。"小旗智管"运行以来，形成了以工作协同为核心的"大数据"。中科大旗通过对这些数据的建模、分析，形成"自优化、自适应"的创新管理模式，让管理"用数据说话"，不断优化系统整体效能，有效推动公司的可持续发展。

3. 激发"创业创新"活力，促进组织持续变革

正熵的产生是企业运行产生的必然结果，但是负熵的产生不会自然发生，必须要进行人为的干预，必须要借助创新的管理制度和经营保障体系才有可能实现管理耗散结构。中科大旗从实际发展情况出发，不断创新产品管理体系，由最初的多产线制调整为三大业务部制，减少了组织内各单元的利益对抗和责任推诿。同时，公司引入"机动小组"组织模式，针对具体任务由领导牵头快速集结"战斗小组"，规避组织层级多、流程固化和组织臃肿导致的熵增；通过优化员工激励方案，形成长期激励（股权激励）、中期激励（年度奖金）、短期激励（项目提成）相结合的综合激励体系，以增强员工创造力，并同步实施高端人才引进和员工培养计划，保持团队活力。在产品创新方面，公司也逐渐由项目定制开发的传统模式，转向标准产品化模式，大力推行"企业上云"的现代软件服务模式，并陆续开发了数字乡村产品、数字文旅超融合一体机、文旅产业操作系统等创新产品，陆续开发了"资源置换"等创新服务模式，为企业应对内外部系统条件变化，应对越来越严峻的市场竞争形势积蓄力量。

（二）取得的应用效果

通过学习应用管理熵学理论，中科大旗的公司治理更加有章法和条理，更加从容，针对企业管理制度和组织结构的调整更加系统和科学。

近年来，以管理熵学为基础开展的诸多变革，使中科大旗在行业地位、产值体量、公司团队战斗力等方面都有了进一步提高：疫情期间产值保持稳定增长，合作生态日益完善，自主创新能力逐渐增强，已取得软件著作权 100 多项，发明专利 91 件，4 项科技创新成果被认定为国际领先，参与或主导国家级标准 6 项，获得四川省科学技术进步奖二等奖 3 项、三等奖 1 项，并设立了企业技术中心、博士后创新工作站、专家（院士）创新工作站等研发机构，内控管理更加高效，团队合作更加顺畅，为公司再上台阶打下坚实基础。

第九章　基于管理熵理论的
企业变革理论与思路

第一节　从管理熵结构到管理耗散结构

一、企业系统生命的转换

企业的生命力为什么会由强变弱？企业为什么会在初创时充满活力，而经过一个时间段的运行后逐渐僵化而衰亡？

表面上看，可以得到的管理学和经济学解释是，企业初创时，所有人员，特别是具有企业家精神的企业领导人员，他们敢于创新、敢于创业，努力与内外环境斗争。在正确的管理制度和运行机制的支持下，企业具有较高的生产经营效率。而后，随着企业规模的扩大，拼搏的精神逐渐淡化、享受的意识逐渐抬头，企业的管理体制和机制开始过时而僵化，企业的权力结构和利益结构都已形成超稳态平衡结构，改革创新精神被企业超稳态平衡结构扼杀，以信息流为核心的企业决策神经系统的运动也开始呆滞僵化，企业逐渐走向僵化直至衰亡。

要解决企业逐渐僵化的问题，唯一的方法就是对抗企业管理熵增，引入新的能量，改善系统结构形成非平衡态，进而控制和降低管理熵增，促使企业系统形成新的有序的管理耗散结构，让管理耗散结构的管理效率递增规律和企业生命周期可逆规律重新起作用。

二、企业变革的目标——管理耗散结构

什么是企业变革？企业变革就是打破一切束缚企业发展的旧体制，创立一种适应新环境、新生产经营方式以及新竞争模式的新体制。"破而后立，转型升级"就是企业变革。

企业管理变革并不是今天才开始的。早在 1960 年 3 月，毛泽东在对中共鞍山市委《关于工业战线上的技术革新和技术革命运动开展情况的报告》的批示中，就用"破立"的辩证唯物主义哲学思想，总结提炼出了我国企业管理的一项重要制度，这就是"两参一改三结合"制度。"两参"即干部参加生产劳动，工人参加企业管理；"一改"即改革企业中不合理的规章制度；"三结合"即在技术改革中

实行企业领导干部、技术人员、工人三结合的原则。"两参一改三结合"也是促进管理耗散结构形成的一种重要方式，因为，这个制度的核心就是管理系统的开放，是一种在开放条件上的民主集中制的管理模式。

如前所述，企业的管理耗散结构是指，企业系统通过物质和能量消耗过程生产产品，并将产品同市场（环境）进行交换，获得增值的价值；通过补充耗散和追加扩大再生产的物质能量，使系统管理负熵增加，抵消管理熵增，并在远离平衡态和非线性以及巨涨落的作用下，克服混乱，发展成新的稳定的有序的系统结构。

怎样才能重新塑造企业的耗散结构呢？显然，不能完全照搬传统的经验，只能继承和发扬其精髓，扬弃不适宜的管理制度和组织方式以及人力资源管理方式，对市场环境全面开放，重新建设一个全新的企业系统。

企业系统是一种自组织和他组织共同作用和决定的自然和社会相结合的开放性复杂巨系统，这个系统必然存在管理熵的运动。由于系统必须抵制管理熵的增长，以避免形成管理熵结构而进入不可逆过程，因此必须形成管理耗散结构来抵消管理熵增和无序度的增长，从而保持低管理熵和有序状态。"两参一改三结合"制度，不仅能够大大地提高企业管理能量和效率，而且能够抵抗企业管理熵增而实现耗散结构。

从上面的论述可以看出，企业只要形成和保持耗散结构，就能保持活力，得到发展。

第二节　企业转型升级的思路

所谓企业变革就是指为了使企业继续有效发展，改革企业过去有效的但已经不适应现在发展的企业生产经营组织与管理制度和运行机制，从而重建秩序、提高效率，重新建构全面开放的以市场为导向的生产经营体系，促进扩大再生产与扩大市场交换弹性平衡，在与市场交换中，大幅度增加新能量（价值量）的流入，降低管理熵增，促进企业系统的管理耗散结构形成的一系列自我革命的活动。

企业转型升级的基本思路如下：

一、调整企业文化和管理体制，使企业适应变革

（一）坚守初心，发扬优良传统

企业是以营利为目的的社团法人。企业成立的基础是资本，资本逐利，这是资本的特性，是资本自身扩张的需要，资本以及资本组成的企业如果不追逐利润，那就不是资本和企业了。企业追逐利润的手段是多变的，唯一不变的是满足市场的需要。以市场为引领，满足社会需要，就成为企业实现盈利的唯一手段。然而，企业是社会的生产组织，它必然要担负起发展社会生产力、满足人民生产生活需要、促进社会和谐发展的责任。人类社会的发展历史充分证明了一个真理，即无论是个人还是组织，其具有的权力越大、财富越多、社会影响力越大，则承担的社会责任就

越大。因此，资本或企业的自觉或不自觉的终极目标是通过发展自己回报社会，带动和促进社会的发展。论语说："取乎其上，得乎其中；取乎其中，得乎其下；取乎其下，则无所得矣。"这句话的意思就是，求其上者得其中，而求其中者得其下，求其下者则什么也得不到。因此，企业应将存在的理想和目标制定得高一些，时刻想着通过创新、生产为国家发展、民族复兴贡献力量。企业发展的理想和目标同国家发展联系起来，能激励员工保持昂扬的精神面貌。孟子说，"穷则独善其身，达则兼善天下"，意思是一个人在不得志的时候，就要洁身自好，注重提高个人修养和品德；一个人在得志显达的时候，就要想着把善发扬光大，影响社会。当企业发展不太好时，企业应练好内功，打好基础，开拓创新，适应市场需要，积累经验和力量；当企业发展很好时，就应该回报社会，促进社会发展和提高人民生活水平。

其实，在不同的时空领域里，企业的目标和实现目标的手段是二元转换的。这就是说，在一定的时空中，目标制约着手段，手段是为完成目标而选定的，但是，在另一个时空，目标可能又成为手段，而手段又变成了目标。例如，企业可以以盈利为手段来实现为社会服务的目标，反过来，企业也可以以社会服务为手段来实现盈利的目标。这就是哲学意义上的目标手段二元转换。企业可以在坚持初心不变的基础上，灵活运用二元转换机理，更好地实现自己的目标。

（二）调整心态和视角，适应变化的环境

在第四次工业革命和世界环境大变革的条件下，企业过去生存的环境发生了剧烈的变化。例如，企业的生产方式向数字化生产、智能化生产、绿色化生产转变，管理也由传统的人工管理转变为大数据化、信息化、网络化、智能化管理，营销也由传统的销售方式转变成电子邮件营销、即时通信营销、电子公告板（BBS）营销、病毒式营销、抖音营销、简易信息聚合（RSS）营销、社会化网络（SN）营销、创意广告营销等。也就是说，企业的生产经营方式和环境全面发生变化，企业过去成功的经验已经不再适应发展了的环境，企业须用求新求变求发展的心态和视角看待高速发展的工业革命和环境变化，力求将自己融入这场伟大的变革之中，在变革中求得转型升级，求得更高质量的发展。

（三）发扬企业民主管理，实施"两参一改三结合"

前文已简要介绍了"两参一改三结合"的管理制度。当时，毛泽东把"两参一改三结合"的管理制度称为"鞍钢宪法"。

"鞍钢宪法"不仅对我国国民经济的建设与发展产生了巨大作用，而且发达国家也引起了企业管理人士的关注和研究与应用。先是日本，随后是欧洲和美国，许多企业管理学家认识到，"鞍钢宪法"的精神实质是"后福特主义"（Post-Fordism），即对福特式的僵化的、以垂直命令为核心的企业内分工理论提出挑战。"鞍钢宪法"的实施，形成了一种企业管理的有效途径，它实现了企业领域的群众路线，从而极大地加快了企业技术革新和革命以及全面提高生产效率的进程。"两参一改三结合"的具体内容是什么呢？

"两参"是指管理者参加生产劳动，生产者参加管理工作。这是预防官僚主义的机制，体现了"制度"面前人人平等的思想，将以人为本的企业文化落在实处；

同时，管理者不脱离实际生产、熟悉生产，因此决策和管理更加符合实际情况。不仅如此，"两参"有效地消除了管理者与工人群众的距离和隔阂，令企业文化更加和谐、企业凝聚力更高、员工更能发挥出主动性，能够大大地提高企业全员劳动生产率。

"一改"是指企业必须不断改革不合理的规章制度，就是不断改革包括基本停留在西方企业管理的放任制、泰勒制、福特制阶段的一些不太合理的制度，这些制度片面强调一种机械的压迫性的纪律和低层次的竞争，正如美国学者库利所说"这就压缩了个人发展的空间，并使大多数人变得墨守成规、充满奴性"。"一改"含有"不破不立、破而后立"的改革思想，这同熊彼特的"创造性地破坏"理论具有异曲同工之妙。

"三结合"是指在生产经营管理、技术创新和技术革新工作中，实行企业领导干部、工程技术人员和一线生产经营人员相结合的制度，以发挥不同层级和不同人员的积极性，整合不同层级、不同人员的经验和知识，高效率地完成项目任务。这样的团队，既能促进信息共享，又可以弥补任何一方的不足。并且，不同知识背景的人，在一起进行研讨，极易碰撞出思想火花，经验证明这就是后来出现的"头脑风暴法"和"民主管理法"，这也为全面质量管理（TQM）的理论和方法奠定了基础。

"两参一改三结合"制度是一种科学、民主的管理模式，具有极大的管理感召力和凝聚力，能够充分调动全体员工的积极性和主动性，能够极大地提高企业的创新能力和效率。在此模式下，企业管理人员要将自己放在为企业工人、技术人员服务的基础上，实现合作。判断一个企业是否成功，很重要的一个标准就是看它是否经过长期探索，找到了一条与本企业和时代特征相适应、行之有效的管理模式和发展道路。如果不是走独立自主的创新道路，不能形成自己独特的管理模式，就不可能自强！

二、调整或重建企业发展战略

（一）料敌先机，抢先适应工业革命和市场变化

企业的战略变革是指在新环境条件下，企业为适应发展需要而做出的具有长远性、全局性和竞争性的新发展规划和资源结构配置。企业的战略变革本质上就是企业为适应发展而做出的战略创新。

商场犹如战场，商业竞争虽然不是你死我活的零和博弈，但"一招鲜吃遍天""人无我有、人有我新"的竞争策略所展现出的"料敌先机、先敌变化"仍然是在竞争中取得优势所应遵循的圭臬。

在第四次工业革命的背景下，全世界的生产重新分工和组合，世界供应链和市场也在变革和重组，生产消费与生活消费的方式和商品均随着工业革命的发展而发展。传统市场将逐步萎缩，新兴市场将取代传统的市场和消费方式。企业若想在大变革中抢占先机，形成竞争优势，就必须审时度势，分析未来市场需求，为新的市场开发新技术、新产品、新服务和新商业网络与平台，努力成为新兴市场的引领者。

（二）战略变革，抢先布局企业战略资源

在新形势和新环境下，企业必须重新对战略进行定位才能更好地适应发展。如何实施战略定位是战略变革的重要内容。根据迈克尔·波特的观点，企业为获得竞争优势而进行的战略定位实际上就是在价值链配置系统中从产品范围、市场范围和企业价值系统范围进行定位的过程。对于明星类产品，企业要多投资，促进其发展，以扩大市场份额；对于金牛类产品，由于其具有规模经济和高利润优势，但有风险，企业要维持其市场份额，尽可能多地赚取市场利润；对于问题类产品，虽然产品市场吸引力强，但由于要加大投资，因此考虑在尽可能短的时间内收回成本；对于"瘦狗"类产品，企业的对策就是尽快地售出剩余产品然后转产。企业的竞争优势来源于企业的价值链配置系统，就是这个系统在市场与企业之间不断地传递有关价格、质量、创新和价值的信息，从而令企业保持竞争优势。

（三）变革和实施全面战略管理

所谓企业战略的全面管理是指实施全体参与、全过程控制、全方位管理和全要素配置的企业发展战略管理模式。全面战略管理的特点就是战略实施过程的"四全"管理：①全体参与，即全面动员，全员参加，上下一致、齐心协力，共同完成企业发展战略。②全过程控制，即对战略执行的全过程进行计划分解，分阶段执行，每个阶段都有自己的核心任务和考核标准，每个阶段都严格监控。③全方位管理，即全局指挥，各部门分步执行，每个部门都有自己的核心任务和考核标准，各部门严格实现有机协同。④全要素配置，即战略所需全部资源集中联动调度，严格计划分配，每一个资源都用到最需要的地方，做到物尽其用。

虽然全面战略管理的特点在于"四全"，但是关键在于落实和执行，战略规划只有在执行过程中才能发挥作用。

（四）战略的实施与管理流程的控制

企业战略管理有三个主要的环节，即战略情报收集和调查、战略设计和制定，以及战略执行与控制。这三个环节非常重要，缺少一个环节都会导致失败，给企业带来巨大的损失。关于战略管理的第一个和第二个环节，我们前面已有阐述，现在我们来讨论第三个环节的内容。企业战略实施与控制管理流程见图9-1。

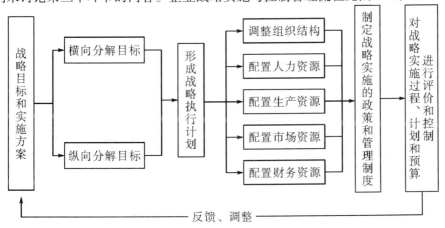

图9-1　企业战略实施与控制管理流程

根据图9-1，我们可知道，制定战略目标和实施方案后，须对目标进行横向和纵向分解。所谓横向分解是指目标需要分解到企业的每一个部门，甚至分解到每一个人，这样企业的每一个部门和人员，才能知晓自己的任务和责任。所谓纵向分解目标是指根据战略目标和方案执行的时间，将目标按年度执行需要分解成年度目标、季度目标与月度目标，甚至是周目标和日目标，以便于对目标任务实施精准化管理。在目标分解基础上，管理人员须制订可执行的计划和年度经营计划。根据年度经营计划，管理人员调整和配置企业资源，以保证计划执行和有效完成。根据战略执行和管理的需要，管理人员制定各种新的企业政策和规章制度，以保证战略管理落实到位。企业有关人员须对每一个年度计划完成情况进行评价、总结，并提出完善方案。

三、企业基础组织的适配性与调整

企业基础组织的适配性是指企业的基础组织结构与企业生产经营性质、规模、管理能力和发展战略要求的匹配程度。显然，适配性越高，企业就越有序，就越能够高效地完成自己的目标任务。

（一）企业组织结构与新发展战略的适配性

企业的组织结构包括产权组织结构、管理组织结构、生产工艺过程组织结构、营销过程组织结构、人力资源及劳动组织结构、财务成本管理组织结构、企业供应链组织结构等。企业组织结构与企业的新发展战略的适配性高，有利于企业优化资源配置、提高运行效率、实现新发展战略。

（二）企业制度结构与新组织管理的适配性

企业制度是应企业管理的要求而设计和执行的刚性的规范约束体系。企业制度设计必须与企业新的战略目标和管理体系相匹配，是企业内部管理的手段和依据。有什么样的管理体系，就一定要求有相匹配的执行制度来执行管理，否则，管理就不会落到实处。既然制度适应管理的需要而产生，是管理的手段和依据，那么，新制度设计就必须符合新管理体系的要求，必须与管理高度匹配，这样才不会产生管理矛盾进而产生组织运行的无序和混乱。

四、不断提升企业自主创新能力和核心竞争力

企业在数字化转型升级中，应积极引导和支持创新要素向企业集聚，推动科技成果向现实生产力转化，不断提升自主创新能力和核心竞争力。企业创新主要包括以下几个方面：

（1）理念创新。理念创新是企业各项创新的前提。这需要企业具有广阔的眼界和胸襟。企业应在管理理念、经营理念、生产理念等方面都有新思路、新突破、新举措，从而跟得上甚至超越市场发展的脚步。

（2）管理创新。管理创新是企业各项创新的客观要求，也是各项创新的基础。通过管理创新，企业可以重新整合人才、资本、科技等要素，使各种生产要素和生

产条件得到优化，使自身实力和市场竞争力进一步增强，从而为各项创新奠定组织基础和物质基础。使企业的人力资源得到充分利用是管理创新的重要环节。人才是企业发展的活力所在。企业要通过合理的人力资源管理，吸引一大批有能力、有思想、有干劲的人才，有效推进企业的各项工作。管理创新还包括组织创新、制度创新、机制创新、工作结构创新、企业文化创新等。

（3）产品创新。产品分为有形产品和无形产品两大类。无论是有形产品还是无形产品，都是企业生产出来为满足消费、满足人类使用功能需要的产品。产品创新就是通过新设计、新技术、新工艺生产出具有新材料、新结构、新功能的产品。产品创新是企业各项创新的关键。因为产品和服务在消费者心中就是企业的名片和代表。

（4）技术创新。技术创新是企业各项创新的核心。科学技术是第一生产力，现代企业的竞争越来越依赖于科学技术。技术创新包括源头技术创新、技术改造和技术革新两个方面。源头技术创新是指通过基础科学的突破，或应用新原理获得新的生产方式或获得新产品的过程。源头技术创新包括开发新材料、新技术装备、新生产工艺、新功能产品等。技术改造和技术革新主要是指在原有技术的基础上，对生产或产品进行改革和革新，并不需要基础科学的新突破。可见，源头技术创新的难度较大，但是，一旦突破就会形成颠覆性的技术和新技术群。而技术改造和技术革新则能够以较少的资源快速地实现，并能够在原有生产基础上提高生产效率、降低生产成本、改良生产管理。

（5）营销创新。随着市场营销环境的变化，企业市场营销活动面临着诸多挑战。许多问题需要通过营销创新来解决。企业如何主动适应新的市场环境要求，使新的营销要素或要素组合融入企业营销体系，使之具备新的功能和新的创造力，以营销创新谋求企业发展，是摆在企业面前的一个十分现实而又重要的课题。企业要在营销方面走出新路子，必须坚持以顾客为中心，立足于"顾客满意"，通过对企业产品、服务、品牌不断进行定期定量的测评与改进，以服务品质最优化，使顾客满意度最大化。

五、再造与变革相适应的新型商业模式

现代企业之间的竞争，不局限于在产品与服务方面的竞争，还包括商业模式方面的竞争。中国企业的"低成本时代"已经结束，中国企业的竞争进入"商业模式"和"资本"层次上的竞争。面对第四次工业革命，企业必须提高绿色制造水平，提高效率与服务速度，要有新的利润增长方式，这样才能免于淘汰。由此，必然产生新兴商业模式。这个模式就是以经营管理智慧为引导、以资本为基础、以高技术群为手段、以市场为中心的企业利润增长新模式。

第十章 基于管理熵理论的企业诊断与变革工程

基于管理熵理论的企业系统状态和发展趋势测量分析诊断系统——"企探"系统，是由深圳传世智慧科技有限公司开发的。该系统可对企业当前生产经营及管理状态和发展趋势进行分析、诊断，并提供咨询。该系统是大数据化智能化的仿真和应用服务系统，其核心技术已经申报国家专利和软件著作权。该系统已在多家大型企业应用，取得了突出成果，促进了企业的变革、优化，提升了企业的生产经营和管理能力，提升了企业的运行效率。

第一节 传统企业分析系统[①]

一、基于财务数据的杜邦财务比率综合分析评价模型

杜邦财务比率综合分析评价模型（简称"杜邦模型"）是指，将若干个用于评价企业经营效率和财务状况的比率指标，按其内在联系有机地结合起来，形成一个完整的指标体系，并最终集成为一种用所有者权益收益率来反映企业运行状态的综合分析评价模型。

杜邦模型由美国杜邦公司在 20 世纪 20 年代首创，经过多次改进逐渐将各种财务比率结合成一个以所有者收益状况为主体的财务结构体系。我们可以通过该模型了解主要财务指标之间的关系，了解企业发展战略中的资金运动和收益情况，便于对战略的关键环节进行控制。

在杜邦模型中有几个关键的指标关系：

1. 所有者权益收益率

$$所有者权益收益率 = 总资产收益率 \times 所有者权益乘数$$

即

$$\frac{净利润}{所有者权益} = \frac{净利润}{资产总额} \times \frac{资产总额}{所有者权益}$$

$$总资产收益率 = 销售润率 \times 总资产周转率$$

---

① 参见任佩瑜等所著的《现代企业管理学——理论、技术与方法》。

即

$$\frac{净利润}{资产总额}=\frac{净利润}{销售收入}\times\frac{销售收入}{资产总额}$$

上述指标关系说明，对企业至关重要的所有者权益收益率是由三个因素构成的，它们之间的关系如下：

$$所有者权益收益率=销售利润\times总资产周转率\times所有者权益乘数$$

通过上式，我们就可以对所有者权益收益率变化的原因进行具体分析。

2. 销售利润

$$税后净利润=销售收入-成本总额$$

$$成本总额=销售成本+期间费用+税金+其他支出$$

式中，

$$税金=销售税金所得税$$

$$其他支出=营业外收支净额-投资收益-其他业务利润$$

3. 总资产

$$总资产=流动资产+长期资产$$

式中，

$$流动资产=货币资金+有价证券+应收及预付款+存货+其他流动资产①$$

$$长期资产=长期投资+固定资产+递延及其他资产$$

下面举例说明杜邦模型的运用②。设某企业货币资金为 67 300 元，有价证券为 15 000 元，应收及预付款为 19 000 元，存货为 121 940 元，其他流动资产为 4 850 元，长期投资为 52 200 元，固定资产为 889 900 元，无形资产为 67 000 元，递延及其他资产为 13 400 元，销售收入为 3 677 000 元，销售成本为 3 077 000 元，期间费用为 343 300 元，税金为 209 531 元，其他支出为 -154 300 元，所有者权益为 836 490 元。

根据上述公式计算：

长期资产 = 52 200+889 900+67 000+13 400 = 1 022 500 （元）

流动资产 = 67 300+15 000+19 000+121 940+4 850 = 228 090 （元）

总资产 = 1 022 500+228 090 = 1 250 590 （元）

成本总额 = 3 077 000+343 300+209 531-154 300 = 3 475 531 （元）

税后净利润 = 3 677 000-3 475 531 = 201 469 （元）

$$总资产收益率=\frac{201\ 469}{3\ 677\ 000}\times\frac{3\ 677\ 000}{1\ 250\ 590}\approx16.11\%$$

$$所有者权益收益率=\frac{201\ 469}{1\ 250\ 590}\times\frac{1\ 250\ 590}{836\ 490}\approx24.09\%$$

根据例题中指标的计算结果，利用各财务指标间相互关系，可绘制杜邦模型（如图 10-1 所示）。

---

① 其他流动资产包括待摊费用、待处理流动资产损失、一年内到期的产期投资等。

② 孙铮，王鸿祥. 财务报告分析 [M]. 北京：企业管理出版社，1997：144-146.

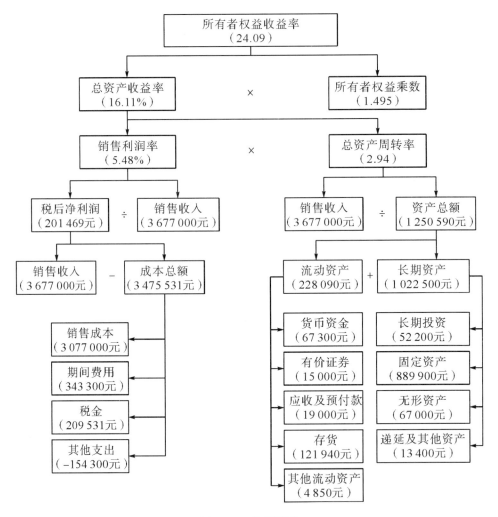

图 10-1　杜邦模型

杜邦模型是国际上成熟的通用的财务比率综合分析评价模型，主要是从所有者的角度对企业经营状况进行分析、评价和管理。在战略评价中，我们可以利用杜邦模型看出战略实施后企业的价值运动结果，并根据财务分解过程，对企业整体情况和具体环节进行分析、评价和控制。

二、企业战略分析的 SWOT 系统

战略匹配分析技术（SWOT）是安索夫（Ansoff）提出来的一种矩阵结构式分析方法。SWOT 分析，即基于内外部竞争环境和竞争条件下的态势分析，通过调查列举出与研究对象密切相关的各种主要内部优势、劣势和外部的机会和威胁等，并依照矩阵形式排列，然后进行系统分析，从中得出带有决策性的结论。

构建和分析公司优势、劣势、机会、威胁矩阵的方法和步骤如下：

（1）分别列出公司关键的内部优势、劣势，外部的机会、威胁；

（2）将内部优势与外部机会相匹配，并把匹配结果（对策）填入SO格中（见图10-2）；

（3）将内部劣势与外部机会相匹配，并把结果填入WO格中（见图10-2）；

（4）将内部优势与外部威胁相匹配，并把结果填入ST格中（见图10-2）；

（5）将内部劣势与外部威胁相匹配，并把结果填入WT格中（见图10-2）。

		内部环境	
		优势（S）： 列出5~10项优势	劣势（W）： 列出5~10项劣势
外部环境	机会（O） 列出5~10项机会	SO对策部分： 发挥优势，利用机会	WO对策部分： 利用机会，克服劣势
	威胁（T） 列出5~10项威胁	ST对策部分： 利用优势，防范风险	WT对策部分： 减少劣势，防范风险

图10-2 SWOT矩阵模型

三、波士顿矩阵分析方法

波士顿矩阵分析方法（简称“BCG矩阵”）是由美国大型商业咨询集团——波士顿咨询公司（Boston Consulting Group）提出的投资组合的矩阵分析方法，是多元化企业制定战略的简单有效的分析工具。

BCG矩阵通过把客户生产经营的全部产品或业务组合起来，进行一个整体的综合集成的分析，解决客户业务结构优化和相关现金流量的配置问题。

波士顿咨询公司假定，除最小和最简单的公司外，一般企业都是由两个或两个以上的经营（或业务）单位构成，这些单位各有不同的产品和市场，所以必须在每一个单位采用相应的战略。在一个企业里，将不同经营单位的战略综合集成起来进行分析，就成为经营组合分析。每个经营单位选择战略的依据是产品的相对市场份额指标和产品的业务（市场）增长率指标，它们的计算公式如下：

（1）该单位的产品的相对市场份额

$$\text{产品的绝对市场份额}=\frac{\text{本企业某种产品在某市场上的年度销量}}{\text{该产品年度市场总销量}}\times 100\%$$

$$\text{产品的相对市场份额}=\frac{\text{本企业某种产品的绝对市场份额}}{\text{最大竞争对手的该种产品的绝对市场份额}}$$

相对市场份额指标能够较准确地反映企业在市场上的竞争地位和实力，也能在一定程度上反映企业的盈利能力。显然，产品的相对市场份额越大，就说明企业的竞争实力越强。

（2）该单位的产品的业务（市场）增长率

$$\text{产品的业务（市场）增长率}=\frac{\begin{matrix}\text{该产品本年}\\\text{市场销售总量}\end{matrix}-\begin{matrix}\text{该产品上年}\\\text{市场销售总量}\end{matrix}}{\text{该产品上年市场销售总量}}\times 100\%$$

产品的业务（市场）增长率指标能够较准确地反映产品处于市场生命周期的某个阶段，我们据此能够分析出市场潜在的机会和威胁。这个指标有双重含义：一方面，它反映了市场机会和扩大市场份额的可能性，如增长缓慢，则难以扩大市场；另一方面，它反映了投资机会的大小，如增长快，则为迅速收回投资、获得投资收益提供了机会。

我们将以上两大指标的数值分为高低两个档次，便可绘制一个四象限的矩阵；再分别分析每个经营单位的两大指标情况，并把它列入矩阵中的某象限，便可进行分析（如图 10-3 所示）。

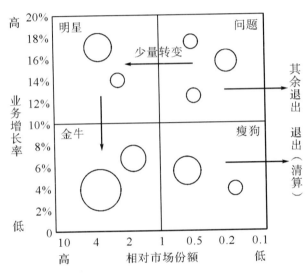

注：①业务增长率（纵轴）用线性坐标，相对市场份额用对数坐标。②划分高低档次的界限选用 10%，相对市场份额的界限选用 1。③图中每个圆圈代表一个经营单位（或产品），圆圈大小代表该单位的规模（一般以占用企业资产的比重来衡量）。对每个经营单位的两大指标进行分析后，便将它绘入相应象限。

图 10-3　波士顿矩阵分析方法图

图 10-3 中的四个象限代表四种类型的经营单位，通过分析可形成优化的企业经营组合战略：

（1）明星类单位或业务。这些单位或业务的相对市场份额高，反映了企业竞争实力强。其业务增长率也高，反映出市场前景好，有进一步发展的机会。因此，应选择扩张型战略（SO 战略）。当明星类单位或业务的业务增长率下降时，将变成金牛类单位。

（2）金牛类单位或业务。这些单位或业务的相对市场份额高，反映企业竞争力强；但其业务增长率不高，表明市场前景不好，不宜再增加投资去扩张。企业对它们应采用稳定型战略（ST 战略），尽量保持现有市场份额，而将其利润抽出来，去满足明星单位或业务和部分幼童单位或业务发展扩张的需要。

（3）问题类单位或业务。这些单位或业务的业务增长率高，表明市场前景好，有发展的机会；但其市场份额低，又表明其实力不强，获利甚微，要得到发展，就必须追加大量投资。企业的资金是宝贵和有限的，因此不是对每一个问题类单位都追加大量投资，只有对确有扩张前途的单位采用扩张型战略才追加投资（SO 战略），对其余的就只能采取放弃战略（WO 战略）。

（4）瘦狗类单位或业务。这些单位或业务的业务增长和市场份额都低，表明既无发展实力也无发展前景。对此，企业采用的战略是在维持现状的基础上逐渐抽资，或者采用退出战略（WO 战略）。

四、五力分析模型

五力分析模型是波特提出的。波特认为企业竞争战略的选择须考虑两个中心问题：①产业长期盈利能力及其影响因素所决定的产业的吸引力；②决定产业内相对竞争地位的因素。因此，他设计了一种结构化的分析方法，认为有五种要素影响着竞争，即潜在竞争对手的进入、替代品的威胁、客户的砍价能力、供应商的砍价能力和现存竞争对手之间的竞争。这就是竞争的五种力量。五力分析模型如图 10-4 所示。

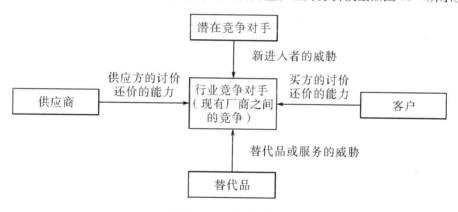

图 10-4　五力分析模型

竞争五力通过三条途径影响企业的长期盈利能力，即价格、成本和投资。首先，客户的砍价能力通过价格影响企业的毛利率，替代产品的威胁程度也会影响企业的定价策略，从而影响企业的获利能力。其次，客户的力量影响着生产和销售成本，而供应商的讨价还价能力影响着原材料成本的波动，同时竞争对手之间的竞争程度也会促使竞争成本的上升。最后，厂房设备、销售渠道和广告投入等都受到竞争对手的影响，替代产品的升级，必然导致现有产业的技术升级和新一轮的固定资产的投资和更新。另外，不断进行投资也是防御潜在进入者的手段之一。

五种力量都是由一些重要的因素决定的，这些因素也称为结构因素，它们的变化直接影响五种作用力，从而影响着企业的盈利能力和发展变化。五种作用力的结构因素如表 10-1 所示。以五力分析模型为基础，邬适融等提出了行业竞争结构的分析模型[①]（见表 10-2）。

---

①　资料来源于邬适融等编著的《现代企业管理——理念、方法、技术》（由清华大学出版社于 2005 年 8 月出版）。

表 10-1   五种作用力的结构因素

作用力	含义	影响	结构因素	防范
潜在竞争对手	潜在竞争对手在行业成长期以直接或兼并的方式进入，将形成新的竞争力量，对现有企业构成威胁	形成进入威胁：形成新的生产能力，抢夺部分重要资源，侵占部分市场份额	进入壁垒、专有的产品技术、原材料来源优势、政府政策、预期报复	提高进入壁垒，资金、技术、知识密集型产业进入的威胁较小
替代品	与本行业产品有相同功能，可相互替代的产品	形成替影响代产品威胁：影响本行业现有产品的销售和利润	替代产品的价格、过剩生产能力、需求增长速度、技术领先程度	高质低价，提高进入壁垒，积极引进新技术，使产品升级换代
供应商	供应商为提高供货价格、降低供货质量而讨价还价	形成讲价威胁：使成本升高、利润降低	买方数量、转换成本、买方盈利能力、产品和服务质量对买方的影响程度、买方掌握的信息是否充分、买方的购买形式	多渠道供应，后向一体化
客户	客户为压低购入价格、提高购货质量而讨价还价	形成讲价威胁：影响销售额、使利润降低	供应方的数量、供应方的资产的专有性、供应方是否有替代产品的竞争	多用户策略，前向一体化
行业竞争对手	企业为改善市场地位采取竞争性行动对竞争对手产生消极影响	促使现有企业竞争加剧，最终可能导致所有企业蒙受损失	竞争对手数量、产业增长速度、固定成本的投入、剩余生产能力、行业退出壁垒	差异化策略，提高竞争优势

表 10-2   行业竞争结构分析模型

	指标	反对程度①
I 潜在竞争对手	（1）进入这个行业的成本很高	
	（2）我们的产品有很大的差异性	
	（3）需要大量资本才能进入这个行业	
	（4）顾客更换供应商的成本高	
	（5）取得销售渠道十分困难	
	（6）很难得到政府批准其经营与我们同样的产品	
	（7）进入这个行业和对本企业构成的威胁不大	
	分数=各项得到的分数之和÷所回答的项数×第7项的得分	

---

① 注：反对程度越高，打分越高，最高分为5分，最低分为1分。

表10-2(续)

	指标	反对程度①
II 行业中的竞争者	（1）本行业中有许多竞争者	
	（2）本行业中所有竞争者几乎一样	
	（3）产品市场增长缓慢	
	（4）本行业的固定成本很高	
	（5）我们的顾客转向选择竞争者十分容易	
	（6）在现有生产能力上增加一点生产能力十分困难	
	（7）本行业没有两家企业是一样的	
	（8）本行业中大部分企业要么成功要么失败	
	（9）行业的大多数企业准备留在本行业	
	（10）其他企业干什么对本企业无多大影响	
	分数＝各项得到的分数之和÷所回答的项数×第10项的得分	
III 替代品	（1）与我们产品用途相近的产品很多	
	（2）其他的产品有和我们的产品相同的功能和较低的成本	
	（3）生产和我们产品功能相似的企业在其他市场上有很大的利润率	
	（4）我们非常关心与我们产品功能相同的其他种类产品	
	分数＝各项得到的分数之和÷所回答的项数×第4项的得分	
IV 客户	（1）少量顾客购买了本企业的大部分产品	
	（2）我们的产品占了顾客采购量的大部分	
	（3）本行业大部分企业提供了标准化类似的产品	
	（4）顾客转换供应者十分容易	
	（5）产品的利润很低	
	（6）我们的一些大顾客可以买下本企业	
	（7）本企业产品对顾客产品质量贡献很小	
	（8）我们的顾客了解我们的企业以及盈利多少	
	（9）诚实地说，顾客对本企业的供应者影响很小	
	分数＝各项得到的分数之和÷所回答的项数×第5~9项的平均得分	

表10-2（续）

	指标	反对程度①
V 供应者	（1）本企业需要的重要原材料有许多可供选择的供应者	
	（2）本企业需要的重要原材料有许多替代产品	
	（3）在我们需要最多的原材料方面，我们企业是供应者的主要客户	
	（4）没有一个供应者对本企业是关键的	
	（5）我们可以很容易地变换大多数原料的供应者	
	（6）相对于我们企业来说，没有一家供应者是很大的	
	（7）供应者是我们经营中的重要部分	
	分数＝各项得到的分数之和÷所回答的项数×第5~7项的平均得分	

在表10-2中，每种竞争力量的得分多少，说明这种竞争力量对企业成功的重要性的大小。某一项得分越高，就说明这个问题应尽快解决或认真对待。有学者指出，竞争环境中不仅存在这五种力量，而且，政府的政策（如产业政策等）也对竞争产生重要影响，因此建议将竞争五力模型改为竞争六力模型，以便更客观地分析竞争环境。

五、企业战略分析的平衡计分卡模型

平衡计分卡（Balanced Score-card，BSC）是20世纪90年代初由哈佛大学教授卡普兰（Robert S. Kaplan）和诺顿（David P. Norton）共同研制的一种评价企业发展态势的分析评价模型。该模型从四个角度分析评价企业经营状况和发展趋势，即从顾客角度、内部经营流程角度、学习与成长角度和财务角度四大方面对企业进行考察。平衡计分卡作为一种战略管理工具，能有效评价企业战略实施的绩效。

1. 平衡记分卡的基本思想

平衡记分卡始终把企业战略置于中心位置，将企业战略目标在四个方面依序展开成为具有因果关系的局部目标，并进一步发展对应的评价指标体系（见图10-5）。

平衡计分卡模型从企业战略的四个方面进行分析：

（1）财务角度——我们应该怎样满足企业所有者？

财务目标为其他目标提供了焦点和纽带，因为企业的最终结果必然是提高财务绩效，所以企业的所有的改善归根到底都是财务目标的完成。

财务绩效的提高主要是从三个方面进行：销售收入的增长、降低成本和提高资产利用效率。因此从价值链进行分析，促进企业的发展仍然是平衡记分卡模型的重要分析手段。

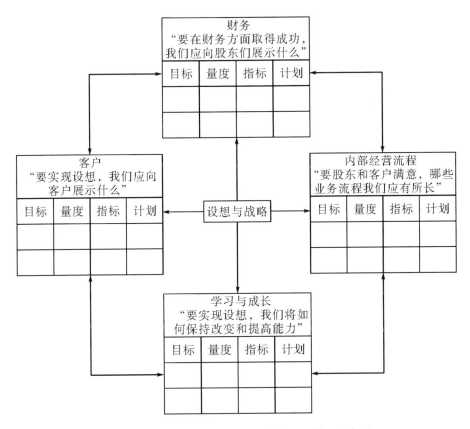

图 10-5 平衡计分卡基本框架：战略展开的四大方面

（2）客户角度——客户如何看我们？

企业为了获得长远的发展，就必须创造出令客户满意的产品和服务。平衡记分卡模型给出了两个层次的分析指标：一是企业在客户服务方面必须完成的各项目标（如市场份额、客户保有率、客户获得率、客户满意率等）；二是针对第一层次各项目标进行逐层细分，选定具体的量度分析指标体系。

（3）内部经营流程角度——我们必须擅长什么？

以顾客为基础的衡量指标是非常重要的，但是只有当它们能够指明企业内部必须做什么时，才有执行价值。因为优异的顾客绩效来源于企业内部的决策、生产经营流程和工作质量。一般来讲，对顾客满意度影响大的业务流程指标包括生产周期、产品质量、成本、员工技能等。

（4）学习与成长角度——我们如何才能保持改变和提高能力？

企业的创新、成长和不断学习的能力影响企业的长远发展。企业只有不断为顾客开发新产品新服务，为顾客创造新的价值并不断提高企业生产经营效率，才能保持在竞争中的活力，推动企业发展。

一般来讲，企业的学习与成长能力取决于三方面要素：人才、系统和组织程序。平衡计分卡模型可以从这三方面揭示企业现有能力和发展的差距，以避免短期行为，加强投资，使企业管理系统、信息系统、生产经营流程得到改进和升级，也使员工得到培训和学习、获取新的知识。相关分析指标包括新产品开发周期、新产品销售率、流程改进效率等。

平衡记分卡分析模型相关指标的因果关系如图 10-6 所示。

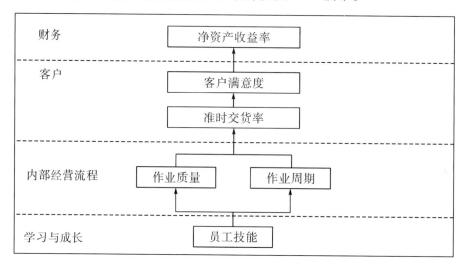

图 10-6　平衡计分卡模型相关指标的因果关系

2. 平衡记分卡模型的指标体系

平衡计分卡模型的指标体系可以分为财务衡量指标体系、客户导向指标体系、内部流程指标体系，以及学习与成长指标体系四方面。

（1）财务衡量指标体系（见表 10-3）。

表 10-3　财务衡量指标体系

一级指标	二级指标
1. 财务效益状况指标	（1）净资产收益率＝净利润/净资产
	（2）总资产报酬率＝净利润/总资产
	（3）销售（营业）利润率＝销售利润/销售净收入
	（4）成本费用利润率＝利润总额/成本费用总额
2. 资产运营状态指标	（1）总资产周转率＝销售收入/总资产
	（2）流动资产周转率＝销售收入/流动资产平均余额×12/累计月数
	（3）存货周转率＝销售成本/存货平均值
	（4）应收账款周转率＝赊销净销售额/应收账款平均值
3. 偿债指标	（1）资产负债率＝总负债/总资产
	（2）流动比率＝流动资产总值/流动负债总值
	（3）速动比率＝速动资产/流动负债
	（4）现金流动负债率＝现金存款/流动负债
	（5）长期资产适合率＝固定资产/固定负债×自有资本

表10-3（续）

一级指标	二级指标
4. 成长性指标	（1）销售（营业）增长率＝本年度销售额/上年度销售额
	（2）人均销售增长率＝（本年度销售额/本年度员工数）/（上年度销售额/上年度员工数）
	（3）人均利润增长率＝（本年度利润/本年度员工数）/（上年度利润/上年度员工数）
	（4）总资产增长率＝本年度总资产/上年度总资产
5. 其他指标	（1）投资回报率＝资本周转率/销售利润率
	（2）资本保值增值率＝期末净资产/期初净资产
	（3）社会贡献率＝工资+利息+福利保险+税收+净利润
	（4）总资产贡献率＝（利润+税金+利息）/平均资产总额×12/累计月数
	（5）全员劳动生产率＝工业增加值/员工数×12/累计月数
	（6）产品销售率＝销售产值/生产总产值

（2）客户导向指标体系（见表10-4）。

表 10-4 客户导向指标体系

一级指标	二级指标	三级指标
1. 市场占有率	（1）相对于主要竞争对手的占有率或整体市场占有率	
	（2）第一级顾客占该特定产品业务量的百分比	
2. 客户维持率	（1）旧客户人数增减情况	
	（2）既有客户对本企业的业务增长率	
	（3）新客户开发率	新客户加入率
		开发一个新客户的平均成本
	（4）客户满意度	老客户续约率
		新客户成长率
	（5）客户获利率	

（3）内部流程指标体系（见表10-5）。

表10-5　内部流程指标体系

一级指标	二级指标
1. 新产品推出能力	（1）新产品占总销售额的比例
	（2）新产品推出速度
	（3）平均五年研发费占总营业净利润的比例
2. 设计能力	（1）设计水平
	（2）工程水平
	（3）一年内设计修改次数
3. 生产技术水平	（1）生产能力利用率
	（2）生产线柔性程度
4. 制造效率	（1）产品及原材料损耗率
	（2）准时交货次数或比例
	（3）产品单位成本
	（4）产品质量比例
	（5）劳动生产率
5. 安全性	（1）发生安全事故的次数
	（2）受伤次数
6. 售后服务	（1）顾客满意度
	（2）服务成本
	（3）服务质量
	（4）服务速度

（4）学习与成长指标体系（见表10-6）。

表10-6　学习与成长指标体系

一级指标	二级指标
1. 员工生产能力	（1）全员劳动生产率
	（2）员工技术培训次数或比例
2. 信息系统状况	（1）信息覆盖率
	（2）信息系统灵敏度
	（3）信息系统更新程度
3. 员工创新能力	（1）员工提出改善建议的次数或比例
	（2）员工提出改善建议带来的成本节约的比例
	（3）员工提出改善建议提高劳动生产率的比例
4. 研发能力	（1）新产品推出的速度
	（2）新产品占总产品数量的比例
	（3）新产品销售额占总产品销售额的比例

表10-6（续）

一级指标	二级指标
5. 制造改善状况	（1）生产流程优化比例
	（2）生产成本降低率
	（3）生产质量提高率
	（4）生产敏捷程度改善率

我们通过以上指标可以具体分析企业经营状况和发展趋势。但是，不同的行业的衡量分析指标是不同的，因此在设计平衡计分卡指标体系时，应视行业的具体情况而定。

六、BSC-E 竞争比较分析评价模型①

BSC-E 竞争比较分析评价模型是将平衡计分卡（BSC）和企业竞争的标杆（example）分析集成而形成的比较分析评价方法，其目的是在 BSC 分析基础上，通过将本企业战略实施的状况同标杆企业进行比较，找出差距，提出改善计划，促使企业在竞争中得到发展。BSC-E 竞争比较分析评价模型见表 10-7。

表 10-7　BSC-E 竞争比较分析评价模型

维度	指标		E 企业②度量值（A）	本企业度量值（B）	差距（A）-（B）	改进计划
	一级指标	二级指标				
财务	1. 财务效益状况指标 2. 资产运营状态指标 3. 偿债指标 4. 成长性指标 5. 其他指标	1.1 净资产收益率 1.2 总资产报酬率 1.3 销售（营业）利润率 1.4 成本费用利润率 2.1 总资产周转率 2.2 流动资产周转率 2.3 存货周转率 2.4 应收账款周转率 3.1 资产负债率 3.2 流动比率 3.3 速动比率 3.4 现金流动负债率 3.5 长期资产适合率 4.1 销售（营业）增长率 4.2 人均销售增长率 4.3 人均利润增长率 4.4 总资产增长率 5.1 投资回报率 5.2 资本保值增值率 5.3 社会贡献率 5.4 总资产贡献率 5.5 全员劳动生产率 5.6 产品销售率				

---

① 详见任佩瑜等所著的《现代企业管理学——理论、技术与方法》。

② E 企业代表标杆企业。

表10-7(续)

维度	指标		E企业②度量值(A)	本企业度量值(B)	差距(A)-(B)	改进计划
	一级指标	二级指标				
客户	1. 市场占有率 2. 客户维持率	1.1 相对于主要竞争对手的占有率或整体市场占有率 1.2 第一级顾客占该特定产品业务量的百分比 2.1 老客户人数增减情况 2.2 既有客户对本企业的业务增长率 2.3 新客户开发率 2.4 客户满意率 2.5 客户获利率				
内部流程	1. 新产品推出能力 2. 制造效率 ……	1.1 新产品占总销售额的比例 1.2 新产品推出速度 1.3 平均五年研发费占总营业净利润的比例 2.1 产品及原材料损耗率 2.2 准时交货次数或比例 2.3 产品单位成本 2.4 产品质量比例 2.5 劳动生产率				
学习与成长	1. 信息系统状况 2. 研发能力 ……	1.1 信息覆盖率 1.2 信息系统灵敏度 1.3 信息系统更新程度 2.1 新产品推出的速度 2.2 新产品占总产品数量的比例 2.3 新产品销售额占总产品销售额的比例				

第二节 企业系统运行基础的分析

本节在系统工程学的基础上，运用管理熵理论、大数据和数学建模的方法，对企业系统运行基础进行定量和定性分析。例如分析企业的管理体制机制的适配性、企业竞争能量状况、企业系统运行秩序状态、管理熵条件下的企业管理效率状态、企业的信息状态和复杂性特征等。通过对企业系统运行基础的分析系统，我们清楚地了解到企业系统的组织方式、结构、功能、秩序、能量、效率和核心竞争能力，为企业分析诊断提供科学的方法。

一、企业生命力和系统有序性以及竞争能力分析

企业生命力是指一个企业生存发展，尤其是持续发展的能力。提升企业生命力是企业的最终目的，也是企业系统生命体征基础分析的主要内容。和企业竞争力不一样，企业生命力可以概括为适应环境变化的、生存和发展的、新陈代谢的自组织力和他组织力相结合而产生的能力；而企业竞争力则是在企业生命力基础上，能量发挥的一种优胜劣汰的能力。企业生命力越强，那么企业的竞争能力就越强，反之

就越弱。

企业生命力决定于企业系统内部管理熵的矛盾运动，以及从外部流入的管理负熵的规模和速度。也就是说，企业生命力的强弱是以企业系统的管理熵的大小和性质来衡量的，企业系统的管理负熵的规模越大，则企业的生命力就越强，发展的活力就越强。

企业系统有序性是指企业系统结构和运行机制是合理有序的。系统有序性对企业的运行至关重要，因为它决定着企业生命的稳定性、能量发挥的程度。因此，在生命分析的基础上，就要分析企业系统的有序性。如果企业系统变得混乱无序，就说明企业生命状态不稳定，竞争能力低下，就必须进行结构调整，整改企业运行机制。

企业系统序度分析的方法，就是应用管理熵值和管理熵流公式，分析企业做功能量管理熵增的性质，以及企业系统的有序性。

企业生命力和系统有序性是以管理负熵来衡量的，即管理负熵的绝对值越大，则企业能做功的能量就越多，企业生命力就越强和系统的有序度就越高，因此企业系统功能结构和组织程度就越高，企业也就越稳定，竞争能力就越强，实现目标的概率就越大。企业管理熵与系统序度计算公式由管理熵和管理熵流两个公式组成，前者分析管理熵当前的状态，后者分析管理熵增的性质，综合起来可了解企业的能量和序度。

$$\text{企业生命力与系统序度及竞争力} = \begin{cases} \text{MS} = -k\log\sum_{i=1}^{n}\dfrac{I_i}{C_i} = -k\log\dfrac{\sum_{i=1}^{n}I_i}{\sum_{i=1}^{n}C_i} < 0 \\ \text{dMS} = (\text{dMS}_i + \text{dMS}_{im}) + \text{dMS}_e < 0 \end{cases}$$

二、企业竞争能量分析

如第一章中所述，管理能量是指管理的信息、科技、人力资源、组织文化等能量要素，在组织有序度的集成下所形成的、在某时空条件下表现为相互作用的，组织竞争过程中的指挥控制能量。企业竞争能量分析就是对企业的管理能量大小、做功的程度进行分析，从而推断企业在竞争中的地位。按照前述的管理能量公式，我们可以对企业总的管理能量状态有直观的了解，并可以逐个分析企业的管理能量组成的要素变化和结构关系，从而掌控企业竞争的核心能力。

管理熵学原理部分我们定义了企业的能量是由企业消耗的成本来表示的，也就是企业的能量和价值可互换，即企业的能量等于企业价值规模与其周转速度、组织序度的积，公式如下：

$$\text{MQ} = i^2 \cdot k^2 \cdot mq^{bq} \cdot \text{MO}$$
$$\text{MO} = 1 - \text{MS}^2$$
$$-1 \leqslant \text{MS} \leqslant 1$$

因为管理负熵是组织有序程度，是对组织能量的测量，所以，组织能量等于管理负熵的反函数。

三、企业管理体制机制适配性分析

企业管理体制机制适配性是指企业的制度与运行关系同企业自身（包括规模、技术构成、文化形态、企业目标愿景、市场地位等）的适宜程度。企业的管理体制机制没有最好的，只有最适合的。

企业管理体制机制适配性不能只靠定性分析得出结论，还需用两大指标来量化测量。①全员劳动生产率。全员劳动生产率一方面可以测量员工在现有体制机制下的积极性，另一方面可测量企业的劳动生产效率。只有适合企业的管理体制和机制，才可能调动全员的积极性，创造出预期的生产劳动成果，否则会导致企业内耗和管理效率低下。②管理熵值。管理熵值可以测量企业管理系统的有序程度和管理能量做功的程度。显然，当企业处于管理负熵状态时，说明现有的管理体制机制是适合企业的，企业运行处于较高的有序状态和较高的效率状态；反之，则企业处于混乱无序和效率低下的状态。因此，这两个指标可用于测量企业的管理体制机制是否适配于企业，如果不适合，就一定要对其进行变革。

管理体制机制适配性测量指标如下：

$$企业管理体制机制适配性 = \begin{cases} 全员劳动生产率 = \dfrac{工业增加值}{企业全部人员} \\ 企业系统秩序 MS = -k\log \dfrac{I}{C} = -k\log \dfrac{\sum\limits_{i-1}^{n} I_i}{\sum\limits_{i=1}^{n} C_i} < 0 \end{cases}$$

四、企业系统全效率分析

企业系统全效率分析，是指一种应用效率原理，将企业各个分散的，针对不同对象的效率分析方法综合集成起来，对企业进行全方位的综合效率分析的模式。

传统的企业效率分析方法，只是对企业生产经营的某一个方面进行计算和分析。我们提出综合分析法，就是在传统分析方法的基础上，使企业效率分析更加全面地反映企业的效率状况，从而更好地扬长避短，优化流程，使企业系统整体最优化。

在传统的效率计算中，产出与投入之比是生产效率；收入与成本之比是经营效率；利润与成本之比是成本利润率；而管理效率则是管理熵的反函数，其计算公式如下：

$$M\eta = 1 - \sqrt[2]{MS} = 1 - MS^{\frac{1}{2}}, \ 0 < M\eta < 1$$

全面综合分析企业系统的效率，应从生产效率、经营效率、成本效率和管理效率四个方面综合计算和分析，计算公式如下：

$$企业系统全效率结构 = \begin{cases} 生产效率（P\eta_1）= \dfrac{生产成果}{生产成本} = \dfrac{F}{PC}, & 0 < P\eta_1 < n \\[3mm] 经营效率（R\eta_2）= \dfrac{销售收入}{全部成本} = \dfrac{I}{C}, & 0 < R\eta_2 < n \\[3mm] 成本效率（C\eta_3）= \dfrac{全部利润}{全部成本} = \dfrac{p}{C}, & 0 < C\eta_3 < n \\[3mm] 管理效率（M\eta_4）= 1 - \sqrt[2]{管理熵值} = 1 - \sqrt[2]{MS}, & 0 < M\eta_4 < 1 \end{cases}$$

综合集成的企业系统全效率计算公式为

$$\psi = \prod_{i=1}^{4} \eta_i$$

式中，ψ 是企业综合集成效率；$\eta_1 = P\eta$，$\eta_2 = R_\eta$，$\eta_3 = C\eta$，$\eta_4 = M\eta$。

综合集成的企业系统全效率公式的优点是：①将分散的效率指标集成起来，形成一个数据（ψ），便于使用者一目了然地掌握企业的总体效率状况；②同时也便于使用者对企业进行纵向和横向比较分析，以更好地进行决策；③使用者对总体效率结构解析后，可以对企业效率结构进行全面分析，以优化效率结构、优化业务结构和业务流程，从而使企业可获取竞争优势。

五、企业组织结构与规模的复杂性分析

我们通过分析企业组织结构与规模的复杂性，可以了解企业组织结构设计和运行的合理性和科学性，以便对企业组织变革提出有针对性的意见和建议。

在本书的上篇，我们研究和探讨了企业系统结构和复杂性理论以及计算模式，在理论上阐述了复杂性同企业组织结构的关系。我们分析企业的组织结构的复杂性，是为了准确地把握企业组织结构的复杂程度，找到复杂程度降维的方法，以提高管理响应能力。

组织复杂度和组织规模的增长轨迹中有两个临界点：一个可以通过对组织规模和复杂度的函数关系计算得到，另一个可以通过计算组织的边际复杂度和组织边际成本得到。在临界点上，组织规模等于组织的复杂度，或者，边际成本等于边际复杂度；当组织规模增长超过这个临界点，那么组织的复杂度就会呈指数增长，其复杂度就会大大地超过组织规模，这时企业管理就会陷入不能承受的复杂工作，企业及其管理系统将陷入混乱，最终崩塌。组织规模临界点的计算公式如下：

$$组织规模的临界点 = \begin{cases} C = (G-1)\dfrac{D^2 - D}{2} \\[3mm] 0 = MF - MC \end{cases}$$

六、企业信息系统分析

企业所采集到的信息一般都具有较大的冗余性和不确定性，这对于企业做出正确的预测和决策有较大的影响，而企业决策失误，将导致企业蒙受巨大的损失，甚

至是使企业走向衰亡。西蒙曾说过，企业管理的重心在于决策，而决策的重心在于预测，预测的重心在于信息。这句话明确指出信息的质量和信息的正确性在企业决策和管理中的重要作用。我们可以通过企业正确而科学地应用信息的程度，来判断企业的管理水平和发展水平。我们不仅应用信息熵公式分析信息系统的不确定性，还可应用信息质量公式来分析企业对信息质量的挖掘和减少冗余而节约信息成本的能力。

$$企业信息系统的确定性 = M(U) = -\sum_{i=1}^{n} P_i \log P_i$$

$$信息质量 = IM = -\frac{E}{C}\sum_{i=1}^{n} V_i \log V_i$$

第三节 "企探"企业经营管理分析诊断系统

一、"企探"企业经营管理分析诊断系统简介

"企探"企业经营管理分析诊断系统是由深圳传世智慧科技有限责任公司开发并应用的、基于大数据和管理熵理论与技术的企业咨询软件系统。该系统主要由企业管理水平测量、标杆企业对比、企业指标优化、企业信息系统分析、企业组织规模适应性分析等企业管理分析系统构成，可对企业进行全面的、科学的、定性与定量相结合的分析和诊断，为企业的发展变革、优化和业务再造提供大数据及仿真科学依据。

"企探"系统开发成功后，深圳传世智慧科技有限责任公司立刻将其应用于一些大型企业的咨询业务，如为"西湖洁能集团""汇川集团""中控集团"等大型工业和高科技企业提供企业变革工程设计，且取得了理想的成果。下面，我们主要介绍各系统企业管理水平测量的核心内容"MS7"分析系统。

二、MS7分析系统简介

MS7分析系统是指应用管理熵理论，对构成企业管理熵状态的7个核心子系统的管理熵进行计算和分析，并由此计算企业宏观系统管理熵值，实现从宏观到微观的系统分析和企业状态诊断，为预测和决策、企业变革和业务流程再造、提高或重新打造企业组织管理能力以及核心竞争能力提供科学依据和改革策略。MS7分析系统的主要内容如下：

（一）企业宏观系统管理熵评估模块分析

企业宏观系统管理熵评估模块主要是通过对企业总的管理熵进行计算，测量企业生命力宏观状态和经营管理总体水平以及市场竞争能力。我们可以通过将这个宏观的管理熵指标与企业所在行业中的管理熵指标进行比较，得出该企业的生命力和竞争态势以及其在行业所处的地位。

（二）企业微观子系统管理熵评分模块分析

MS7 是指构成企业及其管理系统的 7 个核心子系统的管理熵。因为管理熵具有广延性，因此可以加和而形成总管理熵。在实际应用中，我们首先计算出作为二级指标的子系统管理熵，然后根据广延性质加和成一级指标而得到管理总熵。

（三）基于管理熵的企业发展阶段与概要点评模块分析

这个分析模块的功能主要是在应用前面对企业管理熵的大数据采集、分析和诊断结果的基础上，将企业发展的阶段状态同行业内企业进行比较并得出结论，进而提出改革意见。

通过以上的模块化分析与仿真，我们可以诊断出企业的主要问题所在，并针对问题提出企业变革的目标、思路、方案和措施。

三、MS7 分析系统应用的标准与技术路线

（一）企业宏观状态、微观状态与管理熵的关系

企业宏观状态是指企业全寿命周期中的总体可持续发展的生命健康状态，通常用企业的管理熵值、能量（利润）获得、和谐发展环境三大指标来表示。其中，管理熵值是判断企业宏观健康状态的最基本的指标，而能量（利润）获得及和谐发展环境都是为企业低熵化而做功的。

企业的微观状态是指企业系统中的子系统、子子系统以及企业生产经营管理的最小单元的生命健康状态，通常也是用管理熵值、能量（利润）获得、和谐发展环境三大指标来表示。

企业宏观状态是由企业的微观状态集合而形成，任何一个宏观系统都对应着若干微观系统。微观通过宏观起作用，微观是宏观的因，宏观是微观的果。微观的因（状态）决定了宏观的果（状态）。从微观到宏观是一个从简单到复杂的过程。研究企业的宏观状态必须深入微观状态，才能认识到企业宏观状态产生的原因，并准确地给出问题解决方案。

企业系统从微观状态到宏观状态的过程，可以用下面的公式描述：

$$\overline{MS} = \frac{\sum_{i}^{n} \overline{ms_i}}{n}, \ MS = \sum_{i=1}^{n} ms_i, \ ms_i = -k\log\frac{I_i}{C_i}$$

式中：$\overline{MS}$ 是指企业宏观系统的管理熵平均值，表现企业系统平均健康水平；MS 是企业系统宏观状态的管理熵值，它由企业微观系统的管理熵值集合而成，表现企业系统总熵状态；ms_i 是企业第 i 个子系统的管理熵值；$\overline{ms_i}$ 是第 i 个子系统在一段时间内的管理熵值的平均值；I_i/C_i 是企业第 i 个子系统的成本（消耗能量）与收入（做功成果）的效率比值。企业宏观系统状态就是由这些对应的微观子系统状态决定的。

（二）企业系统健康标准

根据前面第六章阐述的企业及其管理系统生命演化定律可知：企业及其管理系统要维持管理耗散结构的健康状态，就必须认识到以下规律：①开放的企业系统的生命演化和发展是可逆的；②其可逆性和发展方向是由管理熵变的性质和规模决定

的；③管理熵变的性质与程度是由企业及其管理系统物质价值转化和增值竞争的效率与速度决定的。显然，企业的健康状态是一种能够同环境互动引入能量实现低熵有序的耗散结构状态。因此，企业的健康状态是由管理熵决定的。基于管理熵的企业健康状态就可以表述为：企业系统呈现出高效低熵有序，具有与环境（市场）交换获得能量（利润），实现自调节自适应的可持续发展的状态。

我们通过宏观管理熵值可以一目了然地观测到企业系统的有序程度、能量做功情况和健康状态；并且通过层层剥离的企业子系统的管理熵值，就可以观测和分析企业子系统的状态，分析出企业运行深层次的微观系统的问题，从而为解决企业的瓶颈问题和痛点提供对策，为企业决策提供量化分析的科学的依据。我们通过基于管理熵的坐标系制定了企业健康状态分析体系（见图10-7）。

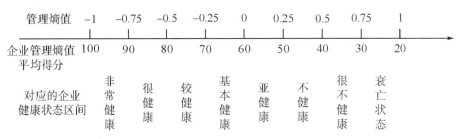

图 10-7　企业健康状态分析体系

（三）企业诊断与评价

应用管理熵对企业系统进行分析和评价，可以直接利用其宏观和微观熵值的对应关系，即 $MS = \sum_{i=1}^{n} ms_i$，$ms_i = -k\log \dfrac{I_i}{C_i}$。

如果要将管理熵值转换成人们熟悉的分值，那么就要应用主要子系统微观状态的管理熵集合的平均值来计算，这样才能保证管理熵得分值在图10-6的范围中。其计算公式为 $\overline{MS} = \dfrac{\sum_{i=1}^{n} \overline{ms_i}}{n}$。MS7 管理熵各子系统得分分析及企业宏观状态分析如表10-8所示。

表 10-8　MS7 **管理熵各子系统得分分析及企业宏观状态分析**

M7 项目微观 子系统分类	2016 年	2017 年	2018 年	2019 年	2020 年	2021 年	2022 年	均值 $\overline{ms_i}$	企业子系统 健康状态
盈利熵值得分									
营运熵值得分									
成长熵值得分									
创新熵值得分									
成本熵值得分									
财务熵值得分									
偿债熵值得分									

通过表 6-8 得到企业子系统的管理熵值后，我们可用 $\overline{MS} = \dfrac{\sum_{i=1}^{7} \overline{ms_i}}{7}$ 来判断企业系统宏观状态的健康水平。

基于以上的计算，企业可以根据宏观状态对发展战略进行选择：如果宏观状态很好，企业就可选择持续发展战略；如果宏观状态不好，企业则可选择收缩战略和变革战略。宏观状态是由微观状态决定的，若宏观状态不好，企业可从微观子系统精确定位并找到原因，通过变革改造等方法，消除病因和隐患，使企业宏观状态转好，并使企业得到发展。我们还可以进一步分析研究子子系统的管理熵状态，从而更精准地找到影响企业系统状态的原因，解决企业最深层次的关键问题。

第十一章 基于管理熵理论与系统技术的企业变革案例

深圳传世智慧科技有限责任公司（以下简称"传世智慧"）应用管理熵学理论，开发出了基于管理熵结构和管理耗散结构、企业生命力以及竞争能力的，全面深刻分析企业状态的"企探"系统（包括硬件、软件和仿真系统）。该系统能够对企业进行科学量化的、精准的、动态非线性的、从宏观到微观的探查、诊断和分析；能够准确地找到企业问题所在，并能针对这些问题提出管理变革的设计和施工方案。

管理熵学理论和"企探"系统，能够为企业开展变革和数字化转型升级服务，有助于企业为转型升级工程做好技术实施、管理咨询以及后评估等一系列工作，并为这些工作提供科学的理论和技术支持。"传世智慧"已经应用该系统服务于企业，极大地提高了这些企业的生产经营管理效率，帮助这些企业在成本、现金流和利润三大关键指标上取得了显著成效。事实证明了管理熵学理论与技术和方法的科学性和实用性。下面我们将用两家大型企业的变革实践加以实证。

第一节 A公司的"企探"系统分析和变革工程应用案例

一、A公司的问题和变革诉求

A公司是一家从事工业自动化控制产品的研发、生产、销售的大型企业，曾入选"2020胡润中国500强民营企业"，是在国内有较大影响力的现代高科技企业。A公司持续致力于以领先技术推进工业进步，快速为客户提供更智能、更精准、更前沿的综合产品及解决方案，是国内工业自动化控制领域的先进企业。

2019年，A公司发现企业管理框架结构和平台的建立以及系统的流程规范方面都有不健全的地方，已经影响到公司系统经营管理效率和进一步发展。具体表现为：①组织架构和管理架构存在问题；②在战略管理、市场运作、产品开发、订单采购、物流运转以及财务经营等方面都需要更加体系化、协同联动化；③内部各部门之间的沟通缺少专业化的数据平台运作，内部沟通交流以及管理流程都存在信息孤岛和信息障碍。以上的问题使企业管理不畅，直接导致公司的效率下降，为了解决系统性问题，使公司系统提高效率和降本增收，A公司同传世智慧合作，实施了企业管理系统变革工程。

二、A公司变革的目标和内容

为了改变公司治理结构和管理平台，打通整体的业务运转系统，提升企业运行效率和大幅降低企业运行成本，实现销售和利润双增长的目标，A公司通过引入传世智慧作为管理咨询系统性合作的外力，来推动企业内部的熵减。为此，A公司成立了专门的变革组织来支撑变革运作，以顶层设计（包括治理结构和战略管理）、"铁三角"① 销售体系变革和研发变革推动客户价值创造，并推动人力资源、质量和数字化需求落地等平台的建设，把业务改进和业务能力提升紧紧结合了起来。

传世智慧基于众多实践经验，引入了管理变革治理模型，基于业务战略目标和业务痛点问题进行变革规划架构设计，以帮助企业实现经营战略的提升，管理变革治理模型示意图如图11-1所示。

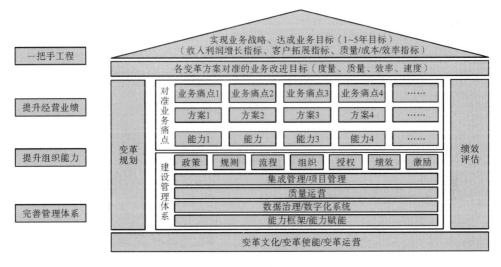

图11-1 传世智慧管理变革治理模型

根据"高效运营、治理先行"的理念，在变革治理模型的指引下，2019年，传世智慧率先开展了公司治理变革项目，用公司治理M7模型对A公司多个治理模块进行了深化构建。公司治理M7模型构成了整体的公司治理架构，包括管理治理架构、管理经营、管理业务架构、管理组织架构、管理授权、管理风险与监督、管理变革与数字化7个模块。传世智慧的公司治理M7模型如图11-2所示。

---

① "铁三角"就是指客户经理、解决方案经理，以及交付经理三个人或者团队，进行售前项目拓展所组成的共同作战模式，主要目的是在售前阶段能够实现各个角色之间的信息共享，形成合力提高售前拓展能力，从而降低交付风险，改变传统的职能化烟囱化的项目运作模式。

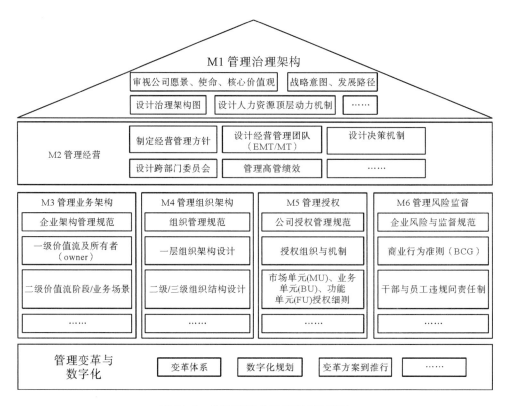

图 11-2　传世智慧公司治理 M7 模型

三、A 公司变革后的绩效表现和管理熵系统评估

（一）A 公司变革工程的内容和路径

过去几年中，A 公司除公司治理之外，还陆续开展了战略管理、营销、研发、供应链等环节的变革项目，在提高管理系统效率、降本增收方面取得了显著的成效。A 公司变革遵循统筹规划、分步实施的节奏。A 公司长期变革规划路径示意图见图 11-3。

A 公司在董事长强大的变革领导力的推动下，发生了显著的变化，公司管理效率得到了提高。2019 年到 2022 年，销售管理费用收入占比从 2019 年的 14.21% 下降到 2022 年的 10.22%，人均产值从 2019 年的 77.85 万元提高到 2022 年的 123.72 万元，实现业务战略目标达成（收入/利润高速增长、利润增长高于收入增长、大客户满意度提升、质量/成本/效率指标得到改善）。

通过基于管理熵的"企探"系统的分析可知，2019 年经过系统变革后，A 公司在管理熵值、管理熵发展趋势和企业系统的有序度和企业组织能力方面都发生了显著的改变，出现了明显的管理熵下降趋势，管理熵值也从 2019 年的 -0.27 熵减至 2022 年的 -0.43，介于健康和优秀之间，并达到历史最佳水平。这意味着经过变革后，A 公司的管理水平和运作效率都得到了较大提高。

1.公司治理：治理架构设计、公司权力与决策体系设计、经营管理团队建设、决策模式、运作机制建立、管理变革等。

2.战略管理：采用战略制定、战略执行的先进管理方法，将战略意图转化为可执行的战略规划与执行计划。

3.LTC：构建从线索到回款的营销价值链，打通和集成线索管理、机会点管理、投标管理、合同签订、订单管理、交付管理、开票管理、回款管理，提升营销全流程的价值创造能力；同时提高客户关系管理、项目管理、项目经营、区域经营和事业部经营的能力。

IPD：构建从客户需求、产品设计、产品开发、产品决策到产品组织建设、产品上市管理、产品生命周期管理等先进的管理体系。

IHR：通过LTC/IPD价值流的梳理，结合公司治理与战略管理的运作情况，重新梳理和构建公司人力资源政策、战略、规划、执行等人力资源管理体系。

ISC：系统性梳理采购、制造、物流的管理体系，实现对价值流的集成交付支撑，构建产业链整合的核心竞争力。

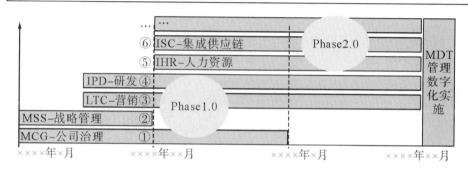

图 11-3　A 公司长期变革规划路径示意

（二）A 公司变革前后管理熵状态对比

A 公司变革前后管理熵状态对比如图 11-4 所示。

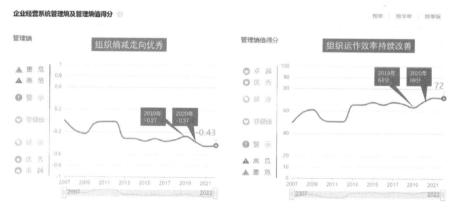

图 11-4　A 公司变革前后管理熵状态对比

由图 11-4 可知，变革后 A 公司管理熵值显著下降，管理熵值得分显著上升。

（三）A 公司变革前后绩效对比

A 公司变革前后绩效对比详见图 11-5。

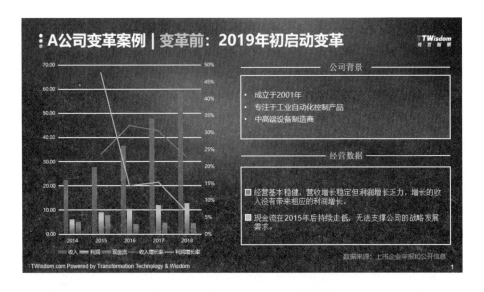

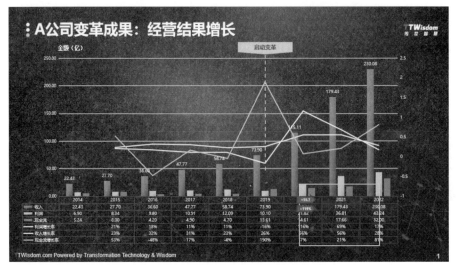

图 11-5　A 公司变革前后绩效对比

（四）公司变革前后 MS7 系统对比分析和企业健康程度结论

管理熵原理和算法公式如下：

$$\text{MS} = \sum_{i=1}^{n} \text{ms7}_i; \quad \text{ms7}_i = -k\log\frac{I_i}{C_i}(i = 1, 2, \cdots, 7)$$

MS7 管理熵值分析旨在通过对盈利熵值、营运熵值、成长熵值、创新熵值、成本熵值、财务熵值、偿债熵值进行熵减分析，对企业当前所处发展阶段的宏观与微观状态进行评估，并提出相应的变革建议以供企业决策。

A 公司从 2019 年启动变革以来，及时止住盈利下滑的趋势，恢复并稳定在评价分值 70 分以上，虽然毛利率有所下滑，但是净利率从 2019 年的 13.67% 大幅提升到连续三年在 18.8% 以上，销售管理费用大幅下降。同时，A 公司通过产品盈利结构的改善消化了过去并购带来的商誉和资产，有效阻止了毛利率下滑的趋势，改善了成本结构，使收入、利润和现金流得到均衡良性发展，从而提高了净利率。营运能力虽然还未达到理想的健康状态，但是也得到持续的提升，评价分值从 2019 年的 50 分提高到 2022 年的 57 分，其中值得注意的是，人均产值从 2019 年的 77.85 万元提升到了 2022 年的 123.72 万元。值得一提的是，A 公司的成长能力，自从变革之后一直稳定在评价分值 80 分以上，作为一家大型企业，能保持这么高的成长能力，堪称非常优秀。创新能力方面，A 公司一直对研发投入非常重视，持续保持稳定在 80 分左右。

综合来看，A 公司系统的宏观状态为健康状态，A 公司能够继续维持住盈利能力和成长能力。但是，后续还要进一步通过 LTC、ISC、质量、数字化等领域的变革，继续提升营运能力，尤其是需进一步提高总资产周转率和营收周转率，以实现企业系统整体最优。2016—2022 年 A 公司 MS7 管理熵各子系统得分和企业宏观状态分析见表 11-1。

表 11-1　2016—2022 年 A 公司 MS7 管理熵各子系统得分分析及企业宏观状态分析

微观子系统分类	2016 年	2017 年	2018 年	2019 年	2020 年	2021 年	2022 年	均值 $\overline{ms_i}$	企业子系统健康状态
盈利熵值得分	82	78	75	58	74	79	73	74	健康
营运熵值得分	43	42	46	50	53	58	57	49.86	亚健康
成长熵值得分	76	73	66	73	81	90	89	78.28	健康
创新熵值得分	69	86	87	81	76	83	84	80.86	优秀
成本熵值得分	65	63	60	55	61	61	62	61	健康
财务熵值得分	57	57	54	50	59	61	63	57.28	亚健康
偿债熵值得分	72	73	71	77	78	71	68	72.86	健康

$$\overline{MS} = \sum_{i=1}^{7} \frac{\overline{ms_i}}{7} = 67.73 \text{ 分，企业系统宏观状态为健康发展状态}$$

数据来源："企探"系统。

A 公司的标准坐标体系见图 11-6。

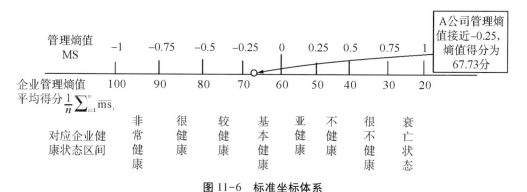

图 11-6　标准坐标体系

基于表 11-1 和图 11-6 我们可得出如下结论：①A 公司的宏观系统的管理熵值接近-0.25（参考前面管理熵曲线平均值），企业系统处于低熵有序状态，有较多的能量可供做功；②A 公司的宏观系统管理熵值得分为 67.73（参考前面管理熵得分曲线平均值），企业处于较健康以及发展状态，并且有较大的可持续发展能量；③A 公司整体生产经营和管理水平较高，同市场环境具有同步和平衡性，具有较强的盈利能力；④企业的运营能力和财务管理能力两个关键子系统处于亚健康状态，如果改变这两个子系统的现状，提高其运营管理水平和效率，将会进一步较大幅度地降低成本，促进 A 公司整体实现健康发展。

四、A 公司变革工作总结

2019 年，A 公司邀请传世智慧共同开展管理系统变革创新工程，设计、共创和定制工业控制领域的先进管理体系，通过在"公司治理"与"战略管理"进行顶层设计，分步实施各核心业务和平台的变革子项目。

2019 年，A 公司开始实施变革工程，当时企业管理熵值为-0.27。变革工程实施后，2021 年，企业管理熵值下降为-0.43。经过三年的变革，A 公司的销售收入从 2019 年的 73.90 亿元增长到 2022 年的 230.08 亿元，利润从 10.10 亿元增长到 43.24 亿元，现金流从 13.61 亿元增长到 32.00 亿元，销售管理费用收入占比从 2019 年的 14.21% 下降到 2022 年的 10.22%，利润增长率从 2019 年的-16% 增长到 2022 年的 17%，彻底扭转了变革前的销售收入在发展而利润在下降的不利局面。由此可见，科学的企业变革工程的设计和实施，使企业管理水平和运行效率得到进一步提高，使企业实现了有序快速发展。由 MS7 系统分析，企业管理熵得分也从 2019 年的 50 分提高到 2021 年的 72 分，说明企业微观子系统和宏观系统较为健康，企业处于可持续发展状态。以上数据表明 A 公司变革工程设计和实施有显著的成效，全面实现了公司变革的目标。

2023 年，A 公司继续深化变革，全面展开企业 4A（BA/DA/AA/TA）架构指导下的数字化变革，持续打造以客户为中心的敏捷数字化组织。

企业要想健康持续发展，有效应对各种危机，不能仅依赖于管理者的敏感度，而应该依靠组织的敏感度。管理熵企业分析系统和数字化技术能够帮助组织增强敏感性以及分析的科学性，它让很多不确定因素以系统管理熵数据和混乱程度的对比形式快速显现，能提醒决策者，公司的经营指标是否偏离既定的发展路线，企业系统的问题出现在哪里，从而帮助公司快速做出有效应对。任何组织的变革，都涉及权利与利益的再分配，都涉及每位员工的思维习惯与行为习惯的改变。自恃于经验、执拗于习惯，往往是变革的天敌。A 公司有幸在很短时间里就突破这个天敌，使变革和创新成为企业文化的主流。

第二节　B公司的"企探"系统分析和变革工程应用案例

一、B公司变革的目标

B公司是一家高新技术企业和国家技术创新示范企业，是国内领先的流程工业智能制造整体解决方案提供商。其产品及解决方案已广泛应用在油气、石化、化工、电力、制药、冶金、建材、造纸、新材料、新能源、食品等行业领域，覆盖全球多个国家和地区。

变革目标：进一步夯实管理基础，升级管理系统，提高管理能力和管理效率，实现公司快速发展的战略目标。

变革需求：系统性梳理公司业务逻辑，改进业务流程，优化组织结构，提高项目盈利，改进销售运作、工程交付和集成服务能力，提高研发创新能力和供应链成本控制能力，通过管理能力的提升改善经营业绩；优化公司管理制度和管理规则，通过先进管理体系的打造及企业文化的传承优化，让组织充满活力，保障公司战略目标实现。

二、B公司变革的内容及实施的技术路线

2021年，B公司和传世智慧合作，针对B公司的痛点和战略目标进行了一系列的长期变革规划，并实施落地。为此，传世智慧引入了变革规划架构模型帮助B公司设计整体长期变革规划。该变革规划架构模型以帮助企业达成战略目标为牵引，从顶层设计入手，展开核心价值流的业务变革，并同步完善和升级平台支撑体系，从而拉通企业经营管理的最底层逻辑，实现企业系统管理熵低熵化和高效率化，使企业进入扩张发展的快车道。变革规划架构示意图如图11-7所示。

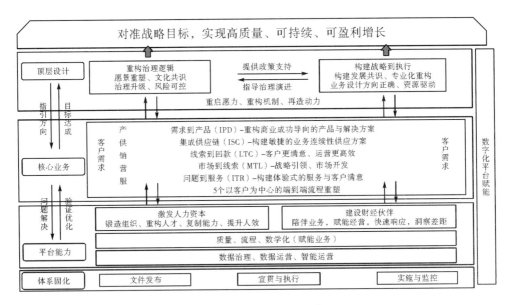

图 11-7 变革规划架构示意图

以变革规划架构为基础，传世智慧为 B 公司设计了面向未来三年的变革规划，涵盖从公司治理到战略，再到 LTC 铁三角，以及研发和供应链等领域。传世智慧把 B 公司的营销和研发作为重点变革领域进行设计。首先，在研发变革领域，传世智慧为 IPD 治理架构（L1/L2 层流程架构）以及和其他 L1 价值流的互锁机制进行了重点设计，包括重量级团队的建立（IRB/IPMT/SPDT+PMT）和运作，以及度量和运营绩效考核。其次，在营销领域，传世智慧设计了以铁三角为核心的 LTC 运作模式，以建立高效的销售团队的组织阵型、运作流程。B 公司整体变革规划示意图如图 11-8 所示。

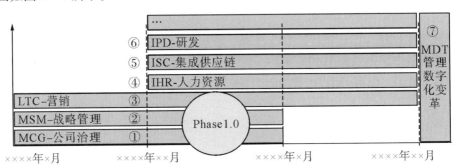

图 11-8 B 公司整体变革规划示意图

三、基于管理熵和"企探"系统分析的企业变革后评价

（一）变革前后管理熵及管理熵值得分分析

管理熵是管理过程中不可避免的经营效率递减规律，由复杂、不确定的变量控制而产生。运用该理论可以评估企业经营系统，并和基准企业、行业顶尖企业的得

分比较，得出管理的改进差距。由图 11-9 可知 B 公司的企业管理熵的变化趋势：B 公司当期管理熵为负熵，趋势表现为熵减，且 B 公司当期管理熵值得分处于提升阶段。这说明，B 公司企业管理正在形成新的有序结构，管理效率得到提高，逐步形成管理耗散结构，实现效率递增。

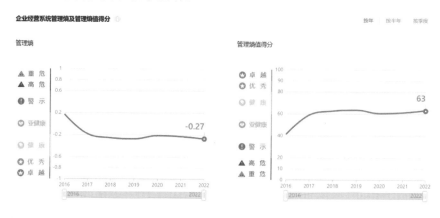

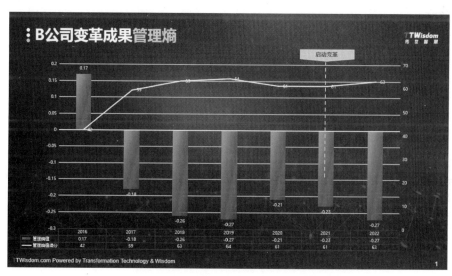

图 11-9　B 公司管理熵发展趋势及企业管理熵值得分趋势

（二）变革前后公司绩效对比分析

变革前后 B 公司绩效对比如图 11-10 所示。

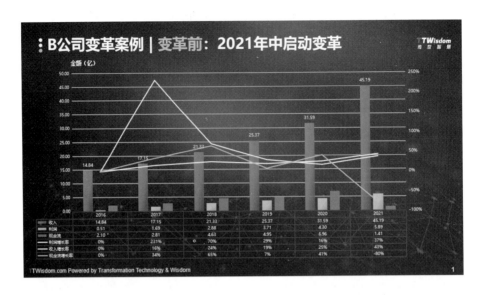

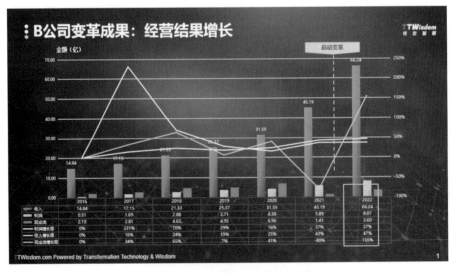

图 11-10 变革前后 B 公司绩效对比

（三）B 公司变革前后 MS7 系统管理熵值及企业健康状态分析

2016—2022 年 B 公司 MS7 管理熵各子系统得分分析及企业宏观状态分析见表 11-2。

针对 B 公司过往几年的 MS7 评分进行如下分析：

（1）B 公司 2016 至 2022 年的盈利熵值的平均得分为 57.28 分，说明该公司处于亚健康状态，主要因为 B 公司的产品毛利率明显下滑。2021 年开始变革后，净利润增长率从 2020 年 15.9% 增长到 2021 年的 36.9%、2022 年的 37%。

（2）2016—2022 年 B 公司的营运熵值的平均得分为 44.86 分。虽然 B 公司处于亚健康状态，但通过变革使营运效率得到明显提升。

（3）根据 2017—2022 年营收、总资产和经营现金流入的三年复合增长率计算得到的 B 公司的成长熵值的平均得分为 70 分，说明该公司处于健康状态，且变革后增速有加快的趋势。2021 年开始变革后，净利润增长率从 2020 年的 24.5% 增长到 2021 年的 43.05%、2022 年的 46.58%。

（4）2016—2022 年 B 公司创新熵值的平均得分为 72.71 分，说明该公司处于健康状态。研发费用占收入比例常年稳定在 10% 以上，且近几年的研发费用占比和人均研发费用持续增高，说明 B 公司对研发非常重视。

（5）2016—2022 年 B 公司成本熵值的平均得分为 53.71 分，说明该公司处于亚健康状态，和营业成本持续增高有较大关系，但销售占比和人工成本占比明显下降。

（6）2016—2022 年 B 公司财务熵值平均得分为 56.71 分，说明该公司处于亚健康状态，需要进一步加强资金利用和分配。

（7）2016—2022 年 B 公司偿债熵值的平均得分均为 59 分，说明该公司处于亚健康状态，但相对比较稳定，表明企业对债务具有良好的偿还能力。

B 公司宏观状态平均得分为 59.2 分。根据标准（见图 11-11），该企业处于亚健康状态，已经进入重构成长阶段。尽管其管理熵状态仍然优于自动化设备行业，处于相同发展阶段企业的平均水平，但仍需要通过持续变革创新来维持其在行业的管理优势。B 公司通过持续变革，在成长能力和营运能力方面得到明显提高，在维持高速增长趋势的同时，人均产值也得到大幅提升，但是盈利能力出现下滑，究其原因是产品毛利率下滑。B 公司需要重点关注如何通过产品结构调整和研发变革来提升产品和技术竞争力，改善亚健康状态，实现企业宏观系统结构最优，并以此提高产品盈利水平，最终提高产品整体毛利率。

表 11-2　2016—2022 年 B 公司 MS7 管理熵各子系统得分分析及企业宏观状态分析

微观子系统 分类	2016 年	2017 年	2018 年	2019 年	2020 年	2021 年	2022 年	均值 $\overline{ms_i}$	企业子系统 健康状态
盈利熵值得分	41	58	63	66	61	57	55	57.28	亚健康
营运熵值得分	37	39	43	46	46	49	54	44.86	亚健康
成长熵值得分	—	59	63	63	73	77	85	70.00	健康
创新熵值得分	65	72	69	72	73	77	81	72.71	健康
成本熵值得分	48	55	55	56	53	56	53	53.71	亚健康
财务熵值得分	37	65	73	71	50	49	52	56.71	亚健康
偿债熵值得分	54	54	60	60	67	60	58	59.00	亚健康
$$\overline{MS} = \frac{\sum_{i=1}^{7} \overline{ms_i}}{7} = 59.2 \text{ 分，企业系统宏观状态为亚健康状态}$$									

数据来源："企探"分析系统。

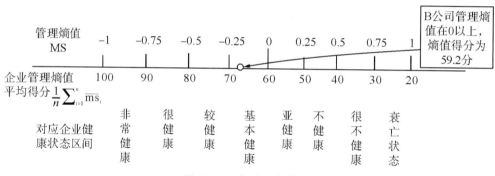

图 11-11　标准坐标体系

基于表 11-2 和图 11-11，我们得出如下结论：①B 公司的宏观系统的管理熵均值在 0 以上（参考前面管理熵曲线平均值），企业系统有些混乱；企业宏观系统管理熵得分均值为 59.2 分（参考前面管理熵得分曲线平均值），处于亚健康状态。②B 公司亚健康状态的关键原因是大部分子系统处于亚健康状态，说明企业各系统生产经营管理效率较低，各子系统为企业宏观状态带来一定的不良影响。③要改变目前的状态，B 公司必须一方面巩固已有的变革成果，另一方面进一步深入推进企业创新与变革，从微观子系统入手，改变生产经营和管理的方式，提高管理水平和企业效率，提高企业各个环节的工作质量，通过子系统的健康来促进企业宏观系统的健康。

四、企业变革工作总结和展望

B 公司通过 IPD 变革，重构了以商业成功为导向的产品与解决方案体系；通过 LTC 变革，建立了为客户创造价值的销售体系，以项目为基石的交付服务体系以及构建了以"铁三角"为核心的业务拓展组织阵型；通过 ISC 变革构建了集成供应链体系，提升全球供应能力；通过 IFS 变革构建支撑战略实现的全面预算管理体系，建立了以公司战略与经营为导向的基线体系。B 公司通过变革，让公司治理与经营管理体系更成熟，服务更专业，客户更满意，经营更健康。

B 公司从 2021 年启动企业变革工程，经过一年的创新努力，到 2022 年，提高了企业生产经营管理能力和企业效率，使公司管理熵值从 2021 年的 -0.21 下降到 2022 年的 -0.27，企业系统开始走向有序；同时，管理熵值得分也从 61 分提高到 63 分，企业销售收入也从 45.19 亿元增长到 66.24 亿元，企业利润也从 5.89 亿元增长到 8.07 亿元，现金流也从 1.41 亿元增长到 3.60 亿元。由此可见，B 公司开始进入系统有序的健康发展状态。但是，根据 MS7 系统分析，B 公司的大部分微观系统还处于亚健康状态。因此，B 公司须改善和优化企业的各个子系统结构，降低管理熵值，使企业各子系统低熵有序高效，最终促进企业整体进入健康状态。以上数据分析说明 B 公司的企业变革工程设计与实施取得了显著的成绩，公司管理水平和效率得到了提升，公司开始从无序向有序发展，短短一年就使公司面貌得到大幅度改善，实现了公司变革的阶段目标和内容。

参 考 文 献

［1］中共中央马克思恩格斯列宁斯大林著作编译局. 马克思资本论：第 1 卷：上 ［M］. 北京：人民出版社，1975.

［2］德鲁克. 管理：任务、责任、实践 ［M］. 孙耀君，译. 北京：中国社会科学出版社，1987.

［3］孔茨，韦里克. 管理学 ［M］. 10 版. 张晓君，等译. 北京：经济科学出版社，1998.

［4］任佩瑜. 从自然系统到管理系统：管理系统的熵、耗散结构、信息与复杂性 ［M］. 北京：科学出版社，2018.

［5］任佩瑜，王苗，任竞裴，等. 基于管理熵理论的水电流域开发战略和工程及信息管理 ［M］. 北京：科学出版社，2016.

［6］王竹溪. 热力学 ［M］. 北京：高等教育出版社，1955.

［7］苗东升. 系统科学精要 ［M］. 北京：中国人民大学出版社，2006.

［8］魏宏森，宋永华. 开创复杂性研究的新学科：系统科学纵览 ［M］. 成都：四川教育出版社，1991.

［9］任佩瑜，曾玉成. 现代企业管理学：理论、技术与方法 ［M］. 2 版. 北京：科学出版社，2021.

［10］任佩瑜. 中国大型工业企业战略性再造研究 ［M］. 成都：四川大学出版社，2002.

［11］任佩瑜，曾玉成，林强，等. 国际企业管理 ［M］. 成都：西南财经大学出版社，1998.

［12］任佩瑜. 中国大型工业企业组织再造论 ［J］. 四川大学学报（哲学社会科学版），1997（4）：16-21.

［13］任佩瑜. 论管理效率中再造组织的战略决策 ［J］. 经济体制改革，1998（3）：98-102.

［14］任佩瑜. 论国有工业企业在深化改革中的战略性重构 ［J］. 四川大学学报（哲学社会科学版），1998（1）：12-17.

［15］任佩瑜，宋勇，张莉. 论管理熵、管理耗散结构与我国企业文化的重塑 ［J］. 四川大学学报（哲学社会科学版），2000（4）：45-50.

［16］任佩瑜，张莉，宋勇. 基于复杂性科学的管理熵、管理耗散结构理论及其在企业组织与决策中的作用 ［J］. 管理世界，2001（6）：142-147.

［17］任佩瑜，向朝进，吕力. 西部工业增长极的再造 ［J］. 管理世界，2002

（7）：45-51.

[18] 任佩瑜，吴玲，余伟萍. 西部工业发展战略的目标和模式探讨 [J]. 中国工业经济，2002（12）：65-72.

[19] 任佩瑜，张新华，徐静. 企业顾客满意（CS）绩效评价模型设计及应用 [J]. 四川大学学报（哲学社会科学版），2003（2）：51-56.

[20] 任佩瑜. 基于复杂性科学的企业生命周期研究 [J]. 企业管理研究，2004（1）：22-27.

[21] 任佩瑜，玲敏. 国有大型工业企业战略性再造工程研究：对中国石油吉林石化分公司的实证研究 [J]. 管理世界，2004（8）：119-127.

[22] 任佩瑜，范集湘，黄璐，等. 中国新型公司治理结构模式及其绩效评价：以中国水电集团为例的研究 [J]. 中国工业经济，2005（7）：96-104.

[23] 任佩瑜，王苗，任竞斐，等. 从自然系统到管理系统：熵理论发展的阶段和管理熵规律 [J]. 管理世界，2013（12）：182-183.

[24] 毛泽东. 毛泽东选集：第 2 卷 [M]. 北京：人民出版社，2007.

[25] 法约尔. 工业管理与一般管理 [M]. 朱智文，译. 北京：中国科学技术出版社，2023.

[26] 雷恩，贝德安. 管理思想史 [M]. 7 版. 李原，黄小勇，孙健敏，译. 北京：中国人民大学出版社，2022.

[27] 斯密. 国富论：国民财富的性质和起因的研究 [M]. 谢祖钧，孟晋，盛之，译. 长沙：中南大学出版社，2003.

[28] 埃默森. 效率的 12 项原则 [M]. 梓浪，莫丽荟，译. 北京：北京邮电大学出版社，2005.

[29] 埃默森. 效率是经营和工资的基础 [M]. 张扬，译. 北京：北京理工大学出版社，2014.

[30] 中共中央马克思恩格斯列宁斯大林著作编译局. 列宁选集：第 4 卷 [M]. 北京：人民出版社，1960.

[31] 湛垦华，沈小峰. 普利高津与耗散结构理论 [M]. 西安：陕西科学技术出版社，1998.

[32] GELL-MANN M. The quark and the jaguar [M]. London：Little Brown，1994.

[33] 维纳. 控制论 [M]. 2 版. 郝季仁，译. 北京：科学出版社，2009.

[34] 钱学森. 再谈开放的复杂巨系统 [J]. 模式识别与人工智能，1991（1）：1-4.

[35] 钱学森. 一个科学新领域：开放的复杂巨系统及其方法论 [J]. 上海理工大学学报，2011（6）：526-532.

[36] 普里戈金，斯唐热. 从混沌到有序 人与自然的新对话 [M]. 曾庆宏，沈小峰，译. 上海：上海译文出版社，2005.

[37] 钱德勒. 企业规模经济与范围经济 [M]. 张逸人，等译. 北京：中国社会科学出版社，1999.

［38］中共中央马克思恩格斯列宁斯大林著作编译局. 马克思资本论：第 3 卷：下 ［M］. 北京：人民出版社，1975.

［39］科斯. 企业制度与市场组织 ［M］. 上海：上海三联书店，上海人民出版社，1996.

［40］斯密. 国民财富的性质和原因的研究 ［M］. 郭大力，王亚南，译. 北京：商务印书馆，1974.

［41］任佩瑜. 企业再造新论下的中国西部工业发展战略研究 ［M］. 成都：四川人民出版社，2004.

［42］爱迪思. 企业生命周期 ［M］. 赵睿，译. 北京：华夏出版社，2004.

［43］任佩瑜，余伟萍，杨安华. 基于管理熵的中国上市公司生命周期与能力策略研究 ［J］. 中国工业经济，2004（10）：76-82.

［44］哈肯. 协同学引论 ［M］. 徐锡申，译. 北京：原子能出版社，1984.

［45］黄卫伟. 以奋斗者为本 华为公司人力资源管理纲要 ［M］. 北京：中信出版社，2014.

［46］周曦冰. 日本百年企业的长赢基因 ［M］. 北京：清华大学出版社，2014.

［47］李子奈，鲁传一. 管理创新在经济增长中贡献的定量分析 ［J］. 清华大学学报（哲学社会科学版），2002（2）：25-31.

［48］荆树伟，牛占文. 管理创新对企业创新贡献的定量研究 ［J］. 科技进步与对策，2015（16）：105-109.

［49］陈武. 基于企业绩效贡献的管理创新成效评价 ［J］. 技术经济与管理研究，2015（3）：37-42.

［50］冯刚，任佩瑜，戈鹏，等. 基于管理熵与 RFID 的九寨沟游客高峰期"时空分流"导航管理模式研究 ［J］. 旅游科学，2010（2）：7-17.

［51］童臻衡. 企业战略管理 ［M］. 广州：中山大学出版社，1996.

［52］波特. 竞争战略 ［M］. 姚宗明，林国龙，译. 北京：生活·读书·新知三联书店，1988.

［53］邬适融. 现代企业管理：理念、方法、技术 ［M］. 北京：清华大学出版社，2005.